KB234788

한·중 국제결혼을
통해 본 한국의 다문화가정

한민족문화인가,
다문화인가?

한·중 국제결혼을
통해 본 한국의 다문화가정

한민족문화인가,
다문화인가?

최금해(崔金海) 지음

   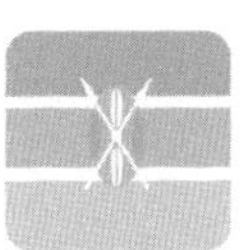

이담
Books

법무부의 통계에 따르면 2008년 3월 국내에 체류하고 있는 외국인은 118만 명 이상으로 한국 사회도 다인종, 다문화 사회로 빠르게 변화하고 있다. 지금까지 한국은 단일민족 문화를 강조하고 자랑해왔다. 하지만 이주민의 규모가 증가하고, 이주민의 출신국가 및 체류형태도 다양해지면서 한국이 지켜왔던 단일민족 사회의 정체성에 변화를 가져오고 있다. 특히 국제결혼 가정의 증가는 한국 사회를 다문화 사회로 변화시키는 주요한 촉매제가 되고 있다. 행정안전부의 자료에 의하면 2008년 한국 사회 국제결혼 이주자는 144,385명으로 전체 외국인 이주민의 16.2%를 차지하고 있다. 이 중 한국인과 결혼한 중국 조선족은 55,789명으로 전체 국제결혼 이주자의 약 38.6%를 크게 차지하고 있다.

한·중 국제결혼 건수가 늘어난 이유는 1992년 한·중수교 이후 중국 조선족 사회에 불어온 한국 드라마, 한국 가요, 한국 의류 등을 선호하고 즐겨 사용하는 '한국열풍'이 조선족에게 큰 영향을 미쳤기 때문이다. 특히 '같은 언어', '같은 민족', '같은 풍습', '같은 음식' 등 같음을 강조하고, 조선족에 대한 한국 정부의 특별우대정책은 친척방문, 유학, 연수, 취업, 결혼, 관광 등 다양한 방식으로 한국 사회에 진출하여 한국인과 더 친밀한 공감대를 형성하려는 조선족이 늘어나면서 한국 사회와 조선족 사회 간의 교류는 급증하기 시작하였다. 이 외에도 조선족 여성들이 중국보다 경제적으로 더 풍요로운 한국에서 소위 말하는 '코리안 드림'을 이루거나 중국에서 이루지 못한 꿈을 보상받기 위해 국제결혼을 선택하여 한국행을 떠나기도 했다. Ben-David 등은 새로운 사회에 편입하려는 이민자들의 문화적 적응과정이 그들의 고유한 사회문화와 새로운 사회문화 사이의 충돌로 인해 많은 스트레스와 심리적 상처를 야기할 수 있다고 밝혔다. 하지만 많은 조선족과 한국인들은 '같은 민족'이기 때문에 비록 살아온 환경은 다르지만 문화 적응상에는 아무런 문제가 없을 것이라고 생각하고 있다. 과연 그런가? 최근 국제결혼 관련 많은 연구에서는 한국에 입국한 조선족 여성들은 한국 사회에 적응하는 데 많은 어려움을 가지고 있는 것으로 연구 결과가 나타났다. 강유진(1999)은 문화적 차이, 생활방식의 차이, 시댁식구들과의 관계 때문에, 성지혜(1996)는 한국의 가부장적 관념, 그리고 많은 연구에서는 언어, 의사소통의 차이, 외국인에 대한 한국인들의 사회편견, 학교에서 국제결혼 가정의 자녀들이 경험하고 있는 집단따돌림 등 때문에 국제결혼을 선택한 조선족 여성들은 많은 적응상의 어려움을 가지고 있다. 특히 '같은 민족'은 아니라는 것을 깨닫게 되면서 국제결혼에 대한 실망, 후회, 이혼 등도 많이 발생하고 있다.

국제결혼으로 한국에 입국한 외국인 여성들이 증가하면서 한국의 여성 및 가족구조는 새로운 변화를 가져올 수밖에 없게 되었다. 따라서 이들의 한국 사회 적응에 나타나는 문제점은 더 이상 이들만의 문제가 아니라 한국 사회 문제로 부각되면서 국가의 정책과 제도 개정에도 영향을 미칠 것이다. 인간 중심의 사회복지 이념하에 국제결혼 여성들의 어려움을 파악하고, 서로 다른 문화와 사회구조에서 나타나는 차이를 이해하고 이들에게 어떠한 서비스를 제공하는 것이 적절하며, 새로운 가족복지의 모델은 어떻게 구축되어야 하는지에 관해 정보를 제공하는 것은 무엇보다 중요하다. 이는 또한 새로운 가족복지정책의 수립에 기초자료로 활용하는 데 있어서 매우 중요하다고 생각한다.

이에 본 연구에서는 한국인 남성과 결혼한 조선족 여성들의 적응을 조선족 사회와 한국 사회라는 특수한 맥락에서 경험하는 일련의 '과정'이라고 보고 질적 연구방법을 통해 조선족 여성들의 한국 생활 적응과정을 분석하였다. 조선족 여성들은 어떻게 한국인 남성과의 결혼을 선택하게 되었는지, 이들의 한국 사회에서의 적응은 어떠한지, 적응과정에서는 어떠한 경험을 하고 있는지를 탐구, 서술, 분석하여 문화변용 속에서의 다양한 적응유형을 도출하여 이들의 적응과정에 대한 전반적인 이해를 갖는 데 연구의 목적을 두고 있었다. 이러한 연구는 국제결혼을 선택한 조선족 여성들에게 효과적인 사회복지 서비스를 제공하여 한국 사회의 일원으로 행복한 가정을 꾸려나가는 데 있어서 매우 중요한 기초자료로 사용될 것이다.

마지막으로 출판을 위해 힘써주신 한국학술정보㈜ 대표이사님과 편집진에게 감사를 드린다.

2012년 2월

崔金海 씀

CONTENTS

01

서론

# 제1절 연구목적 및 연구문제

　1992년 한·중수교 이후 한·중 국제결혼을 통해 한국에 입국한 조선족 여성들의 수는 매년 증가하고 있지만 이들에 대한 연구는 매우 미흡한 실정이다. 기존에 여성학, 인류학, 교육학 등 학계에서는 한국인 남성과 결혼을 하거나 한국에서 생활하고 있는 조선족 여성들에 대한 연구를 많이 해왔고 국제결혼에서 발생한 문제들을 여성의 권리, 교육 혹은 사회적인 현상 등과 관련해서 다루어왔다. 한국 사회에서도 국제결혼 여성의 한국 생활 적응 문제점 등을 방송을 통해 많이 보도하게 되면서 매년 증가하고 있는 국제결혼 실상에 대해 관심을 가지고 있고 국제결혼을 통해 발생 가능한 문제점에 대한 대책 마련에 힘을 쏟으려고 한다. 국제결혼에 대한 각계각층의 관심이 커지면서 국제결혼을 한 가정에 대한 연구가 절실히 필요하다는 목소리도 커져가고 있다.

　그러나 아직까지 학계에서는 국제결혼 가정 혹은 국제결혼 여성의 적응문제를 단순히 언어, 음식 등 문화적인 차이와 이들의 적응에 가부장적 문화의 영향과 외국여성들이 억압받으면서 살고 있는 모습 등을 외국여성이 아닌 우리들의 눈으로 보고 판단해왔다. 즉 우리 사회는 국제결혼을 한 외국여성들의 겉으로 나타나는 문제에만 초점을 맞추어왔고 이들이 실제로 어떤 것을 문제점이라고 보고 있는지, 이들의 심리적이고 정신적인 문제점은 무엇인지, 이들 자신들은 적응에서 필요한 욕구는 무엇이라고 생각하고 있는지, 이들은 적응에 대해서 어떻게 생각하고 있는지 또한 이들은 자신들의 문화적응 어려움을 어떻게 해결하고 있는지, 사회복지 영역에서는 이들에 대한 복지개입은 어떻게 이루어져야 하는지에 대한 연구는 거의 이루어지지 못하고 있다.

따라서 본 연구는 사회 문화적인 맥락에서 한국인 남성과 결혼한 조선족 여성들의 한국에서의 생활경험을 이해하고 이들의 적응유형을 살펴봄으로써 사회복지 서비스의 실천에 필요한 이론을 도출하는 데 특히 한국인 남성과 결혼을 한 조선족 여성들의 한국 생활 적응을 조선족 여성들의 입장에서 이해하고 이들에게 필요한 구체적인 욕구는 무엇인지를 파악하여 조선족 여성들에게 적절한 적응모델을 구축하여 이들에게 효과적인 사회복지 서비스를 제공하는 데 연구의 목적을 두고 있다. 이런 연구목적을 달성하기 위해 상정한 연구문제는 아래와 같다.

1. 한국 남성과 결혼한 중국 조선족 여성들의 한국 생활에서의 적응의 의미는 무엇인가?
2. 한국 남성과 결혼한 중국 조선족 여성들의 한국 생활 적응유형은 어떠한가?

# 제2절 연구의 범위

　　본 연구에서는 한국인과 결혼을 하고 한국에서 1년 이상 체류하여 생활하고 있는 중국 조선족 여성들을 연구대상으로 삼았다. 1년 이상의 체류시간을 정한 것은 1년의 체류시간에 조선족 여성들은 한국에서 결혼생활뿐만 아니라 사회생활까지 어느 정도 체험하였고 나름대로 생활체험에 대한 이해를 어느 정도 가지고 있다고 생각하였기 때문이다.

　　조선족 여성을 본 연구의 연구대상으로 선정한 것은 아래와 같은 몇 가지 원인이 있다. 첫째, 한국인 남성과의 결혼을 선택한 외국인 여성 중에 조선족 여성이 가장 큰 비율을 차지하고 있기 때문에 조선족 여성들의 한국인과의 결혼은 한국의 여성과 가족구조에 큰 영향을 미칠 것이라고 생각한다. 따라서 조선족 여성들의 한국 생활 적응을 파악하는 것은 매우 중요하다고 생각한다. 둘째, 조선족 여성들에 대한 연구는 또한 우리 사회에서 큰 이슈로 대두되고 있는 통일문제와 직접적인 관계를 가지고 있다. 중국의 조선족들은 역사상 한반도에서 중국으로 이민한 민족공동체이기 때문에 한민족의 전통문화를 유지하고 있다. 하지만 중국의 55개 소수민족의 하나로 중국의 국민으로 생활하고 있는 조선족들은 또한 한민족문화와 다른 조선족 문화를 가지고 있기도 한다. 따라서 새로운 조선족 문화를 기진 조선속 여성들에 대한 연구는 다가오는 민족통일을 대비하는 데에 큰 영향을 미칠 것이라고 생각한다. 셋째, 본 연구자는 중국에서 온 조선족 유학생이다. 조선족 문화를 잘 알면서 한국 문화에 적응하고 있는 연구자에게 있어서 한국 남성과 결혼한 조선족 여성들의 한국 생활 적응을 연구하는 것은 매우 적합한 사람이라고 생각한다.

본 연구에서는 눈덩이 표집방법을 사용하여 자료를 수집하였다. 따라서 조선족 여성들의 한국 생활 적응의 의미와 유형에 대한 발견도 연구에 참여한 연구 참여자들에 한하여 진행하게 되었다. 이것은 또한 지역에 따라 다양한 조선족 여성들의 한국 생활 체험을 다양하게 발견하지 못했다는 점에서 한계를 가지고 있다.

또한 본 연구에서 연구자는 한국인 남성과 결혼한 조선족 여성들의 한국 생활 적응 전 과정에 대한 인터뷰로 시작하였지만 아홉 명의 연구 참여자에 대한 인터뷰를 실시하면서 연구 참여자들이 공통적으로 보여주는 중심현상을 발견하게 되면서, 나머지 연구 참여자와의 인터뷰에서는 중심현상을 중심으로, 즉 한국 생활 적응과정에서도 특히 결혼생활과 일을 통한 사회생활에서 연구 참여자와 시댁식구들을 포함한 주변 한국 사람들과의 관계에서 발생한 문제, 갈등, 갈등해결 등과 관련된 적응양상을 살펴보았다. 이런 측면에 초점을 둔 것은 또한 사회복지 영역에서 모든 사람들의 행복한 삶을 위해 한 개인이 가지고 있는 문제와 욕구를 우선 파악해야만 이들에 대한 효과적인 개입이 이루어질 수 있다고 생각하였기 때문이다. 따라서 연구의 범위도 한국 남성과 결혼한 조선족 여성들의 한국 생활에서 나타난 중심현상을 이해하고 이와 관련된 이론을 검토하고 새로운 이론을 창조하는 데 한정되어 있다.

02

문헌검토

# 제1절 적응과 적응유형에 대한 이해

1. 적응과 적응유형에 대한 이해

학자들은 적응에 대해 다양한 정의를 내리고 있다. 적응은 개인
과 환경 간의 상호작용을 통해 개인의 내적, 심리적 욕구와 외적,
사회적 환경 사이에 변화를 통해 조화로운 관계를 유지하면서 일
상생활에서 좌절감과 불안감 없이 항상성을 유지하면서 만족을 느
끼는 상태이다(Saffer, 1983; Rappaport, 1979; 윤인진, 2000b).

사회사업사전에서는 적응(adaptation)을 개인이나 종(species)이 환경
에서 적합성(goodness of fit)을 획득함으로써 생존하고 발달하고 번식
하기 위한 생을 통한 능동적인 노력이라고 정의하였다. 또한 개인과
환경 간의 상호적인 과정으로서 환경을 변화시키고, 환경에 의해
변화되기도 한다고 하였다(Barker, 1999).

Redfield(1936) 등은 사람들이 하나의 문화 속에 살다가 다른 문
화 속에 들어가 살게 되면서 나타나는 현상을 문화적응이라고 한

다. 즉 문화적응이란 두 개의 문화집단 간에 지속적이고 직접적인 접촉으로 인하여 문화적 변화가 생기는 것을 말한다. 문화적응 현상은 처음에는 집단단위의 현상으로 제시된 개념이었으나, 요사이는 개인단위에서도 일어나는 현상으로 받아들이고 심리적 문화적응이라는 용어도 생기게 되었다(Graves, 1967). 개인적 단위에서 이러한 문화적응 현상은 그들에게 나타나는 독특한 행위 또는 눈에 잘 띄지 않더라도 숨겨진 특별한 경향 등으로 나타날 수 있다고 보고 이런 문화적응은 어느 한쪽 문화의 일방적인 변화를 의미하는 것이 아니라 두 개의 문화가 서로의 영향을 받아 둘 다 변화하는 것을 의미한다. 바꿔 말하면 서로 다른 존재들이 만나 서로를 이해하며 각각 변화해가는 과정을 의미한다는 것이다(전우택, 2000). 이러한 개념에서 볼 때 한·중 국제결혼을 선택한 조선족 여성들이 한국에서 사는 것은 단순히 중국 문화와 중국의 조선족 문화[01]를 버리고 새로운 한국 문화를 수용해가는 것을 의미하는 것은 아니다. 이것은 조선족 여성들의 한국 문화 수용과정인 동시에 한국의 중국 조선족 문화에 대한 이해와 어떤 의미에서의 수용을 의미하는 것이다.

---

[01] 조선족 문화와 한민족문화는 서로 다른 두 개의 문화이다. 우리는 흔히 조선족 문화를 한민족문화라고 생각하고 있지만 조선족 문화는 중국 문화와 조선족 문화가 혼합되어 형성된 새로운 독자적인 문화이다. 중국으로 이주한 조선인들은 중국 민중과 함께 항일무장투쟁(1930년 중반)에 참여하면서 중국의 공민으로 인정받게 되었다. 조선족들은 중국의 국적을 부여받으면서 '조선인'에서 '조선족'으로 바뀌게 되었다. 뿐만 아니라 조선족들은 중국의 한 소수민족으로서 중국의 소수민족 우대정책의 혜택을 받고 있다. 즉 조선족들은 중국의 한 국민이면서 동시에 조선의 전통문화를 계속 유지하고 발전할 수 있도록 중국정부의 지지와 지원을 받고 있다. 따라서 조선족 문화는 더 이상 우리가 생각하는 순수한 한민족 혹은 조선문화가 아닌 중국 문화와 조선족 문화가 혼합되어 형성된 새로운 문화이다. 이런 의미에서 봤을 때 한국인 남성과 결혼한 조선족 여성들은 한국에서 생활하면서 조선족 문화가 아닌 새로운 한국 문화를 접하게 되면서 조선족 문화와 한국 문화 간의 갭을 이해하고 수용하는 과정을 겪을 수밖에 없게 된다.

Gordon(1964)은 장기적인 관점에서 문화적응을 새로운 사회로의 동화 초기에 생기는 것으로 이해하였다. 그리고 동화의 개념을 서로 다른 인종적 집단이 만나서 일어나는 과정과 결과 및 시간의 경과에 따라 생기는 문화·행위, 구조, 인종, 정체성 등의 전체를 모두 포함하고 있다고 하였다. 또한 문화·행위의 동화는 전제적인 동화의 초기에 일어나는 것으로 보고, 문화접변(acculturation)에 해당한다고 보았다(Gordon, 1968; 국성하, 1996에서 재인용).

Lin(1982) 등은 문화적응의 단계를 물질적 적응(material adaptation), 공식적 사회구조에의 적응(formal adaptation), 사회 문화적 적응(sociocultural adaptation)으로 구분하였다. 물질적 적응은 새로운 정착지에서 살아가는 데 필요한 기본적 생존기술을 습득하는 것을 의미하고 공식적 사회구조에의 적응은 새로운 정착지의 공식적 사회조직에 익숙해지고 그것을 이용할 줄 알게 되는 것을 의미한다. 그리고 사회 문화적 적응은 새로운 정착지의 언어적·비언어적 의사소통방법을 배우고, 미묘한(subtle) 문화적 기준(norm), 새로운 가치방향을 습득하는 것을 의미한다(전우택, 2000).

새로운 문화적응에는 다양한 유형이 있다. Khoa와 Van Deusen(1981)는 새로운 문화에 대한 수용 정도에 따라 적응유형을 구세대 유형(Old line pattern), 동화유형(Assimilative pattern)과 양 문화유형(Bicultural pattern)으로 구분하였다. 구세대 유형은 새로운 문화수용을 전적으로 거부하는 것이고 동화유형은 전통적인 문화를 버리고 새로운 정착사회 문화를 적극적으로 받아들이는 유형이다. 그리고 양 문화유형은 과거의 전통문화를 유지하면서 선별적으로 새로운 정착사회 문화를 받아들이는 유형이다. 이 외에도 Lin(1982) 등은 문화적응과 스트레스를 연결시켜 문화적응의 유형을 주변적 신경긴장성 유형(Marginal-Neurotic type), 주변적 일탈형(Marginal-released<deviant> type), 전통주의형(Traditionalism type), 과동화형(Over-acculturation type), 이중문화형(Bicultuation type)으로 구분하였다. 주변적 신경긴장성 유형은 양쪽 문화에서 기대하는 것을 모두 충족시키려는 노력을 하면서 그 스트레스를 견디지 못하고 스스로 마비상태가 되는 경향을 보이는 유형이고, 주변적 일탈형은 양쪽 문화에서 기대하는 것이나 그 기준을 모두 무시하고 동시에 그 두 가지를 모두 충족시키는 방법은 없다고 보는 유형이다. 전통주의형은 상실감, 문화적 충격의 감정을 없애기 위하여 원래 고유문화에 강하게 집착하는 유형이고, 과동화형은 과거 전통문화와는 완전히 분리되어 전통적 인지 시스템을 버리고 오직 새로운 정착지의 문화만을 가지고 살아가려는 유형이다. 그리고 이중문화형은 양쪽 문화의 좋은 것을 성공적으로 통합시켜 나름대로 조화를 이루며 사는 유형이다(전우택, 2000). Berry(1984)는 문화적응과 민족정체성을 연결시켜 적응의 유형을 동화(assimilation), 분리(separation), 통합(integration) 및 주변화(marginalization) 등 4가지를 제시하였다. 동화는 자신의 민족정체성의 유지보다 주류사회와의 관계를 중요시하는 태도이고, 분리는 주류사회와 상호작용을 하지 않고 자신의 문화나 민족정체성을 계속 유지하는 태도이다. 그리고 통합은 자신의 민족정체성을 유지하면서 주류사회와의 상호작용에 관심을 보이는 태도이고 주변화는 주류사회와의 상호작용도 하지 않고 자기만족의 정체성이나 문화도 지키려고 하지 않는 태도라고 정의를 내리고 있다.

이상의 새로운 문화적응에 관한 연구를 정리해보면 아래의 <표 2-1>과 같다.

<표 2-1> 새로운 문화적응에 관한 선행연구 검토 비교

연구자	연도	입장	관점	적응유형
Berry	1984	이차원적	· 민족, 문화적 정체성, 특성의 유지를 중요시하는 정도 · 주류사회와의 관계 유지를 중요시하는 정도	동화, 분리, 통합 및 주변화
Falbo, Doh, Lee & Park	2000	이차원적	Berry 관점과 유사함	동화적 민족 중심적 양문화적 및 탈문화적
Gordon	1968	모든 측면에서의 동화	동화의 초기에 일어남	−
Graves	1967	이차원적	두 문화가 서로 영향을 받아 둘 다 변화함	−
Khoa & Van Deusen	1981	−	새로운 문화의 수용 정도	구세대, 동화 및 양문화
Lin	1982	−	문화적응과 스트레스 연결함	주변적 신경긴장성 주변적 일탈, 전통주의, 과동화, 이중문화
Partel et al.	1996	이차원적	양쪽 사회의 요구를 선택·수정하는 통합적 과정	−
Redfield	1936	−	지속적·직접적 접촉을 통해 발생함	−

2. 가족 및 결혼적응

적응에 관한 기존의 질적 연구에는 김효신(2004), 임춘희(1997) 등이 있는데 이들 연구자는 주로 재혼가족 내 모(혹은 계모)의 적응에 관한 연구이고, 적응에 대한 정의를 재혼가족생활이라는 상황에서 조화를 이루기 위한 모(혹은 계모) 자신의 인식이나 상호작용 패턴, 역할을 변화시킬 뿐 아니라 재혼가족 체계상의 변화를 가져오기 위한 장기적인 노력과정이라고 하였다. 하지만 이들 연구에서는 양적 연구에서 적응에 대한 정의를 그대로 사용하는 경향이 있고, 질적 연구에서 적응에 대해 어떻게 정의를 내리고 있는지 혹은 연구에서 연구 참여자들이 적응에 대해서 어떻게 이해하고 있는지에 대한 파악은 하지 못했다는 점에서 적응을 이해하는 데에는 한계가 있다고 생각된다.

그리고 권지성(2003)의 공개입양가족의 적응과정에 관한 연구에서는 적응을 '가족 외부의 사람들과 자연스러운 관계 이루어가기'라고 의미를 부여하면서 적응에서는 편안한 관계, 자연스러운 관계, 서로를 이해하고 인정하는 것과 새로운 관계 형성 등 개념들이 포함되었다고 하였다. 또한 적응과정을 입양아동 개인에만 초점을 두고 적응해나가는 과정을 살펴보는 것이 아니라 입양아동과 입양가족 모두에게 어떤 적응과정을 겪고 있고 이들이 공개입양 과정에 대해 어떤 의미를 부여하고 있는지를 살펴보면서 적응하는 과정을 환경에 끊임없이 '도전'함으로써 환경을 변화시키며 이런 과정에서 경험하는 어려움을 극복함으로써 변화에 대한 성취를 경험하고 성장하는 것에 초점을 두었다.

한국 남성과 결혼한 조선족 여성들의 적응은 이러한 개념보다 더 복합적인 의미를 가지고 있다고 생각된다. 왜냐하면 국제결혼은 서로 다른 환경에서 다른 교육과 문화적인 관습을 배우면서 살아온 두 남녀 간의 결합이기 때문에 이들의 적응을 이해하기 위해서는 단순히 환경의 요구에 수동적으로 일치시키는 것이나 어떤 한 개인의 소극적이고 일방적인 적응이 아니라 두 남녀 간의 상호적인 적응이고 국제결혼을 선택한 두 남녀가 적응에 대해 부여하는 주관적인 의미와 주변인들이 이들의 적응에 대한 평가가 복잡한 일련의 사회활동이기 때문이다.

기존의 연구에서 결혼적응에 대해 여러 학자들이 나름대로의 정의를 내리고 있다. Spanier와 Cole(1976)는 결혼적응을 부부간의 문제가 되는 차이, 상호배우자 간의 긴장과 개인의 근심, 결혼만족, 부부결합, 결혼의 기능에서의 중요한 일에 대한 일치 정도에 의해 결정되는 산물이라고 정의하였다. Bowman(1960)은 결혼적응을 변화·성장하는 상호 발전적 관계라고 하였다. Burgess와 Locke(1960)는 결혼적응을 결혼의 성공 여부를 판단하는 하나의 기준으로 보고 결혼생활에서 부부간의 조화로운 관계, 동의, 관심의 상호성, 활동에 공동적인 참여 등이 중요하다고 하였다. Adams(1980), Locke(1968), Spanier(1976)와 강은령(1989), 이기숙(1984), 김양희 외(2003)는 결혼적응을 부부가 함께 갈등을 해결하면서 부부관계를 발전시키는 행동적 또는 정서적 과정이라고 정의하였다.

또한 유가효(1998)는 결혼적응을 심리적인 조화, 부부 사이의 갈등, 남편의 협조성과 부인의 역할 등에 대해 평가하는 것이라고 정의를 내렸고 윤경자(1997)는 결혼의 질을 평가하는 주관적인 개념으로 결혼만족도에 대한 정의를 내리면서 결혼만족을 아주 만족에서부터 아주 불행함에 이르는 연속선상의 개념으로 이해하고 있다. Spanier(1976)는 결혼적응을 과정으로 보는지 아니면 상태의 질적 평가로 보는지에 따라 두 가지의 다른 방식이 존재한다고 하면서 과정으로 보는 관점에서는 부부간의 적응을 종단적인 연구를 통해 가장 잘 연구할 수 있다고 보고 상태의 질적 평가로서 결혼을 보는 관점에서는 적응을 질적인 영역과 더불어 끊임없이 변화하는 일련의 과정이라고 정의하면서 결혼적응 척도를 개발하였다.

위와 같은 연구에서는 다양한 문화와 경험적인 맥락에서 지속적으로 변화하고 있는 일련의 과정이라는 관점에서 결혼적응에 대한 정의를 내리고 분석하는 것이 아니라 어떤 특정 시점에서의 결혼생활 지속 여부, 만족 여부 등에서 파악하려는 경향이 있다는 점에서 결혼적응에 대한 개념을 정확하게 파악하기에는 한계가 있다고 생각한다. 특히 본 연구에서는 국세결혼을 선택한 조선족 여성들의 결혼적응을 포함한 한국 생활 적응에 초점을 두고 있는 연구로 서로 다른 생활환경에서 살아온 '외국인'의 결혼적응은 어떠한지에 대한 연구는 단순히 특정 시점에서의 결혼만족 정도에 대한 파악으로는 한계가 있다고 생각한다. 조선족 문화에서 결혼적응에 대한 정의와 이해는 무엇인지, 또한 한국인 남성과 결혼한 조선족 여성들이란 특수집단에서 결혼적응에 대해서는 어떻게 이해하고 있는지, 조선족 여성뿐만 아니라 이들과 함께 결혼생활을 유지하고 있는 한국 남성과 그의 가족은 결혼적응에 대해서 어떻게 이해하고 있는지에 대한 결혼적응에 대한 연구는 매우 필요하다고 생각한다.

한국인 남성과의 결혼을 선택한 조선족 여성들의 한국 생활 적응을 연구하기 위해서는 무엇보다 조선족 여성들이 스스로 적응에 대해서 어떻게 정의를 내리고 있는지에 대한 평가가 필요하다. 왜냐하면 적응에 대한 각 개인의 이해 정도와 평가가 다르기 때문이다. 특히 한국인 남성과의 결혼을 선택한 조선족 여성들은 '한민족'이면서 '한민족 문화'와 다른 '조선족 문화'를 가지고 한국에서 장기적으로 정착하면서 생활해야 하는 특수집단이고 또한 본 연구에서는 이들의 적응현상을 이해하는 데 목적을 두고 있다고 봤을 때 적응에 대한 이들의 주관적인 의미를 파악하는 것은 무엇보다 중요하다고 생각한다.

3. 이민자의 적응과정

이민사의 적응 관련 기존연구에서 Berry(1988) 등은 이민자들의 적응과정과 적응양상에 대한 분석틀을 제시하고 있있던 대표적인 학자이다. 이 분석틀은 특히 이민자나 난민들에 대한 적응연구에 많이 사용되고 있다. Berry는 적응과정을 접촉 이전 시기, 접촉 시기, 갈등기, 위기기와 적응기인 다섯 단계로 구분하여 설명하고 있다. 첫째, 접촉 이전 시기는 이주를 결심하는 시기이다. 이 시기에서는 개인이 이주하는 동기와 사회적 요인에 대한 내용이 포함될 수 있는데 개인적 동기에는 실패, 좌절, 신경증적 욕구, 삶의 질 향상 등이 있고 사회적 요인에는 전쟁위협, 가난, 인구과밀 등이 있다. 둘째, 접촉 시기는 두 개의 서로 다른 문화가 만나서 문화적 변화와 행동의 변화가 시작되는 시기이다. 특히 이 시기부터 이주민들은 새로운 문화적응 스트레스에 직면하게 되기도 한다. 셋째, 갈등기는 이주민들이 이주한 사회가 변화의 압력을 가해 문화적 압력이 개인·집단 간 갈등을 야기하는 시기이다. 이 시기에는 이주민들의 정체성의 혼란을 경험할 수 있게 된다. 넷째, 위기기는 갈등기의 문제가 해결되지 않고 긴장과 갈등이 계속되어 정신적으로 건강하지 않은 상태가 되는 시기이다. 이 시기에는 후회와 좌절, 자살, 공격적인 행동, 가정불화, 술과 약물남용 등의 현상이 일어날 수 있다. 다섯째, 적응기는 갈등기와 위기기를 넘기면서 문화에 적응하는 시기이다. Berry(1984)는 이주민들이나 난민 집단에 있어서 이런 문화 적응과정은 정형화된 형태로 나타나는 것이 아니며 문화와 개인의 열망에 달려 있다고 말했다.

유도진(1983)은 서구문화(독일)의 직접적인 영향을 덜 받은 한국
인 이주자와 서구문화의 영향을 장기간에 걸쳐 받아온 필리핀인
집단 간에 나타나는 적응과정의 차이점을 밝히면서 이질문화의 적
응단계를 체류기간에 따라 관찰단계(약 7개월 전), 갈등단계(약 7개
월~1.4년), 안정단계(약 1.8년~2.6년)와 정비단계(약 2.6년~3.2년 이
상)로 나누었다. 관찰단계에서는 이주자의 자기 본래의 문화적 가
치가 아직도 지배적인 단계이고 이 단계에서의 특징은 ① 호기심,
흥미, 긍정적, 낙관적, ② 권리나 의무에 대한 오리엔테이션, ③
동족집단과의 연대의식과 높은 상호의존도, ④ 역할형성(업무에
대한 정보) 등이다. 갈등단계에서는 자기의 역할이 시작되고 자기
에게 주어진 과제를 해결하면서 문제가 생기기 시작한 단계이다.
이 단계에서의 특징은 ① 새로운 환경에 참여, ② 문제점을 회피
할 수 없고 접근해야 하며, ③ 자기 문화의 우월성을 주장, ④ 실
망과 기대의 교차, ⑤ 내구 소비재 구입, ⑥ 새로운 규범과 태도
양식에 대한 인식 등이다. 안정단계에서는 언어소통능력이 배양되
고 사회적인 관계가 원만하고 직장이나 사회생활에서 안정감과 자
신감을 갖게 되는 단계이다. 이 단계의 특징은 ① 문제점을 파악
할 수 있는 능력, ② 체계적이고 구체적인 비판능력, ③ 공격적이
기보다는 더 많은 질문, ④ 불만보다는 이해 위주, ⑤ 적절한 여
가선용, ⑥ 작업능률의 향상, ⑦ 이상이 맞는 친구나 독일가정과
밀접한 관계, ⑧ 더 좋은 주거환경 선택, ⑨ 협동심과 책임감, ⑩
생활이 계획적이며 생활의 장기설계 등이다. 그리고 정착지의 선
택단계는 어디에서 살 것인가의 정착생활을 결정해야 할 단계이
다. 귀국을 희망하는 사람들은 대부분 가정을 돌보아야 하는 책임
이 있거나, 결혼을 하기 위해서 또는 뚜렷한 일자리가 마련되어

있는 자들이며 그 외에는 문화적 적응을 못하는 사람들이다(Yoo Do-jin, 1978; 유도진, 1983에서 재인용). 이질문화에 정착하겠다는 사람들은 주로 ① 이질문화에 적응된 태도양식으로 인하여 생활에 자신감을 짖고 있고, ② 사회나 직장에서 사회적 지위를 취득했거나 취득할 수 있는 가능성을 갖고 있고, ③ 능력을 인정받고 미래를 계획할 수 있는 사람들이다. 이주민들은 이런 네 가지 단계를 거치면서 최종 이질문화에 동화한다.

박경애 외(1995)는 한 개인이 새로운 사회에 적응하기 위해서는 새로운 문화를 관망하면서 대하는 단계, 새로운 문화의 책임 있는 구성원으로 자라가는 단계와 새로운 문화와 자신의 문화를 대등한 위치에서 선택적으로 비판·수용하면서 통합적인 안목을 갖는 단계 등 세 단계를 거친다고 밝혔다.

한국인 남성과 결혼한 조선족 여성들은 한국에서 생활하면서 어떤 적응과정을 겪고 있는지 적응과정은 주로 어떤 단계들로 구성되어 있고 각 단계에서 조선족 여성들이 부여하고 있는 한국 생활 적응의 주관적 의미는 무엇인지에 대한 연구는 이들에 대한 깊은 이해와 조선족 여성들의 입국으로 인해 새로 형성되고 있는 여성 구조와 가족체계에 대한 인식에 있어서 매우 중요하다고 생각된다. 따라서 본 연구에서는 국제결혼을 선택한 조선족 여성들의 한국 생활 적응과정을 살펴봄으로써 이들에게 효과적인 사회복지 서비스를 제공하는 데 그 목적이 있다.

# 제2절 문화적응 스트레스

1. 문화적응 스트레스

문화적응 스트레스는 개인이나 집단이 새로운 문화에 적응하는 과정에서 경험하는 현상으로 정의된다. 스트레스가 너무 적거나 또는 너무 과도하였을 때 그것은 신체적·심리적·문화적으로 개인에게 해롭게 된다. 그러므로 새로운 사회와 문화에 적응하게 되는 것, 그 자체만으로 심리적·사회적 병리현상이 나타날 것이라고 보는 것은 옳지 않으며, 그것에는 개인과 집단 그리고 정착사회의 특징에 따라 얼마든지 변화가 있을 수 있다고 보고되었다(Berry et al., 1988). 문화적응 스트레스는 불안이나 우울, 소외감, 심인성 증상, 정체성 혼란과 같은 일련의 스트레스 행동을 수반하는데 그 결과로 문화적응 스트레스는 개인이 새로운 사회에 통합하는 것을 어렵게 하고, 개인에게는 위기를 가져올 수도 있다(전우택, 2000).

Berry, Kim, Minde and Mok(1988)는 기후와 지리, 음식, 심리

문화적 차이가 문화적응 스트레스를 발생시킨다는 사실을 발견을 하였으며, Lin(1986)은 상실, 사회적 소외, 신분의 불연속, 문화충격, 근대화 정도의 차이 및 소수 신분 등이 문화적응 스트레스의 원인이라고 규정하였다. 상실은 재산, 유형·무형의 투자해놓은 것, 자신이 그동안 이룩해놓았던 사업, 중요한 인간관계, 가족, 사회적 지지 등을 모두 잃는 경험과 자신이 살아온 사회적 환경과 삶의 방법, 자신의 정체성을 형성하는 중요한 요소가 되는 것들을 모두 상실하는 것을 의미한다. 사회적 소외의 발생원인은 사회적 지지 시스템의 붕괴와 새로운 인간관계를 만드는 것의 어려움이다. 사회적 소외신분의 불연속에 있어서 Abramson(1966)은 기존에 한 사람이 이룩하여 가지고 있던 사회적 역할과 신분을 잃게 되면서 개인의 신분에서 변화가 생기게 되고 그 전에 가지고 있었던 것보다 사회적으로 신분이 더 낮게 평가되는 직업을 가지게 되어 신분의 불연속 문제를 가진다고 했다. 문화충격은 문화적인 측면에서 이질적인 나라에서의 삶은 많은 어려움이 있다는 사실을 알게 되면서 스트레스을 받게 되는 것이고 근대화 정도의 차이는 새로운 정착지에서의 적응에 차이가 있는 것을 의미한다. 그리고 소수 신분(minority status)은 인종적·문화적 배경과 상관없이 이질적인 나라의 사람들에게 자신은 전혀 다른 외국인으로 보이게 되고 그 사회에서 새로운 소수 민족으로 그들의 위치가 정해진다는 것이 스트레스가 된다는 것을 의미한다(전우택, 2000).

새로운 환경에의 문화적응 과정에서 심리적 스트레스를 높이는 문화적응 스트레스의 원인으로는 차별, 언어적 어려움, 사회적·재정적 자원의 부족, 소외감, 문화적 비양립성, 법적 거주신분에 대한 염려 등이 있다(Hovey & Magana, 2000; Gil et al., 1994; Alderete et al., 1999). Hovey & King(1996, 1997)의 연구에서는 문화적응 스트레스가 우울 수준과 자살충동을 높일 수 있다고 보고하고 있고 이소래(1997)는 문화적응 스트레스를 신체적·심리적·사회적 건강과 같은 개인의 건강상태를 감소시키는 근저가 되는 현상이라고 밝혔다.

특히 새로운 문화의 적응에 있어서 사회적 지지의 상실은 사회적 관계망 안에서 얻을 수 있었던 자신의 행동과 결정을 평가해주는 것과 관련된 정보 획득의 어려움을 가지기 때문에 앞으로 일어날 일을 이해하기 위해서 자신의 성격이나 신념, 일반적인 경험을 통해 추측할 수밖에 없다. 이러한 추측은 또한 불확실과 불안을 초래할 수 있고 새로운 환경에 대한 통제의 어려움을 느끼게 되고 통제할 수 없는 느낌은 심리적 건강을 위협하기도 한다. 따라서 문화적응 스트레스의 크기를 높이는 결과가 되기도 한다(Smart 외, 1995).

2. 스트레스 대처모델

Ryan(1989)은 스트레스에 대한 대처전략은 학습될 수 있고 행위로 나타날 수 있기 때문에 스트레스 상황에 대한 효율적인 대처는 인지적·행동적·정서적 발달에 도움이 된다고 하였다. 또한 Folkman(1997)은 AIDS로 죽어가는 파트너를 간호하는 사람들의 대처에 관한 연구에서 극심한 스트레스하에서도 긍정적인 심리적 상태를 유지하게 하는 대처과정에 대해서 지적하면서 신앙, 영적 경험과 의식, 일상의 경험에 긍정적 의미를 부여하였다. 이들 전략의 공통적인 주제는 삶에서 긍정적인 의미를 추구하고 찾는다는 것이고 이는 개인의 신념과 가치, 삶의 목적 등을 동원함으로써 가능하였다.

문화적 적응과 스트레스에 대한 연구에 관련되는 기타 변인들로는 개인의 성격, 사회적 지지, 대처에 사용할 수 있는 지식과 기술의 소유 여부, 문화적응의 방식, 그리고 문화적응을 하게 되는 위치 및 인구학적 변인들이 있을 수 있다(정진경·양계민, 2004). Gardner(1962)은 민감하고 외향적인 성격은 적응을 촉진한다고 밝혔고 Lu(1990)는 외적 통제신념을 가진 사람들의 경우 심리적, 정서적 혼란이 높다고 밝혔다. Dubow와 Tisak(1989)는 주변의 사회적 지지는 개인의 자존감을 증진시키는 동시에 스트레스에 대한 통제감을 높여주고, 스트레스에 대한 이해를 증진시켜 보다 효과적으로 대처하도록 도와주는 등 스트레스 완충효과를 지닌다고 밝혔다. 사회적 지지에서는 남편, 친구, 현지인과의 접촉을 통한 지지를 포함할 수 있는데 Naidoo(1985)의 연구에서는 지지적인 남편이 있는 아시아의 여성들이 스트레스를 덜 느끼고 있다고 보고했다. Kuo & Tsai(1986)는 아시아 집단의 우울을 낮추는 가장 중요한 사회적 지지요인으로 마음을 터놓고 이야기를 나눌 수 있는 친구들의 수라고 밝혔다. 특히 자국인 및 이주국가의 구성원과의 사회적 관계가 이주자의 적응을 돕는 가장 중요한 사회적 관계로 여겨지고 있다. Klineberg & Hull(1979)은 외국인 학생들의 현지인 친구들과의 편안하고 만족스러운 관계는 일반적인 만족도, 학업성취 등 학교생활과 관련되어 있다고 밝혔다. 이에 의사소통 능력에 따른 특정문화에 대한 구체적인 지식과 기술과 사회에서 점유하는 위치에 따라 적응의 수준과 스트레스의 정도가 달라진다.

또한 김미령(2004)은 탈북자의 적응 스트레스와 사회적 지지가 적응에 미치는 영향에 관한 연구에서 탈북자들은 경제적인 어려움으로 한국에 왔으므로 그들이 한국 사회에 뿌리를 내리기 위해서는 안정된 직업이 절실히 필요하고 식업 유무에 따라 탈북자들의 한국인으로서의 소속감과 정체감을 갖는 것이 달라질 것이며, 직업은 물질적 적응뿐만 아니라 심리적 적응에도 도움이 될 것이라고 밝혔다. 이외 무직, 직업 관련 스트레스는 난민들의 정신건강에 영향을 미치면서 문화적응에도 영향을 미친다는 선행연구도 있다(전우택·민성길, 1996; 이기영, 1998; Hyman, Vu & Beiser, 2000; Hirayama, Hirayama & Cetingok, 1993).

스트레스-대처 모델에서는 성격, 사회적 지지와 같은 개인의 특성이 타 문화에의 적응을 조절할 수 있다고 보고하고 사회학습 모델은 이주국가 구성원들과의 접촉, 타 문화의 경험, 훈련을 통해서 문화적으로 적절한 기술과 행동을 습득하는 것이 적응을 촉진한다고 보고 있다. 즉, 사회학습 모델에서는 이주자가 일상적인 사회적 접촉이나 상황들을 처리하는 데 어려움을 겪고 있기 때문에 이주국가의 구성원들이 이주자들의 사회적 기술을 습득하는 데 도움을 제공하는 것은 이주자의 새로운 문화적응에 긍정적인 영향을 미칠 수 있다고 밝혔다(Searle & Ward, 1990).

스트레스와 적응 간의 관계에 관한 연구는 1950년경부터 시작되었고 그 당시의 연구들은 주로 특정 스트레스 사건이 적응에 어떤 영향을 미치는가에 관심을 두어왔으며(Lazarus, 1981) 특정 스트레스 사건이 적응에 미치는 영향이 모든 사람에게 동일하다고 가정하였다(Fisher, 1986). 때문에 적응을 설명하는 변수가 적었고 (Rabkin & Struening, 1979), 개인적인 차이에 따라 스트레스 상황에서의 적응에 차이가 나타난다는 결과가 대부분이었다(Silver & Wortman, 1980). 즉, 전통적인 대처모델에서는 구조적 요인에 초점을 맞추고 안정적, 일관적인 것에 관심을 두고 있고 단일한 개념으로 스트레스 대처의 행동을 구분하고 있었다. 전통적인 대처모델에서는 주로 세 가지 관점으로 대처를 파악하려고 하는 데 첫째는 방어 혹은 자아과정의 관점이다. 이 관점은 역동적인 심리학에 기초를 두고 대처행동을 무의식적인 내적 갈등에 대한 반응이라고 본다. 둘째는 성격적(혹은 기질적) 관점이다. 이 관점은 개인이 소유하고 있는 성격(혹은 기질)으로 개인이 취하는 대처행동을 판단하기 때문에 한 개인은 어떤 상황에 있든 모두 똑같은 행동을 취할 거라고 가정한다. 셋째는 상황 지향적 접근의 관점이다. 이 관점에서는 개인이 취하는 대처행동이 주어진 상황에 따라 개인 내에서도 변화한다고 본다(최종옥·최유진·이윤지, 1995). 그러나 이런 전통적인 대처모델은 다섯 가지 문제점을 지니고 있다고 Lazarus(1981)는 지적했다. 첫째, 스트레스 대처과정보다 대처형태의 구조적 요인에 초점을 둔다. 둘째, 대처에 나타날 수 있는 여러 가지 행동유형을 단순하게 단일한 개념으로 설명하려고 한다. 셋째, 대처행동 자체보다 방어적 관점에만 초점을 두었다. 넷째, 대처의 효율성이나 성장보다 실패나 정신 병리에 초점이 맞추어졌다. 다섯째, 자동적인 반응과 노력적인 반응 간의 차이를 구분하지 못했다는 단점이 있다.

Lazarus(1981)는 개인과 환경 간의 관계에서 인지적 평가와 대처행동이 개인의 적응에 중요한 영향을 미친다고 주장하면서 전통적인 스트레스 대처연구들이 지니고 있는 문제점을 지적하고 새로운 인지 - 현상학적 이론에 입각한 대처개념인 상호거래적 대처모델을 제시하였다. 즉, 상호거래적 모델에서는 개인과 환경 사이에서 변화하는 과정을 역동적인 과정으로 보고 이 역동적 과정은 개인의 상황에 대한 인지적 평가에 의해 매개된다고 주장하였다. 인지적 평기에서는 또한 일차석 평가와 이차적 평가로 나뉘어져 있는데 일차적 평가에서는 상황의 스트레스성 여부에 대해 판단한다. 즉, 어떤 상황이 자신에게 스트레스적인지에 대해 판단하는 것이다. 그리고 이차적 평가는 스트레스 상황에서 개인이 할 수 있는 것에 대한 평가이다. 즉, 개인이 스트레스 상황에서 스트레스에 대처하기 위해 자신이 가지고 있는 자원(신체적, 환경적, 물리적, 심리적 등)은 무엇인지, 무엇을 할 수 있는지에 대해 판단하는 것이다. 그러나 일차적 평가와 이차적 평가는 스트레스 상황에서 반드시 순차적으로 일어나는 것은 아니라고 인지 현상학자들은 주장한다. 즉, 일차적 평가를 할 때 이차적 평가와 함께 하나의 인지세트로 보면서 대처자원에 대한 인지를 활용할 수도 있다. 이상의 대처모델을 정리하면 아래의 <표 2-2>와 같다.

〈표 2-2〉 스트레스 대처모델

모델	관점	특성	문제점
전통적인 대처	방어 혹은 자아과정의 관점	대처행동을 무의식적인 내적 갈등에 대한 반응이라고 봄	1. 구조적 요인에 초점을 맞추고 안정성이나 일관성에 관심을 둠 2. 스트레스 대처를 여러 행동유형으로 구분하지 않고 단순하게 단일한 개념으로 설명 3. 좁은 범위의 활동에만 관심을 두고 있어서 주로 방어적 관점에만 초점이 맞추어짐 4. 효율성이나 성장보다 대처의 실패나 정신 병리에 더 초점을 둠 5. 반사적이거나 자동적인 반응과 노력적인 반응 간의 중요한 차이를 구분하지 못했음
	성격적 혹은 기질적 특성으로서의 관점	어떤 한 특성을 가진 사람은 모든 상황에서 일관된 태도(행동)를 보인다고 가정함	
	상황 지향적 접근의 관점	개인이 취하는 대처과정이 주어진 상황에 따라 개인 내에서도 변화한다고 봄	
상호거래적 대처	인지-현상학적 입장	1. 사람과 환경과의 관계에서 대처행동을 봄 2. 개인과 환경 간에 변화하는 역동적인 과정으로 보고 이 과정은 개인의 상황에 대한 인지적 평가에 의해 매개됨	과정적 측면에 관심을 두어 평가과정을 일차적 평가와 이차적 평가로 순서를 정하고 있으나 실제로는 이들이 반드시 순차적으로 일어나는 것으로 보기는 어려움

* 최종옥 · 최유진 · 이윤진(1995). "스트레스에 대한 소고". 『심리연구』 제33호, pp.56~65에서 재정리

3. 스트레스 대처유형

학자들은 저마다 스트레스 대처행동의 유형을 분류하고 있다. Moos와 Billings(1984)는 문제의 재규정, 스트레스 원인의 조정 혹은 소거, 스트레스에 관련된 정서의 통제 등 스트레스를 대처하는 행동 중에 어떤 행동에 초점을 두고 있느냐에 따라 스트레스 대처행동을 평가 지향적 행동, 문제 지향적 행동, 정서 지향적 행동으

로 구분하였다. 평가 지향적 행동은 실제 상황의 의미를 규정하거나 재규정하는 행동이다. 문제 지향적 행동은 스트레스 원인을 조정하거나 소거하는 행동이다. 그리고 정서 지향적 행동은 스트레스 상황에서 가지고 있는 정서를 통제하기거나 효과적인 평징상태를 유지하는 행동이다.

Pearlin(1978) 등은 이와 유사하게 상황 조절적 행동, 의미 통제적 행동, 방어적 행동으로 구분하여 스트레스 대처에 과정론적인 입장을 취하고 있다. 상황 조절적 행동은 긴장경험을 일으키는 상황을 소거하거나 조절하는 행동이다. 의미 통제적 행동은 긴장경험으로 인한 스트레스가 생기기 이전에 미리 긴장경험의 의미를 통제하는 행동이다. 방어적 행동은 스트레스 발생으로 인한 정서적 결과를 감당할 수 있는 한계 안으로 통제하는 행동이다. Frederic (1980)은 직접적으로 취하는 행동, 노력하지 않고 그대로 받아들이는 행동, 스트레스를 합리화시키거나 도피하는 행동의 세 가지 스트레스 대처유형으로 구분하였다.

Lazarus(1981)는 문제상황에 직면했을 때 개인이 행하는 대처노력을 그 기능에 따라 문제 중심적 대처유형과 정서 중심적 대처유형으로 구분하였다. 문제 중심적 대처는 문제를 해결하거나 개인과 환경 간의 갈등관계를 변화시키는 등 전략을 통해 개인에게 직접적인 문제가 되는 행동 혹은 환경적 조건을 변화시켜 스트레스원을 해결하고자 하는 행동유형이다. 그리고 정서 중심적 대처는 스트레스로 인한 정서적 고통을 통제하여 개인의 삶과 환경 간의 관계에 변화를 가져오려고 하는 노력이다. 스트레스 대처행동의 유형을 표로 정리하면 아래의 <표 2-3>과 같다.

<표 2-3> 스트레스 대처행동의 유형

학자	연도	유형	특성
Moos & Billings	1984	평가 지향적 행동	상황의 의미를 규정하거나 재규정함
		문제 지향적 행동	실제상황을 다룸으로써 스트레스 원을 조정하거나 소거함
		정서 지향적 행동	정서를 통제하거나 효과적인 평정상태를 유지함
Pearlin et al.	1978	상황 조절적 행동	긴장경험을 일으키는 상황을 소거하거나 조절함
		의미 통제적 행동	긴장경험의 발생으로 인한 스트레스가 생기기 전에 미리 긴장경험의 의미를 통제함
		방어적 행동	스트레스가 일어난 뒤 그 정서적 결과를 감당할 수 있는 한계 안으로 통제함
Frederic	1980	직접적 행동	지각된 스트레스 원에 대해 직접적으로 취하는 행동
		수용적 행동	스트레스 원을 변화시키지 않고 그대로 받아들이는 행동
		합리/도피 행동	스트레스 원을 합리화시키거나 도피하는 행동
Lazarus	1981	문제 중심적 대처	문제되는 행동 혹은 환경적 조건을 변화시켜 스트레스 원에 작용하는 노력
		정서 중심적 대처	스트레스로부터 초래되는 정서적 고통을 통제하여 삶과 환경의 관계에 변화를 가져오려는 노력

* 최종옥 · 최유진 · 이윤진(1995), "스트레스에 대한 소고", 『심리연구』 제33호, pp.56~65에서 재정리

이외 Brown & Health(1984)는 스트레스를 회피하느냐 회피하지 않느냐에 따라 스트레스 대처유형을 회피와 비회피적 대처로 나누었고, Guttman(1964)은 환경을 조절하고 통제하는 방식에는 능동적, 수동적 및 미신적 방식이 있어서 연령 증가에 따라 그 통제의 양상이 달라진다고 하였다.

스트레스에 대처하는 행동이 개인의 스트레스 문제를 해결하고 스트레스로 인한 정서적인 긴장을 감소하고 이로 인해 자아존중감 및 대인관계의 지속 등을 증가하는 것이라고 생각하였을 때, 한

개인이 가지고 있는 스트레스를 대처하는 데 있어서 단순히 문제 중심적으로 대처하거나 정서 중심적으로 대처하는 것은 효과적이지 않다는 것을 알 수 있다. 즉, 다양한 대처행동으로 스트레스를 해결하는 것이 단순히 한 가지 대처행동으로 문제를 해결하는 것보다 더 효과적일 수 있다고 Lazarus와 Folkman(1984) 등은 주장하고 있다.

# 제3절 한국의 가부장적 사회에 대한 이해

　　신란희(2005)는 인간의 행위는 이미 그 행위를 통제하는 권력관계가 전제되고 있으므로 국제결혼의 제 문제도 이러한 권력관계를 배제하면 문제의 본질로 돌아갈 수 없다고 하면서, 이런 권력적 관계의 본질 배제로 인해 발생할 수 있는 불평등하고 부정의한 가족구조에 대한 강화를 줄이기 위해 한국 가족의 구조와 관계의 성격에 대한 깊이 있는 이해와 분석이 있어야 한다고 했다. 박혜경(1993)은 여성들이 결혼을 선택하는 것은 여성의 경제적인 지위가 열악하기 때문에 남성을 일차적 생계부양자로 규정하는 가부장적 결혼의 틀을 거부하지 않는 것이라고 하였고, 홍기혜(2000)는 조선족 여성과 한국 남성 간의 결혼은 남성이 일차적 생계 부양자라는 가부장적 결혼제도가 세계화된 자본주의 체제와 결합하면서 여성들에게 주요한 이주수단으로 등장하게 되었다고 하였다. 따라서 국제결혼을 한 조선족 여성들의 생활경험과 적응과정을 살펴보기 위해서는 무엇보다 이런 경험과 적응에 영향을 미칠 수 있는 가부장적인 한국 사회에 대한 이해가 있어야 된다고 생각된다.

가부장제란 여성의 노동에 대한 남성의 지배를 의미하며, 노동의 성별 사회적 분업이 물질적 토대가 되었음을 밝히면서 이것은 또한 가부장제와 계급사회의 확립과정이 서로 밀접히 연관되어 있음을 보여주는 것이라고 하였다. 가족 속에서 남성과 여성 간의 위계구조가 형성되는 것과 동시에 사회 속에서도 남성들 간의 지배와 복종의 계급적 위계구조가 형성되었다는 것이다(Karen Sacks, 1974). 페미니즘 이론은 가부장적 사회에서의 성(gender)과 사회구조의 특성에 초점을 두면서 가부장적인 가족구조를 통한 여성에 대한 지배와 통제가 역사적으로 합법화되었다고 주장한다(박혜영, 2002). 따라서 가부장제 문화는 결혼을 통한 가족 형성 시작부터 여성을 억압하는 기제로 사용된다. 최금해(2005)는 한국 남성이 자신의 경제력을 부풀려 이야기하고 빚을 지거나 평생 모아둔 돈을 '펑펑' 쓰면서 조선족 여성들에게 자신이 돈 없는 것을 속임으로 결혼을 하게 되기 때문에, 경제적인 기대를 크게 가지고 있었던 조선족 여성들은 한국에 도착하면서 자신이 가졌던 기대가 환상이라는 것을 발견하고 기대한 만큼 커다란 실망을 하게 된다고 밝혔다. 윤형숙(2003)의 연구에서도 필리핀 여성들이 한국 생활에 대해 가진 기대가 사실이 아닌 것을 알게 되면서 결혼에 실망하고 후회하지만 남편은 결혼과정에서 쓴 결혼비용을 가지고 아내를 통제하는 기제로 사용하고 있기 때문에 필리핀 여성들은 빚을 갚지 못하고 필리핀으로 다시 돌아갈 수 없기 때문에 한국 생활에 적응할 수밖에 없게 된다고 하였다. 그러나 적응의 어려움은 적지 않다고 생각된다. 음식 차이에서부터 언어 차이를 직접 경험하게 되면서 필리핀 여성들은 적지 않은 언어적·신체적인 폭력을 당할 수밖에 없게 되고 아내구타의 배후에는 남편과 아내 사이의 불평등한 권력관계가 깔려 있으며 이를 지지해주는 것은 가부장제라는 사회제도라고 김은희(1992)가 밝혔다. 이에 최금해(2005)는 가정폭력이나 이민법을 의도적으로 악용하여 2년 이내 결혼이 종결되거나 한국인 배우자가 외국인 배우자의 국적취득에 협조하지 않는 경우에 이들을 위한 예외조항을 만들어서 외국인 배우자들의 법적 권리를 보장해줘야 한다고 주장한다.

특히 국적법이 개정되면서 조선족 여성들은 결혼해서도 바로 한국인들과 같은 혜택을 받지 못하고 있다. 안정적인 사회적 신분을 보장받기 위해서 2년이라는 시간을 남편과 결혼관계를 유지해야 하고 만약 이러한 귀화 기간에 이혼하게 되면 불법체류자의 신분으로 강제추방을 당해야 된다. 이렇듯 한국에서는 '결혼'이라는 틀 안에서 외국인 아내에 대한 한국 남성의 사적 권력을 국가 차원에서 보장해주고 있다(홍기혜, 2000). 국적을 취득하기 전에 남편과의 관계를 통해서만 합법적인 신분이 보장되어 있기 때문에 조선족 여성들은 사회적인 활동참여에 많은 제한을 받게 된다. 또한 조선족 여성들이 시댁에서 같은 여성인 시어머니로부터 차별을 받은 것은 다시 한 번 가부장적인 한국 사회에서 남성가족에 대한 며느리의 무조건 복종이 한국인들의 인식에 무의식적으로 박혀 있었다는 것을 보여주고 있다(최금해, 2005). 특히 아내보다 부모와 형제를 더 중히 여기고 있는 한국 남편들은 아내를 가부장적 가족의 일원으로 이들을 위해 희생하는 '착한 사람'이 되어 주기를 바란다(윤형숙, 2003). 따라서 외국인 며느리는 가족집단의 안녕과 감정관리의 역할을 혼자 떠맡음으로써 자신이 원하는 것을 포기해야 하는 위험을 안고 있게 된다.

'시집 식구들이 친정이나 한국 내 아는 사람에게 전화하는 것은 도망가려는 것 아니냐'라는 눈길을 보내면서 외국인 며느리를 손자를 낳아주는 '씨앗'으로 생각하는 시어머니는 외국인 며느리의 한국 정착에 무관심한 경우가 많고,02 최금해(2005)는 아내보다 시댁식구와 친척들 간의 관계를 더 중시하는 남편으로부터 '소외'당하고, 시부모와 동서들로부터 무시를 받으면서 조선족 여성들은 한국 남성과의 결혼을 후회한다는 말을 표했다고 밝혔고, 조선족 여성들이 시댁식구들의 반대와 자녀교육 문제 때문에 '일' 선택에 있어서 '좌절'하고 '방황'하게 된다고 하였다. 이것은 이들이 가지고 있는 자원이 충분치 않아서 한국 사회활동 참여에 큰 걸림돌이 되는 부분도 있지만 아직까지 기혼여성들의 취업활동을 가정의 경제적인 면에서 긍정적으로 평가하고 이들의 가치를 인정해주지 못하는 데에서 그 원인을 찾을 수 있다. 한국 가족에서는 여성의 본분은 가사와 자녀양육에 있다는 통념을 갖고 있어서 여성이 취업을 하되 가사와 양육만큼은 철저히 하기 바라는 태도를 보인다. 따라서 한국 여성들의 취업과 같은 사회활동 참여는 자신들의 성취의욕과 자아실현욕구를 충족시키기 위하여 수행되고 있다는 편견을 받게 되어 사회활동을 한다는 죄책감 때문에 남편과 자녀들에 대해 미안하고 더 잘 보답을 하려고 하는 생각을 가지고 있다. 특히 중국에서 남녀 모두 평등하게 사회생활을 할 수 있고 여성들의 사회활동에 대해 인정을 해주는 환경에서 살아온 조선족 여성들은 한국에서도 마찬가지로 여성들이 자유롭게 사회생활을 할 수 있다고 생각한다. 그러나 아직까지 국제결혼에 대한 인식은 부정적이며 특히 조선족 여성들의 국제결혼은 한국에 나오기 위한 수단이기 때문에 조선족 여성들의 사회활동 참여는 '도망가려고 하

---

02 http://www.chosun.com/national/news/200503/200503210341.html.

는 것은 아닐까'라고 생각하는 한국인들이 많다. 때문에 이들의 사회활동은 일반 한국 여성들보다 더욱 어려운 실정이다. 또한 조선족 여성들이 한국에서 가사노동의 연장형태의 성격을 띠고 있는 서비스나 양육 등의 직종을 가지게 되는 것도 가부장적 한국 사회에서 여성들의 노동에 대한 통제라는 것을 알 수 있다.

국제결혼을 한 외국인 여성들은 한국 문화에 적응하지 못하거나 시댁식구들과의 관계 형성에서 오는 어려움을 극복하지 못해 이혼하는 사례도 적지 않게 나타난다. 한국 남편들은 이혼의 원인을 아내의 역할 불충실에 두고 있다. 가정에서 아내의 역할 비중을 높게 두며 남편의 아내 역할에 대한 기대가 충족되지 못했을 때에는 갈등과 이혼을 초래할 수 있다고 하였다(신영화, 2002). 이처럼 '여성성'이 '가정적 상품'으로 동일시되는 가부장제 사회에서 여성의 본질은 어머니 - 주부 - 아내의 역할이라는 교육을 받아오면서 여성들은 가족에만 충실하게 되고 사회에 대한 참여는 감소되면서 여성에게 무조건적인 인내와 희생을 강요할 뿐 아니라 경제구조에 있어서도 여성을 소외시키거나 차별, 억압하여 여성의 사회적 무능력을 강조하고 있다(정숙경, 1989). 여성이 가정에 남아서 가사를 돌보는 일은 '일'로 간주되지 않고 오직 사용가치에 불과한 생산으로 간주된다. 이에 대한 대가는 사회가 지불하는 것이 아니고 남편의 수입에서 지불되는 것이므로 여성은 남편의 임금에 의존할 수밖에 없게 된다(김은희, 1992). 따라서 국제결혼을 선택한 조선족 여성들은 한국에 입국하면서부터 남녀 간의 불평등한 권력관계를 가지게 될 수밖에 없다. 중국에서보다 더 나은 삶을 위해 한국인과의 결혼을 선택하게 되었지만 남존여비사상이 여전히 크게 영향을 미치고 있는 한국의 가부장적 사회에서 조선족 여성들은 정신적으로 더욱 억압되고 통제받을 수밖에 없게 된다. 비록 핵가족화와 개인주의화로 인해 현대인들은 전통적인 가족주의에서 개인 중심적으로 가치관의 인식변화를 가져오고 있지만 아직까지도 전통적인 가족주의 제도의 영향을 크게 받고 있는 한국 사회 내에서 이들의 변화는 사회인들에게 큰 영향을 미치지 못하고 있다. 특히 국제결혼에 대해 부정적인 인식을 가지고 있는 가부장적인 한국 사회에서 조선족 여성들의 남녀평등사상과 복종하지 않으려고 하는 행동은 남성과 남성가족에 대한 반항으로 받아들여지면서 조선족 여성들에 대한 억압과 통제는 더욱 강하게 나타나고 있다고 생각된다.

# 제4절 조선족에 대한 이해

1. 이중적 특성을 가진 조선족 문화

중국에 거주하고 있는 조선족들은 뿌리 깊은 고유의 자기 민족 전통문화에 대한 의식을 가지고 중국에 이주해왔다. 그러나 중국의 조선족은 역사상 한반도에서 중국으로 이민하여 들어온 민족공동체로서 150년 남짓한 세월 속에서 중국의 정치, 경제, 문화생활에 적극 참여하면서 점차 중국 문화를 몸에 익히게 되고 점차 중국의 한 소수민족으로 형성되었다. 따라서 조선족들은 한국 문화와 다른 이중문화를 가질 수밖에 없게 되었다. 김관웅(2004)은 '중국 조선족'이란 개념은 '중국'과 '조선족'이라는 두 단어로 이루어진 합성어로 "중국에 거주하고 있는 중국 국적을 가지고 있는 조선민족을 뜻한다. 중국 조선족은 중국공민이며 중국공민이 가지고 있는 모든 권리와 의무를 가지고 있다. 또한 중국 조선족은 과경(過境) 민족 또는 이민민족으로서 혈통과 문화전통 면에서 한반도와 같은 맥을 잇고 있으며 한반도의 민족과 동일한 민족이라는 것 역시 간과해서도 안 된다"고 했다. 이광규(1994)는 "재중한인들은 중국에 거주하며 중국의 문화를 흡수하고, 중국적인 세계관을 가지면서도 한국적인 생활문화와 언어를 지키면서 두 문화가 모순 없이 조화를 이루어가고 있다"고 말했다. 국성하(1996)는 이러한 이중적 성격은 민족감정을 중시하는 바탕 위에 중국적인 세계관과 가치관을 받아들여 이루어졌다고 했다. 이 문화적 성격은 조선족 이주부터 현재까지 이르는 역사적 과정을 통해 나타났고, 이 역사적 과정으로 인해 한국 문화와 차이를 가질 수밖에 없었다고 설명했다.

김강일(1993)은 조선족 문화가 중국 문화에 동화되지 않고 보존될 수 있는 중요한 요소는 특수한 환경 속에서 이루어진 민족의 응집력이라고 말했다. 유명기(2002)는 조선족이 지금까지 나름의 정체성과 민족적 자존심을 유지할 수 있었던 또 다른 배경으로는 중국의 거주정책과 소수민족정책이라고 지적하면서 중국의 소수민족우대정책[03]은 소수민족의 재통합을 추진하였고 주민의 자유로운 주거이동을 억제하는 폐쇄적인 사회주의 인구정책도 조선족들이 안정적인 집단을 이루어 살도록 하는 요인이 되었다고 밝혔다. 따라서 조선족들은 중국 문화를 공유하는 동시에 자신들의 전통문화를 유지할 수 있게 되었다.

그러나 전통문화를 유지하고 있는 조선족들은 한국인들과 매우 다른 관점의 민족의식을 가지고 있다. 중국에서 민족이란 말은 '소수민족', '한(민)족' 등과 같이 국민을 구성하는 하나의 인구집단으

---

03 조선족은 중국의 55개 소수민족의 하나로서, 중국의 민족정책에 따라 정치적으로 평등한 지위와 권리를 보장받고 국가의 통일을 지키며 민족들 사이에 단결과 합작 및 공동번영을 누리고 있다. 소수민족정책은 1928년 민족자결을 강조함으로 시작되었고 그 후 여러 강령을 통하여 그리고 1984년에는 민족구역자치제도가 헌법과 민족구역자치법을 통하여 제도적으로 확립되면서 발전되었다.

로서의 '민족집단'을 의미한다. 따라서 조선족들의 의식성향은 '개인주의보다 집단주의 성향이 강하고 소수민족집단으로서의 응집력이 매우 강하다(이효선·김영모, 1992; 신승철 외, 1994; 국성하, 1996에서 재인용).' 한편 한국인이 '우리 민족' 혹은 '한민족'이라고 할 때에는 남·북한의 한국인을 포함하여 현재의 국적에 관계없이 한국인의 혈통을 이었다고 생각되는 모든 사람들을 포괄하는 개념으로 쓴다. 그러나 이런 끈끈하게 보이는 한국의 민족의식도 개인적 이해관계 혹은 국가적 이해관계가 걸리면 그 허구성이 여지없이 드러난다(유명기, 2003). 김기홍(1995)의 연구는 종족성의 개념에서 출발해서 한국 사회에서의 동화 정도와 정치·경제적 평등 정도로 유형화하여, 한국 사회가 화교들에게 기본적으로 철저한 동화를 요구하고 있으며 이에 순응하지 않을 경우 철저하게 배제하고 있다고 주장한다고 했다.

중국 조선족 문화는 조선민족의 문화와 근본적으로 같지만 상당 부분이 달라졌다. 따라서 한국 사회에서 중국 조선족들을 바라볼 때 '같은 민족'보다 중국의 문화특색을 가진 조선족 문화라는 시각이 중요하고 이들에 대한 역사와 문화적 배경에서의 이해가 중요하다고 생각된다. 조선족은 더 이상 '같은 민족'이 아닌 조선의 전통문화만 유지하고 있는 '외국인'으로 바라보는 시각도 필요하다.

2. 개혁개방 후 조선족 여성들의 의식변화

　중국은 개혁개방으로 커다란 변화를 맞고 있다. 뿌리 깊은 자기 민족 고유의 전통의식을 가지고 중국으로 이주한 조선족 여성들은 중국의 개혁개방의 영향으로 의식구조에 있어서 놀라운 변화를 보여주고 있다. 19세기 중엽 한반도의 조선인들이 중국으로 이주하면서부터 1945년 민주정권의 건립에 이르기까지 중국 조선족 여성들은 가부장적인 남성 중심의 종속적인 생활 속에서 현모양처의 의식구조를 유지하면서 사회진출은 기본적으로 불가능했다. 그러나 1945년 민주정권의 건립에서 문화대혁명 전까지 중국정부에서 여성해방 문제를 중요한 의제로 상정하고 정치·경제·문화 등 사회의 모든 면에서 여성들은 남자와 평등한 권리를 향수한다고 법적으로 규정하였을 뿐 아니라 여성해방·남녀평등을 정책적으로 지원하여주고 대대적으로 선전하고 지지하면서 여성들의 관념에는 커다란 변화가 일어나기 시작했고 여성들의 사회적 진출은 대폭 증가하게 되었다(오상순, 2000). 그리하여 개혁개방이 시작되면서 조선족 여성들은 더욱 높은 차원에서 진정한 해방과 여성의 진정한 가치에 대하여 모색하고 있으며 사회적 요구와 여성 자신의 요구가 결합된 자아가치를 실현하려고 노력하고 있다.

　오상순(2000)은 개혁개방을 맞이하여 조선족 여성들은 상업의식, 혼인의식, 성의식과 미의식 등에서 큰 변화를 보여주고 있다고 했다. 자영업의 증가와 도시·해외로의 진출을 통해 조선족 가운데 제일 먼저 상업에 뛰어든 것은 여성들이었고 실제로 조선족 사회를 경제적으로 지탱해온 것도 여성이라고 보았다. 여성들의 사회적인 지위가 높아지고 경제권을 장악하게 되면서 혼인에 대한 인식에 커다란 영향을 미치게 되었다. 조선족 가정은 전반적으로 근대적 결혼관을 가지지만 남녀평등이나 남녀차이에 있어서는 여전히 전통적인 민족문화를 유지하려고 하는 모순적인 모습을 보여주고 있다. 특히 1950년대 이전에 태어난 부모세대들은 이런 모습을 많이 가지고 있는 반면 이주 2세 혹은 3세인 젊은 세대들은 강하게 근대적 결혼관을 가지고 있기 때문에 혼인문제에 있어서 부모세대와의 갈등이 많이 일어나기도 한다. 대부분 조선족 젊은 이들은 중국에서 중국의 한족들과 함께 중국식 교육을 받아왔기 때문에 중국 한족들의 식습관, 문화 등을 따르려고 한다. 상호의존도가 높아지고 있는 현실에서 중국 문화, 중국인, 중국어를 모른다는 것은 곧 중국 사회에서의 도태를 의미하기 때문이다. 어떤 누구도 민족교육을 포기하고 중국어만 배우라고 강요하지는 않았지만 중국에서 생존하고 중국기관에 진출하거나 경제활동에 참여하기 위해서는 중국 문화에 대해 배울 수밖에 없다. 이렇게 중국어가 모든 사람들의 필수적인 생존수단이 되면서 조선족 사회에서는 자녀의 장래를 생각하여 한족학교에 보내는 풍조가 일고 있다(예문연변통신, 2003.08.31).[04] 한족학교에서 공부하는 조선족 학생들이 많아지면서 같은 조선족 배우자를 찾거나 자기 기준에 맞는 배우자를 찾는 것은 쉬운 일이 아니다. 따라서 많은 한족학교에서 공부하는 조선족 학생들은 부모들의 친분을 통해 소개받지 못한 이상 한족 배우자와 결혼해서 가정을 꾸며가는 사람들도 적지 않다.

이복순(1994)의 연구에서는 가정에서 여성의 일방적인 희생을 강요하기 때문에 살아갈 수 있는 능력만 있으면 결혼할 필요가 없

---

04 http://kcw21.com/bbs/zboard.php?id=madang_history&no=925(한국의 동북아전략과 중국조선족).

다며 결혼에 대한 거부적인 태도를 보여주는 여성들이 적지 않다고 밝혔다. 또한 이혼 현상이 많이 나타나고 있는데 그 원인은 남성들의 가부장적 태도, 남성의 외도, 높아진 여성들의 경제적인 지위와 혼인에 대한 요구 및 물질주의·향락주의 의식의 영향 등이라고 밝혔다. 특히 배금주의·향락주의가 판치는 현대사회에서 조선족 여성들 가운데 돈을 삶의 목적으로 삼은 사람이 많아지면서 가정불화와 가정해체현상이 크게 늘어나고 있다. 특히 1992년 한·중수교는 외국에 나갈 기회가 흔치 않은 조선족 여성들에게 외국에서의 삶을 누릴 수 있는 조건을 만들어주었다. 김숙자(1998), 오상순(2000), 홍기혜(2000) 등에서는 경제적인 이유 때문에 조선족 여성들이 한국인과의 결혼을 선택하게 된다고 밝혔다. 홍기혜(2000)는 개혁개방 이후 교육, 주택, 의료 등 이전에는 무상으로 제공되던 것들이 사라지면서 '돈'이 점점 필요해지고 현실 상황을 타파하기 위해 '한국행'을 선택한다고 했다. 또한 한국 사회에서도 국제결혼을 위장결혼, 가짜결혼이라고 인식하는 것도 사실이다.

새로운 시기 조선족 여성들은 사업과 가정과 자아에서 모두 성공할 수 있는 생활의 완벽함을 추구하고 있다(오상순, 2000). 채미화(1994)는 조선족 여대생들에 대한 설문조사에서 조사대상의 50%가 생활상의 '현모양처'와 사업상의 '여강자'를 동시에 구비한 여자가 되고 싶다고 대답했다고 밝혔다. 현대 조선족 여성들은 1950~1960년대 여성들처럼 가정에서의 현모양처보다 사회에서 자아가치를 실현할 수 있는 능동적이고 개방적이며 독립적이고 능력 있는 한 객체로 인정을 받고 싶어 하고 인정을 받기 위해 사회진출도 많이 하고 있지만 사회와 가정 및 자아관계 있어서 심한 갈등을 느끼는 것도 사실이다. 특히 아직까지 가부장적 남성 위주 사상을 유지하고 있는 조선족 사회에서 조선족 여성들의 사회적인 지위를 인정하고 지지해주는 것은 제한적이다. 그럼에도 불구하고 조선족들은 중국으로 이주하면서부터 중국인들과 함께 중국의 발전을 위한 투쟁을 해왔으며 여성의 사회적 지위를 향상하고 자기의 가치를 실현하는 과정에서 커다란 변화를 가져온 것도 사실이다. 따라서 중국에 있는 조선족 여성들은 한국 여성들과 색다른 의식을 가지고 있을 수밖에 없고 단순히 '같은 민족'이기 때문에 '같은 한국인'이라고 인식해서는 안 된다.

제5절 선행연구

  국제결혼을 통해 한국에서 거주하고 있는 조선족 여성들의 수는 매년 증가하고 있고 이들이 한국에서 어떤 체험을 하고 있는지를 파악하는 것은 새로운 한국의 가족구조 형성과 여성정책과 제도의 개선 및 여성들에 대한 효과적인 서비스 제공에 있어서 매우 중요하다고 생각하고 있지만, 아직까지 국제결혼을 통해 한국에서 거주하고 있는 조선족 여성들에 대한 연구는 매우 미흡한 상태이다.

  한국인 남성과 결혼한 외국인 여성 국제결혼에 관한 연구는 2000년부터 꾸준히 발표되고 있다. 김정민(2002)은 한·일 국제결혼 가정에서 사용되는 '호칭'에 대해서 연구를 했었고, 니이야 도시유키(2000), 이규삼(2000), 이현옥(2004), 인봉숙(2002) 등은 한·일 국제결혼의 생활적응의 갈등, 문제점 및 부부의 생활만족 등을 다루고 있고, 안현정(2003), 윤형숙(2003)은 한국 남성과 결혼한 필리핀 여성들의 생활만족에 관해 다루면서 한국의 가부장적인 가족질서를 지적하고 필리핀 여성들의 한국 사회 적응을 위해 상담기관, 지방자치단체 등의 지원체계와 교육프로그램의 실시, 국적법의 개정 등이 필요하다고 지적하였다. 윤연숙(2003), 임경혜(2004), 정영덕(2004) 등은 국제결혼 가정을 주제로 하여 문화적응의 어려움과 삶의 만족 및 부부관계 향상 프로그램의 효과성에 대해 연구하였다. 한국 남성과 결혼한 중국 조선족 여성에 관한 연구도 1999년을 기준으로 하여 매년 증가하고 있는 추세이지만 이들이 겪고 있는 문제와 욕구를 파악하고 이해하며 구체적인 서비스를 제공하기 위한 실천적인 이론을 제시하는 연구는 아직 부족한 실정이다.

기존의 연구는 주로 한·중 국제결혼 가정의 부부간의 갈등 및 결혼생활 실태 파악에만 초점을 맞췄다. 따라서 기존연구는 조선족 여성들의 생활체험보다는 이들이 겪고 있는 문제점과 어려움을 다루고 있다. 김숙자, 강유진(1999)의 연구에서는 섭외혼인[05] 관련 법적 문제를 법원의 실제 판례에 대한 분석, 혼인의 성립 및 혼인의 효력, 부모와 자녀관계, 친족관계, 상속관계 등에 대한 한·중 양국의 법률(민법, 호적법, 섭외사법 등) 간의 차이에 대한 분석을 통해 법원에서 나타난 섭외혼인의 문제점을 제시하면서 가족복지 향상을 위한 가족법의 계몽이 필요하다고 제시하였다. 이들의 연구에서는 가족생활관계에서 조선족 아내들은 시부모와의 관계(42.8%)와 혼인생활상에서 '생활습성, 언어장벽 등 문화적 차이(29.9%)' 때문에 어려움을 겪고 있다고 밝혔다. 강유진(1999)은 한국 남성과 결혼한 중국 조선족 여성의 결혼생활실태에서 한·중 결혼에서 나타난 문제점을 밝히면서 조선족 여성들이 한국의 가정과 사회에 잘 적응하기 위한 적응교육 프로그램이 매우 필요하다고 밝히고 있다.

강해순(1999)은 주로 양적인 조사방법을 사용해 조선족 여성들

---

[05] 중국 조선족들은 국제결혼을 섭외혼인이라고 부른다. 이 말은 현재 조선족 사회에서 한국 남성과 조선족 여성과의 결혼을 지칭하는 말이다(홍기혜, 2000).

의 생활실태를 파악하고 있다. 그러나 조선족 여성들이 실제 어떤 체험을 하고 있는지에 대한 구체적인 언급은 이루어지지 않았기 때문에 조선족 여성들의 적응과정을 파악하기에는 한계가 있다. 홍기혜(2000)는 실태조사와 면담방식을 통해 국제결혼을 한 조선족 여성들의 결혼생활 체험과정에 대한 연구였기 때문에 이들의 적응 어려움과 문제점 및 욕구를 어느 정도 이해할 수 있었다는 점에서 매우 유의미한 연구라고 여겨지지만 여성학적 관점에서 단순히 부부간의 갈등과 문제점을 다루었을 뿐만 아니라 너무 극단적으로 가부장적 제도하의 조선족 여성의 열악함과 무력감 및 부정적인 출국목적으로 인해 발생한 문제점 등을 강조했다는 점에서 한계가 있다고 본다. 아직까지 결혼생활을 유지하고 있다는 사실 뒤에 숨어 있는 지지체계의 존재 및 영향, 스트레스 대처의 기술 및 방법, 사회복지에 대한 욕구 등에 대한 파악은 이루어지지 못했다는 점에서 한계가 있다.

신영화(2002)는 상담사례에 대한 분석을 통해 한국인 남편과 조선족 아내 사이에 드러난 부부간 불신, 아내의 고립과 대처자원의 부족, 가사분담에 대한 불일치, 사회체제의 차이로 인한 의식의 차이, 가정폭력 등의 문제를 밝히면서 가족치료 상담개입 시 부부의 감정표출을 도와주는 것, 가계도와 생태도를 통하여 가족체계를 이해하는 것, 문제보다 해결과 목표에 초점을 두어 부부간 변화동기를 가질 수 있도록 촉진하는 것 등 고려해야 할 요소를 제시하고 있다. 그리고 이현정(2000)은 중국 조선족들은 경제적·문화적인 조건 속에서 '한국취업'을 선택하게 되지만 한국에서 저임금 노동자로서의 취업과 한국인이 보여주는 차별과 멸시로 조선족이 스스로를 한국인과 동일한 존재라는 생각을 버리게 만든다고 하면서 조선족들은 종족성을 새롭게 재구성한다고 밝혔다.

국제결혼 외 한국 체류 조선족들의 한국 생활 적응에 관한 연구는 적지 않게 이루어지고 있다. 이 중 설동훈(1999)은 한국 체류 외국인 노동자에 대한 연구에서 조선족들은 "자신을 외국인 노동자로 취급하는 것 자체가 차별이라고 느낀다"고 하면서 한국에서 '동포'가 아니라 '똥포'로 대접받는다고 불만을 토로하는데 이것은 조선족 노동자들을 '외국인'으로 간주하는 한국 노동현실의 표출이라고 말했다. 이현정(2001)은 정체성과 관련해서 한국 체류 조선족 노동자들은 종족정체성을 형성하며 종족정체성은 중국의 정치학과는 분리될 수 없다고 밝혔고, 노고운(2001)은 한국 체류 조선족 노동자들은 삶에 대해 적극적이고 한국 생활에서 문화적인 차이를 느끼면서 자신들만의 집단을 형성하고 유지한다고 밝혔다.

이상과 같은 연구에서는 조선족 혹은 국제결혼 여성들의 한국 생활 적응 어려움과 결혼생활 문제점을 다루고 있었지만 조선족 여성들의 적응과정에서 나타나는 현상에 대한 해석은 깊게 이루어지지 못하고 있다. 즉, 이런 연구에서는 다양한 적응유형의 한·중 국제결혼의 문제점을 포괄하지 못했기 때문에 한·중 국제결혼을 선택한 조선족 여성들에 대해 한국 사회의 일반적인 편견, 차별과 부정적인 부분과 문제점만을 부각시키게 되었다고 생각된다.

사회복지 영역에서 한·중 국제결혼을 선택한 조선족 여성들의 한국 생활에서의 다양한 적응유형을 살펴보고, 특히 이들 적응과정에서 어떤 경험을 하고 있는지, 이런 경험에 대한 조선족 여성들의 이해는 무엇인지에 대한 파악은 세계화에 따라 급증하고 있는 한·중 국제결혼을 선택한 조선족 여성들에 대해 이해를 가지는 데 있어서 매우 중요하다고 생각한다. 특히 이들에 대한 이해

를 가지고 이들에게 효과적인 서비스를 제공함으로써 이들이 한국
의 한 국민으로 한국에서 잘 살아갈 수 있도록 도움을 제공하는
것은 조선족 개인뿐만 아니라 안정적이고 바람직한 가족체계의 발
전에도 매우 중요하다고 생각한다.

03

연구방법

제1절 질적 연구의 필요성

본 연구에서는 질적 연구방법을 사용한다. 질적 연구방법은 기존의 여러 요인들 간의 인과관계를 밝히는 가설 검증적 양적 연구방법과 달리 자연스러운 환경 속에서 보이는 상호작용과 그 이면의 복잡하고 미묘한 의미와 문화적 특성을 이해하는 데 유용한 연구방법이다(유태균, 2001). 질적 연구와 양적 연구의 중요한 차이는 단순화와 한계설정의 정도와 방식에 따른 것이다. 질적 연구는 단순화와 한계설정을 최소화하고 현상의 복잡성을 최대한 '있는 그대로' 파악하려는 입장을 취하는 반면, 양적 연구는 현상의 사소하거나 예외적인 특성을 배제하고 일반적인 경향성을 확률의 논리 속에서 구명하는 입장을 취한다(조용환, 1999). 즉, 양적 연구는 실증주의적 인식론에 바탕을 둔 반면에 질적 연구는 현상학적 인식론에 바탕을 둔다. 따라서 본 연구에서 질적 연구방법을 채택한 이유는 다음과 같다.

첫째, 본 연구에서 연구의 문제는 한국인과의 결혼을 선택한 조선족 여성들의 한국 생활 적응의 의미와 적응유형을 살펴보는 것이다. 이런 연구문제 자체가 질적 연구방법을 사용하여야만 찾아질 수 있는 성질을 가지고 있다. 적응의 의미와 유형을 찾는 데 있어서 한국인과의 결혼을 선택한 조선족 여성들의 생활적응에 대한 인식과 한국에서의 생활체험이 핵심적인 분석대상이 되기 때문에 무엇보다 적응과 생활체험에 대한 조선족 여성들이 가지고 있는 주관적 관점과 의미를 이해하는 것이 중요하다. 즉, 분석대상을 보다 심층적으로 이해하기 위해서는 표준화된 측정도구를 이용한 양적인 접근방법보다 맥락 속에서 현상을 있는 그대로 이해하는 것이 중요하다. 이것은 실증주의적 차원에서 조작적 정의와 통계결과로 해결될 수 있는 문제는 아니다.

뿐만 아니라 조선족 여성들의 한국 생활 적응은 단순히 조선족 여성들의 일방적인 적응은 아니다. 조선족 여성들의 한국인과의 결혼을 통해 한국의 가족구조에도 큰 변화를 가져온다. 즉, 조선족 여성들이 편입된 한국 가족에서도 조선족 여성과의 상호작용을 통해 적응의 과정을 가지게 된다. 가족적응, 결혼생활 적응과 상호 간의 적응에 대한 의미를 좀 더 깊고 정확하게 이해하기 위해서는 질적 연구방법이 더 적절하다.

둘째, 질적 연구방법론은 구성주의(constructionism) 또는 해석주의(interpretivism) 인식론에 기반을 두고 있다. 이 관점에서는 '진리'는 객관적 실체로 존재하는 것이 아니라 사회적으로 구성되는 것이며, 세상은 한 집단이 물려받은 경험세계의 전통 속에서 부단히 (재)구성해 나가는 것이기 때문에, 서로 다른 집단은 서로 다른 세상을 살고 있다고 본다(이기연, 2006). 한국인과의 결혼을 선택한 조선족 여성들은 한국에서 새로 형성된 특수한 집단이고 이들은 또한 자신들이 가지고 있는 특수한 문화가 있다. 따라서 이들의 문화를 이해하기 위해서는 이들의 관점과 입장에서 이해하는 것이 중요하다.

본 연구에서는 국제결혼을 선택한 조선족 여성이란 특수집단에 대한 이해에 초점을 두고 있다. 즉, 이런 특수집단의 문화 혹은 특성, 욕구 및 문제 등을 파악하여 이들이 가시고 있는 이런 '현상'을 일반화하기 위해 어떤 개별 연구대상자를 '소외'시키려고 하는 것이 아니라, 특수한 한 개인의 욕구도 들어주면서 이런 특수집단의 문화와 이들이 가지고 있는 욕구와 문제를 '있는 그대로' 이해하고 이들이 새로운 구성원으로 한국에서 장기적으로 만족스러운 삶을 살기 위한 서비스를 제공하는 것은 사회복지에서 모든 인간의 삶의 질 향상이란 이념을 실현하는 것이라고 생각된다. 따라서 어떤 특수문화를 이해하는 데 있어서는 양적보다 질적 연구가 더 적절하다고 생각된다.

셋째, 본 연구에서 한국인과의 결혼을 선택한 조선족 여성들의 한국 생활 경험을 이해하는 데 있어서 질적 연구가 매우 적절하다는 점을 위에서 이미 설명하였다. 질적 연구에서 특히 인터뷰, 참여관찰 등 방법을 사용해서 조선족 여성들의 경험세계에 관한 진실한 자료를 수집하는 데 있어서 본 연구자는 다른 연구자보다 훨씬 많은 장점을 가지고 있다고 생각된다. 우선, 본 연구자는 국제결혼을 선택한 조선족 여성들과 같이 중국에서 태어났고 중국에서 성장하면서 중국 문화와 조선족 문화 속에서 교육을 받아왔다. 따라서 본 연구자는 중국 문화와 조선족 문화에 대해 다 잘 알고 있다. 뿐만 아니라 본 연구자는 한국에서 교육을 계속 받고 있는 유학생으로서 한국 문화에 대한 이해를 어느 정도 가지고 있고 실제 유학공부를 하면서 한국 생활을 직접 경험하고 있다. 과거 조선족 여성에 대한 연구에서 실제 연구 참여자를 접근하기가 용이하고, 심도 있는 인터뷰 내용을 얻을 수 있고, 지속적인 연락을 계속 유지할 수 있다는 경험을 가지고 있기 때문에 본 연구에서 질적 연구 특히 인터뷰를 통해 연구 참여자늘의 한국 생활 적응 관련 자료의 사실성, 충분성 및 일관성 등을 확보할 수 있다는 점에서 본 연구자는 다른 연구자보다 더 유리하다고 생각된다.

제2절 근거이론 방법

본 연구에서는 질적 연구방법 중 근거이론 방법을 채택한다. 근거이론 접근방법은 1960년대 말부터 사회학의 상징적 상호작용주의의 관점에서 복잡한 사회현상을 연구하기 위해 개발된 연구방법론으로서, '현실기반 이론' 또는 '현장이론'이라고 불리기도 한다(조용환, 1999). 이는 경험적 자료로부터 이론을 도출해내기 위해 고안된 일련의 체계적인 과정을 통하여 어떤 현상에 대해 귀납적으로 이끌어진 하나의 근거이론을 발전시키는 질적 연구방법이다. 즉, 근거이론이란 그것이 보여주고자 하는 현상을 연구하는 데서 귀납적으로 나온 이론으로 그 현상에 속한 자료를 체계적으로 수집하고 분석하면서 발견되고 발전되며 잠정적으로 증명되는 이론인 것이다(Strauss & Corbin, 1990).

근거이론의 목적은 이론을 발전시키는 데에 있는데, 현상에 적합한 개념들이 아직 확인되지 않고 개념 간의 관계에 대한 이해가 부족하거나 특정한 현상에 대하여 적합한 변수와 그렇지 않은 변수들이 구체화되지 않은 경우에 현장의 자료를 기반으로 하여 기존의 이론적 기반이 갖추어지지 않은 분야들이나, 기존이론이 있으나 수정되거나 명확화될 필요가 있는 분야에 적용될 수 있다.

근거이론의 장점 중 하나는 행동의 패턴(유형)을 제시하는 능력이다(신경림·김미영 역, 2003). 상징적 상호작용 이론에 바탕을 둔 근거이론 방법은 실제로 수집한 경험적 자료에 근거하여 한국 남성과 결혼한 조선족 여성들의 사회 심리적 문제와 대처전략, 적응과정에 따른 변화 및 유형을 밝히는 데 유용한 방법이다. Strickland(1978)는 실천가들이 대처 전략의 효력을 결정하게 되는 개인의 생활여건을 정확하게 사정하는 것이 중요하다고 강조하였다(조흥식 외, 2005). 아직까지 국제결혼을 선택한 조선족 여성들에 대한 연구는 매우 미비할 뿐 아니라 문화적이고 생활의 경험적인 맥락에서 이들의 삶의 전 과정을 살펴본 연구는 거의 없었다. 기존의 연구는 주로 문화적응 문제점을 파악하는 데에만 초점을 맞추었고 또 양적 연구로서 실태에 대한 파악에만 그치고 있었다. 국제결혼을 선택한 조선족 여성들은 실제로 국제결혼에 대해서 어떻게 생각하고 있는지, 한국 생활에 대한 적응을 어떻게 이해하고 있는지 이들이 가지고 있는 문제와 욕구는 또 무엇인지 등 일련의 과정에 대해 조선족 여성들은 어떻게 인식하고 있는지에 대한 연구는 이들에게 적절한 사회복지 서비스를 제공하는 데 매우 필요하다. 즉, 국제결혼을 한 조선족 여성들의 한국 생활 적응에 대한 연구는 문화와 경험적인 맥락뿐만 아니라 실제 한국에서 생활하는 전 과정에 대한 심층적인 연구로 이루어질 수 있다고 생각한다.

또한 적응과 부적응에 대한 판단은 양적 연구의 척도로 정확하게 측정할 수 있는 부분은 아니다. 국제결혼을 선택한 조선족 여성들에게 있어서 적응에 대한 정의와 이해는 개인마다 다르기 때문이다. 조선족 여성들의 적응유형은 어떠한지, 이들의 적응은 어떻게 다른지, 적응과정은 또 어떤 특성을 보여주고 있는지에 대한 파악은 질적 연구 특히 과정에 초점을 두고 분명한 단계와 국면을 중요하게 실펴보는 근거이론 연구를 통해서 잘 이루어질 수 있다고 생각된다. 특히 새로운 환경에 접하게 되면서 조선족 여성들은 다양한 사람들과 관계를 맺으면서 다양한 적응양상을 보이기도 한다. 일반인들의 결혼적응은 단순히 부부간의 관계 형성, 관계의 조화로움, 부부간의 갈등해결 등 대부분 부부에게 초점을 맞추지만, 국제결혼을 선택한 조선족 여성들의 결혼적응은 한국 남편에 대한 적응뿐만 아니라 시부모 등 시댁식구에 대한 적응에서 시작하여 조선족 여성들에 대한 주변 한국인들의 수용에 대한 적응, 심지어 자녀에 대한 적응, 한국 국적을 취득하고 완전한 한국인이 되었으면서도 불구하고 자녀교육에서 주변인 혹은 자녀로부터 외국인이라는 낙인을 찍힘으로써 올 수 있는 갈등(최금해, 2005)에 대한 적응 등 지속적으로 발생하는 변화과정이라고 생각한다. 따라서 이런 과정에서 발생하는 일련의 변화에 대한 이해를 갖기 위해서는 어떤 특정시점에서 척도점수를 통해 평가될 수 있는 것이 아니라 일정한 시간의 경과와 문화적·경험적인 맥락에서 이해할 수 있다고 생각한다. 따라서 이런 과정에 대한 심층 있는 연구는 근거이론을 통해서 이루어질 수 있고 본 연구에서는 근거이론을 이용하여 한국 남성과 조선족 여성들이 새로운 환경에서 어떤 유형으로 적응해 가는지 그 경험의 의미체계를 파악하고 적응의 전 과정을 살펴보는 데 그 목적을 두고 있다.

근거이론 연구자들은 연구과정 동안 자료수집, 분석 그리고 최종적인 이론이 서로 밀접한 관계를 갖도록 이론적 민감성을 가지

고 이론적 표본추출, 지속적 비교방법, 메모, 코딩 등을 통해 체계
적으로 이론을 개발할 수 있도록 연구방법론을 구체적으로 제시하
고 있다.

　이론적 민감성은 연구사의 개인적 자질을 말한다. 이론적 민감
성이란 통찰력이라는 자질로 연관되며, 자료에 의미를 부여하고
이해할 수 있는 능력, 관련이 있는 것과 없는 것을 구분해낼 수
있는 능력을 말한다. 이 모든 것은 구체적 용어보다는 개념적인
용어로 설명된다. 이론적 민감성은 정기물, 정부간행물 등과 같은
다양한 자료로부터 얻을 수 있다. 이론적 민감성에 있어서 연구자
의 전문적 경험, 개인적 경험과 자료를 분석하는 과정이 모두 자
원이 될 수 있다(김수지·신경림 역, 1996). 이론적 민감성은 주
로 연구계획의 지속기간을 통해 커진다. 그리고 어떤 개념들을 찾
아야 할지, 어디서 그것들의 증거를 찾을 수 있을지, 어떻게 그것
들이 표시라고 인식할 수 있는지 결정하도록 도와준다.

　근거이론 연구의 자료수집 과정에서 연구자는 참여자의 표본을
선택하게 되는데, 이는 이론개발에 기여할 수 있는지에 기초한다.
이 과정은 종종 자료수집 절차에서 출현한 범주와 유사한 사람들
로 구성된 동질적인 표본으로 시작한다. 그 이후 연구자는 범주의
정확성을 유지하는 조건이 무엇인지 확인하기 위해 이질적인 표본
을 사용하게 되는데 이 과정을 이론적 표본추출이라고 한다. 연구
자가 이렇게 이론적 표본추출을 하는 목적은 범주들과 속성들, 차
원을 가리키는 사건 등을 표본 추출하여 그것들을 발전시키고 개
념적으로 연결시키는 것이다. 이러한 표본추출은 시작하기 전에
미리 결정된다기보다는 과정을 통해 발전하는 것을 의미하며 연구
가 진행됨에 따라 더 목적적으로 되고 초점이 맞춰지게 되는 경향

이 있으며 모든 범주가 포화될 때까지 계속된다.

근거이론의 핵심적인 특징이라고 할 수 있는 지속적 비교방법은 사건을 명확히 하기 위한 사건 대 사건 비교와 비유를 통한 이론적 비교를 통해 사고를 촉진하고 이론적 표본을 추출하도록 돕는 과정이다. 연구자는 자료수집에 의한 정보(사건, 행위)들을 가지고 이전에 나온 개념들과 유사성과 차이점을 지속적으로 비교하면서 범주화를 한다. 이 과정은 계속해서 되풀이되어 자료에 대한 재검토를 통해 더 이상 새로운 통찰을 만들어내지 못할 때까지 계속된다.

메모는 연구에서 연구자가 전개시키고 있는 이론에 대한 아이디어를 적는 것이다. 연구자는 연구가 진행되는 동안 떠오르는 생각, 해석, 질문, 방향, 계획, 주제, 가설 등을 기록한다. 통상적으로 메모하기는 이론형성을 돕는 분석기록을 적는 것이다(Strauss & Corbin, 1990). 코딩06은 자료를 분해하고 개념화하고 이론을 형성하도록 통합시키는 분석과정으로 개방코딩, 축코딩, 선택코딩으로 구성된다. 개방코딩에서는 정보의 범주를 만들어내고, 축코딩에서는 범주들을 서로 연결시키고 선택코딩에서는 범주들을 연결하는 이야기를 구성하게 된다. 근거이론에서 분석을 위해 제시된 패러다임 모형에서 연구자는 관심사의 중심현상이 되는 한 범주를 확인하고 중심현상에 영향을 주는 인과조건, 현상을 설명하는 전략들, 전략을 형성하는 맥락과 중재조건들, 전략을 수행한 결과들을 연결한다.

근거이론 연구의 가장 핵심적인 부분은 연구하고자 하는 현상의 맥락에 밀접하게 관련되는 이론을 개발 혹은 생성하는 것이다. 즉, 어떤 현상에 대한 추상적·분석적 구조를 생성하거나 발견하

---

06 자료분석 방법에서 코딩에 대한 상세한 설명을 하고 있다.

고자 하는 것이다. 이러한 상황이란 개인이 한 현상에 대한 반응으로 상호작용하고 행동하며 혹은 하나의 과정이 관여하는 상황을 말한다(Creswell, 1998). 따라서 본 연구에서는 한국 남성과 결혼한 조선족 여성들의 적응과정을 사회 문화직인 맥락에서 이해하고 사회복지 서비스 개입에 필요한 실천이론을 도출하는 데 연구의 목적을 두고 있다.

# 제3절 연구 참여자 선정

근거이론 연구에서 연구 참여자는 연구자가 이론을 가장 잘 형성하도록 돕기 위해 이론적으로 선택된다. 이런 선택방법을 이론적 표본추출이라고 부른다. 질적 연구에서 표본추출의 두 가지 원리는 적절성과 충분성이다. 적절성이란 연구에서 이론적 필수조건에 따라서 연구에 가장 좋은 정보를 제공해줄 수 있는 참여자를 알아내어 선택하는 것이고, 충분성이란 연구하고자 하는 현상들에 대한 충분하고 풍부한 설명을 하기 위해서는 충분한 자료(포화상태)를 수집해야 한다는 것이다(신경림 역, 1997). 표본추출의 적절성은 본 연구의 목적에 따라 국제결혼을 통해 한국에서 생활한 지 1년 이상인 조선족 여성들을 연구 참여자로 선정하고, 자료의 충분성을 위해서 본 연구자는 연구 참여자와 심층면담을 통해 더 이상 새로운 개념이 나오지 않을 때까지 수집하였다.

본 연구자는 2003년 9월에 학과에서 개설한 질적 연구수업을 듣게 되면서 국제결혼을 한 조선족 여성들의 한국 생활에 대한 관심을 가지게 되었다. 특히 국제결혼을 하고 한국에서 살고 있는 대학친구 3명과의 지속적인 만남을 통해 이들의 한국 생활에 대해 어느 정도 알 수 있게 되었다. 또한 본 연구자가 중국에서 온 조선족 유학생으로서 한국 생활을 하면서 한국의 문화를 체험하게 되었던 것이 본 연구를 하게 된 동기가 되었다. 질적 연구수업이 끝난 후 실제 국제결혼을 한 조선족 여성을 선정하여 한국 생활에 대한 인터뷰를 해본 경험도 있었다. 이런 경험을 기초로 하여 박사과정 4학기 때 교육학과에서 개설한 질적 연구수업을 듣게 되면서 더욱 질적 연구방법에 대한 깊은 이해를 가지게 되었다. 뿐만 아니라 연구자는 인터뷰를 실시했던 연구 참여자들이 제공했던 자료를 지속적으로 수집하고 분석해가면서 이들과의 좋은 관계를 형성하게 되었다. 질적 연구는 연구 참여자와의 오랜 시간의 만남과 관찰 등을 통해서만 이들의 생활경험에 대한 깊은 이해를 가질 수 있다고 생각한다. 따라서 본 연구에서는 눈덩이 표본추출방법[07]을 통해 한·중 국제결혼을 한 조선족 여성 17명을 연구 참여자로 선정하였다.

---

[07] 특정 모집단의 구성원을 찾기가 어려울 때 모집단 중에서 찾을 수 있는 소수의 구성원에 대한 자료를 수집하고, 이들에게 그들이 알고 있는 다른 구성원을 찾는 데 필요한 정보를 제공해줄 것을 요청하는 방법이다. '눈덩이'라는 용어는 위치가 파악된 대상이 다른 대상을 추천하는 것과 같은 축적과정을 의미한다(성숙진 외 공역, 1998). 본 연구에서는 한국인과 결혼을 한 친구들의 소개, 국제결혼 정보사의 직원 소개, 친지 소개 등을 통해 17명의 연구 참여자들을 선정할 수 있게 되었다.

제4절 자료수집 방법

　본 연구에서 연구자는 연구 참여자와의 면담을 통해 얻은 내용을 주된 자료로 삼고, 이외에 연구 참여자가 가정 혹은 직장에서의 활동에 대한 연구자의 관찰내용 및 국제결혼을 한 조선족 여성들의 한국 생활 경험을 저술한 단행본, 국제결혼 관련 TV 출연내용을 담은 비디오자료, 국제결혼정보사, 국제결혼인권연대 및 자조모임의 인터넷 카페 등 비학술적 문헌이나 글에 대해 고찰하였다. 자료를 수집하는 동안 연구자가 인식되는 연구 참여자의 감정, 태도, 경험, 반응 등을 현장에서 메모한 현장노트 역시 자료로 함께 사용하였다.

　본 연구에서 연구자는 연구 참여자와의 면담을 일관성 있게 이끌어가기 위해 다음과 같이 연구문제에 따라 면담 흐름표를 작성하여 활용하였다. 면담 흐름표의 내용은 연구문제에 관한 정보를 수집할 수 있도록 하되 특히 국제결혼을 어떻게 선택하게 되었는지, 한국에서의 적응과정에서 어떤 문제와 욕구를 경험하고 있었는지 및 이런 문제와 욕구를 해결하기 위해서는 어떤 구체적인 방법을 사용하고 있었는지, 한국 생활에 잘 적응하기 위해 어떤 구체적인 욕구를 가지고 있는지를 파악할 수 있도록 구성하였다.

이론적 민감성은 연구자의 개인적 자질을 말하며, 자료의 의미를 지각하고, 자료에 의미를 부여하고 이해할 수 있는 능력, 관련이 있는 것과 없는 것을 구분해낼 수 있는 능력을 말한다. 이러한 이론적 민감성을 높이기 위한 방법에는 연구자료에 대한 회의적인 태도를 계속해서 질문하고, 자료의 단어나 구, 문장을 분석하며 나온 결과들을 지속적으로 비교하는 것 등이 있다. 이론적 민감성을 향상시키기 위하여 아래와 같은 연구질문을 통해 자료들을 지속적으로 비교하였다.

<표 3-1> 면담 흐름표

연구 문제	주요 질문	하위 질문
한국 남성과 결혼한 중국 조선족 여성들의 한국 생활 적응은 무엇을 의미하는가?	국제결혼을 어떻게 선택하게 되었는가?	1. 어떻게 국제결혼을 선택하게 되었는가? 2. 가족/주변 사람들은 어떤 반영을 보여주었는가? 3. 출국수속은 어떻게 진행되었는가?
	한국에서 적응하기 위하여 어떤 경험을 하였으며, 적응을 어떻게 이해하고 있는가?	1. 적응을 무엇이라고 생각하고 있는가? 2. 초기 생활적응과정에서 어떤 경험을 하고 있었는가? 특히 적응상의 문제점은 무엇인가? 3. 시댁가족들과의 관계에서 어떤 경험을 하고 있었는가? 4. 자녀들과의 관계에서는 어떤 경험을 하고 있었는가? 5. 주변 한국인들과의 관계에서 어떤 경험을 하고 있었는가? 6. 일과 관련된 한국인들과의 관계에서 어떤 경험을 하고 있었는가?
	적응과정에서 욕구와 미래에 대한 포부는 무엇인가?	1. 현실에 대한 고민은 무엇인가? 2. 한국 생활에 적응하기 위해 어떤 욕구를 가지고 있는가? 3. 미래에 대한 포부는 무엇인가?
	적응과정에서 문제와 욕구를 해결하기 위해 어떤 방법을 사용하고 있는가?	1. 적응상의 어려움은 무엇인가? 2. 경험하고 있는 어려움을 어떻게 해결하고 있었는가? 3. 어려움을 해결하는 데 있어서 어떤 사람(혹은 기관)으로부터 도움을 받았는가?

　본 연구에서는 연구 참여자들의 윤리적 측면을 고려해서 면담 시작 전에 연구 참여자에게 연구자의 연구목적을 설명하고 연구 참여에 대한 연구 참여자의 동의서를 받았다. 면담장소는 참여자가 원하는 편안하고 조용한 장소(커피숍, 집, 사무실 등)로 정하였다.

　면담 시작 전에는 질문할 내용을 다시 한 번 정리하고 녹음기 작동 여부를 확인했다. 면담을 하는 동안에는 참여자의 표정이나 어조 등을 주의 깊게 관찰하면서 면담의 진실성을 확보하기 위해 노력했다. 면담 후에는 현장기록 노트에 참여자의 비언어적 표현과 특징, 면담의 주요내용 등이 들어 있는 면담상황에 대한 기록과 본 연구자에게 떠오르는 생각이나 질문사항과 느낀 점 등을 기록하였다. 면담내용은 모두 녹음하고 면담 즉시 녹음내용을 여러 번 반복하여 들으면서 참여자가 표현한 언어 그대로 필사했다.

　면담의 시작은 일상적인 대화부터 시작하였다. 예를 들면, "임신 몇 개월이죠? 많이 힘드시죠?", "오늘 날씨 참 좋네요. 날씨 좋은 날에는 어떻게 보내세요?", "옷 너무 예쁘네요. 어디에서 사셨어요?" 등으로 시작하였는데 이는 짧은 시간에 좋은 관계를 형성하기 위해서이다. 그리고 고향에 대한 이야기를 하면서 자연스럽게 국제결혼 선택과 한국에서의 삶으로 연결시킬 수 있었다.

　본 연구에서 연구자의 자료수집 과정 틀은 아래의 <그림 3-1>과 같다.

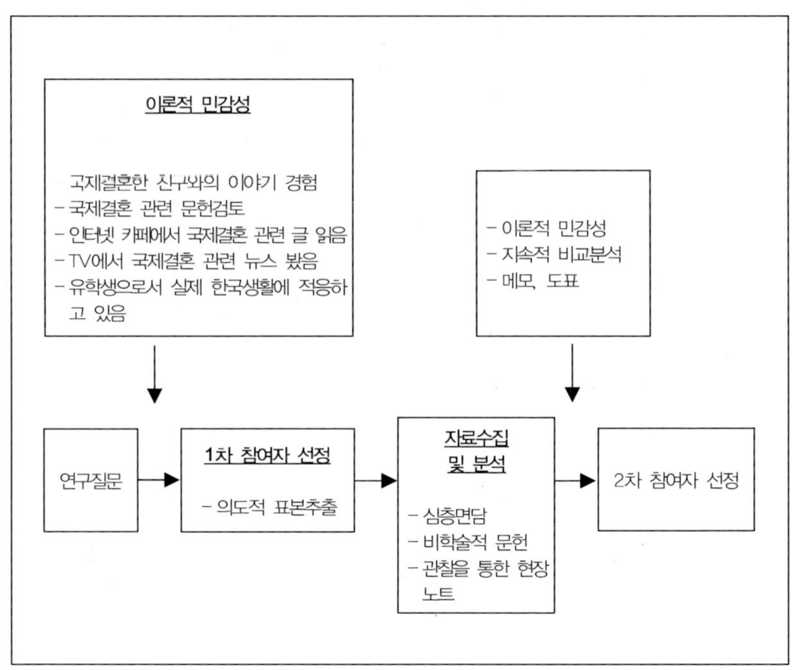

〈그림 3-1〉 자료수집 과정 틀

제5절 자료 분석방법

본 연구에서는 근거이론 방법의 분석절차를 따랐고 자료 분석 방법은 수집된 녹음자료를 텍스트로 필사하여 이를 원자료(raw data)로 사용하는 방식을 채택하였다.

연구자는 연구 참여자의 감정, 태도, 반응, 경험 등을 현장에서 메모하는 것에서부터 즉, 자료를 수집하는 과정에서부터 분석을 함께 실시하였고 면접이 끝난 후 바로 면접 당일에 그 사례에 대한 완전축어록(transcript)을 작성하였다.

각 사례의 텍스트에는 주로 연구 참여자와 면담하게 된 상황, 면담하면서 느낀 점과 완전축어록 등 구조로 형성되었고 면담상황에서는 연구 참여자를 어떻게 알게 되었고, 첫 면담은 언제 진행하게 되었고, 면담의 시작시간과 종료시간은 각각 언제였고, 면담하기 전에 어떤 일이 일어났는지 등의 내용을 기록하였고, 면담하면서 느낀 점에서는 연구 참여자와 배우자의 일반적인 상황, 면담 장소, 첫 면담에서 연구 참여자의 배우자 참여 여부, 연구 참여자(배우자도 참석한 경우 배우자까지)의 감정, 태도, 반응 등에 대한 현장에서의 메모 및 연구자의 선이해, 녹음기 효과 등 내용들을 기록하였다. 완전축어록을 작성한 뒤에는 바로 Strauss와 Corbin(1998)이 제시한 코딩절차에 따라 내용분석 방법을 활용하여 분석하였다. 코딩절차에는 주로 개방코딩, 축코딩, 선택코딩 순으로 진행하였다.

1. 개방코딩(Open Coding)

개방코딩은 근거자료를 통해 개념을 발견하여 이름을 붙이고 유사하거나 의미상 관련 있다고 판단되는 사건, 물체, 작용/상호작용을 하위범주로 묶은 후 범주화하는 과정이다(Strauss & Corbin, 1998). 범주화하는 과정에서는 지속적인 질문과 비교를 통해 이루어진다. 본 연구에서는 또한 줄 단위 분석방법을 사용해서 범주의 속성과 차원을 계속 발달시켰다. 즉, 면담한 내용을 한 줄씩 읽고 분석해 나가면서 의미 있다고 판단되거나 흥미로운 진술에 개념을 이름 붙인다. 이때 최대한으로 연구 참여자가 진술한 단어를 그대로 인용하려고 하였으며, 연구자가 연구 참여자의 진술이 의미하고 있는 것을 추상적 해석을 통해 명명한다. 개념을 범주화하는 과정에서는 질적 연구 전문가, 사회복지 박사학위 소유자(혹은 박사과정생), 서울대 사회복지학과 질적 연구 세미나 팀 등에게 자문을 받았다. 개념 명명의 예를 들면,
  (1) 저희들은 맞선을 통해 알게 되었어요(사례 8)-중매
  (2) 부모님이 한국 결혼을 더 원했어요(사례 9)-부모의 의견에 순종

2. 축코딩(Axial Coding)

축코딩은 개방코딩으로부터 출현한 범주들을 체계적으로 발전시키고 연결시키며, 속성과 차원 수준에서 밀도 있고 잘 개발된 범주를 형성하여 범주들 간의 관계를 밝혀낸다. 이때 드러나는 관계를 정렬하고 조직화하는 데 사용될 수 있는 분석적 도구인 패러다임(cf. T. Kuhn의 패러다임)을 통해 인과적 조건, 현상, 맥락적 조건, 중재적 조건, 작용/상호작용 전략, 결과의 관계를 통합한다. 인과적 조건은 현상에 영향을 미치는 사건이나 일을 말하며, 현상은 중심생각으로 작용/상호작용을 통해 다루어지고 조절된다. 맥락적 조건은 현상에 속하는 속성으로 어떤 특정한 현상에 대응하기 위해 취해지는 구체적인 조건이며, 중재적 조건은 어떤 현상에 속하는 보다 광범위한 구조적 전후관계로 맥락적 조건에서 취해진 작용/상호작용 전략을 조정하도록 한다. 작용/상호작용 전략은 현상에 대처하거나 다루기 위해 취해지는 의도적이고 고의적인 행위이고, 결과는 작용/상호작용 전략의 결과물이다.

3. 선택코딩(Selective Coding)

선택코딩은 범주를 통합하고 논리적 연결을 시키고자 하였으며, 분석의 차원을 잠정적인 이론으로까지 발전시키고자 하였고, 이 과정을 통해 결정된 핵심범주와 모든 개념 간의 관계를 통합적으로 설명할 수 있는 전형적인 이야기를 서술하고, 그에 대한 포괄적인 개념을 찾았다. 개념, 범주들이 서로 충분히 통합되고 발견된 유형과 과정이 적절히 통합되었을 때 근거이론을 형성하며 조건/결과 매트릭스를 통해 미시적, 거시적 조건에 따른 상황모형을 제시한다. 근거자료가 부족한 부분은 현장으로 되돌아가 면접을 더 실시하였거나 다시 이론적 표출을 하게 되었다.

이를 그림으로 표현하면 다음의 <그림 3-2>와 같다.

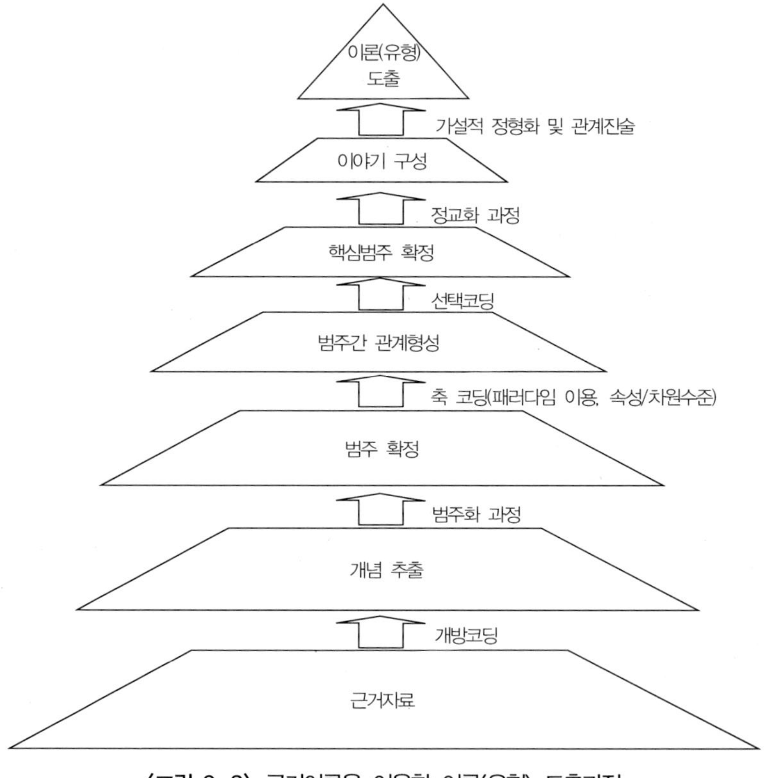

〈그림 3-2〉 근거이론을 이용한 이론(유형) 도출과정

제6절 연구과정의 평가

본 연구에서는 Lincoln & Guba의 평가기준에 따라 사실적 가치(truth value), 적용성(applicability), 일관성(consistency), 중립성(neutrality)을 평가의 기준으로 삼았다(Lincoln & Guba, 1985).

사실적 가치란 참여자의 지각과 체험의 진가(true value)를 평가하는 기준으로 이는 현상을 얼마나 충실하게 서술하였고 해석하였는가를 의미한다.[08] 본 연구에서 연구자는 면담 기록내용과 분석결과를 이메일, 전화 혹은 우편으로 연구 참여자에게 보내주어 연구자가 기술한 내용과 분석결과가 참여자의 체험내용과 일치하는지를 확인하였다. 연구 참여자 외 연구에 참여하지 않은 국제결혼한 조선족 여성들에게 연구결과를 보여주고 개념을 확인하고 그들의 경험과 유사한 결과가 나타났는지를 검토하였다.

적용성이란 연구결과를 연구 상황 이외의 맥락에서 연구자료가 얼마나 적용될 수 있는가에 대한 정도 즉, 자료 자체의 적합 여부를 의미한다.[09] 본 연구에서 적용성은 각 연구 참여자의 진술이 반복

---

[08] 양적 연구에 있어서 사실적 가치는 내적 타당도에 해당되는 개념이다.

적으로 나타나서 더 이상 새로운 자료가 나오지 않을 때까지 자료를 수집하고 그 의미를 발견하는 과정을 통해 달성하였다.

일관성이란 자료의 수집과 분석을 통하여 결과에 일관성이 있는지를 평가하는 기준으로 이는 다른 연구사노 연구자의 자료, 시각, 상황에 따라 전혀 모순되지 않는 비슷한 결론에 도달할 수 있을 때 일관성이 높다고 볼 수 있다.[10] 본 연구에서 연구방법과 자료수집 및 분석과정을 자세히 기술하고 질적 연구 경험이 풍부한 전문가, 사회복지 박사학위 소지자, 질적 연구 세미나 팀의 멤버들에게 연구결과의 평가를 의뢰하였고 연구과정 전반과 연구결과에 관한 평가를 받으면서 주제 범주화에 대한 수정작업을 거쳐 연구의 일관성을 높였다. 참여자의 진술내용을 문학, 예술, 재한중국여성모임 카페 등 다른 출처의 자료내용과 비교하여 일관성을 확인하고 연구 참여자 이외 2인[11]에게 연구결과를 보여주고 확인하였다.

중립성이란 연구과정과 결과에 있어서 모든 편견으로부터의 해방을 의미한다. 양적 연구에서는 신뢰도와 타당도가 높을 때 이 기준이 충족된다. 본 연구자는 연구에 대한 선이해, 가정, 편견 등을 개인일지에 기술하는 작업을 연구시작과 더불어 완결될 때까지 계속하면서 객관성을 유지하려고 노력하였다.

---

09 양적 연구에서는 통계적 의미의 표본추출로 대표되는 개념으로 외적 타당도에 해당된다.

10 양적 연구에서 신뢰도에 해당되는 개념이다.

11 한국인과 결혼을 하였지만 연구의 참여자로 본 연구에 참여하지 않은 중국 조선족 여성.

04

연구결과

제1절 연구 참여자의 일반적 특성

근거이론 연구에서 연구 참여자는 연구자가 이론을 가장 잘 형성하도록 돕기 위해 이론적으로 선택된다. 이런 선택방법을 이론적 표본추출이라고 한다. 질적 연구에서 표본추출의 두 가지 원리는 적절성과 충분성이다. 적절성이란 연구에서 이론적 필수조건에 따라서 연구에 가장 좋은 정보를 제공해줄 수 있는 참여자를 알아내어 선택하는 것이고, 충분성이란 연구하고자 하는 현상들에 대해 충분하고 풍부한 설명을 하기 위해서 충분한 자료(포화상태)를 수집해야 한다는 것이다(신경림 역, 1997). 표본추출의 적절성은 본 연구의 목적에 따라 국제결혼을 통해 한국에서 생활한 지 1년 이상인 조선족 여성들을 연구 참여자로 선정함으로써 확보하였고, 연구 참여자[12]와 심층면담을 통해 더 이상 새로운 자료가 나오지 않을 때까지 자료의 충분성을 확보하고자 하였다.

2004년 1월부터 2006년 1월까지 2년 동안 본 연구자는 총 17명의 국제결혼을 한 조선족 여성과 1:1의 면담을 실시하였다. 연

---

[12] 본 연구에 참여한 모든 연구 참여자들의 이름은 사례 1, 사례 2 등으로 제시한다.

구 참여자 개인별로 진행된 면담 횟수는 최소 3회에서 최대 7회까지였으며 면담은 회기당 2시간이 소요되었다.

<사례 1>의 연구 참여자는 1999년에 국제결혼을 통해 한국에 오게 되었다. 연구 참여지는 한국 관광객을 대상으로 중국어 통역 아르바이트를 하면서 관광으로 온 현재의 남편을 만나게 되었다. 남편이 귀국한 후 두 사람은 서로 전화와 편지 등의 연락 수단을 통해 지속적인 관계를 유지하였다. 6개월 후 현재의 남편은 연구 참여자가 다니고 있었던 대학에 단기연수로 오게 되었는데 이것은 연구 참여자가 국제결혼을 결정하게 된 주요 동기가 되었다. 4년 동안의 연애 끝에 두 사람은 결혼을 하였고 연구 참여자는 6개월 동안의 결혼수속을 밟고 한국에 왔다. 결혼 초기 두 사람의 가족 구성원들은 모두 국제결혼을 반대하였기 때문에 연구 참여자 부부는 중국에서만 결혼식을 올렸다. 시아버지는 20년 전에 세상을 떠났고 시어머니는 현재 작은 가게를 운영하고 있으며 미혼의 직장을 다니는 시누이가 한 명 있다. 연구 참여자는 결혼 초기에 한국에서 중국교포를 상대로 10년 동안 가게를 운영하였지만 경제적, 신체적, 정서적인 어려움뿐만 아니라 가게문제로 인해 부부간의 갈등이 심해지자 가게운영을 그만두었다. 연구 참여자는 한국 회사에 취직하고 싶어 하지만 아직까지는 직장을 찾지 못한 상태이다. 남편은 회사원이고 현재 부부가 함께 경기도에서 살고 있다.

<사례 2>의 연구 참여자는 고등학교를 졸업하자마자 중국에 있는 한국 기업에서 일을 했다. 현재의 남편은 그 당시 같은 회사에 있던 직원이었고, 주로 한국 본사의 해외영업부에서 근무하고 있었다. 남편의 해외출장 기회가 많아지면서 연구 참여자는 남편과의 만남도 많아졌다. 연구 참여자 부부는 전화, 컴퓨터 등을 통

해 서로 관계를 유지하면서 국제결혼을 자연스럽게 받아들였다. 결혼하기 전 연구 참여자는 한국 기업에서 근무하면서 한국 문화와 풍습을 많이 배우고 한국 사람들과의 관계를 잘 유지하기 위해 노력하였기 때문에 한국에서 생활하면서 문화적인 차이와 한국인들과의 관계 형성에는 크게 어려움을 가지고 있지 않았다. 한국 생활은 2년째이고 갓 태어난 아이를 두고 있어서 직장생활은 하지 못하고 있다. 남편과는 같은 회사에서 근무한 경험이 있기 때문에 현재 남편의 직장생활을 많이 이해하고 지지하는 편이다. 한국 생활이 자신에게 적합하다고 생각하고 있으며 한국 사회의 한 일원으로 살아가기 위해 많은 노력을 하고 있다.

<사례 3>의 연구 참여자는 중국에서 이혼하고 중매를 통해 현재의 남편을 만나게 되었다. 현재의 남편도 연구 참여자를 만나기 전에 중매를 통해 중국 조선족 여성과 결혼한 경험이 있다. 하지만 전처와 성격차이, 시부모의 봉양문제 때문에 마찰이 생기면서 이혼을 하게 되었다. 따라서 본 사례의 부부는 서로 재혼상대이다. 연구 참여자는 이전 남편과의 사이에서 낳은 9살 된 딸을 중국 친정부모에게 맡기고 홀로 한국에 왔다. 현재 남편은 현재의 아내와 전 아내와 비교하면서 현재의 결혼생활에 대해 만족하고 있다. 연구 참여자는 지금 남편의 아기를 키우면서 전업주부로 생활하고 있고 중국에 있는 딸을 한국으로 초청해서 양육하는 것이 현재의 소망이라고 한다.

<사례 4>의 연구 참여자는 한·중수교 초기에 국제결혼을 선택했다. 연구 참여자는 중국에서 대학공부를 하면서 현재의 남편을 만나게 되었다. 남편은 그 당시 중국 내에 있는 한국 기업에서 근무를 하고 있었다. 연구 참여자는 현재 남편의 회사에서 중국

내 조선족 동포대상으로 직원을 모집하고 있다는 광고를 보고 회사에 취직하게 되었고, 취업하게 되면서 연구 참여자는 대학공부를 그만두었다. 같은 회사에서 일을 하면서 현재의 한국 남편을 자연스럽게 알게 되었고 연애를 하게 되었다. 한국 생활에 대한 동경심과 가정의 경제적인 문제를 해결하기 위해 연구 참여자는 최종적으로 국제결혼을 선택하게 되었다. 현재 연구 참여자는 두 어린 아이를 키우면서, 국제결혼을 선호하고 있는 중국 조선족 여성들을 대상으로 한·중 국제결혼 관련 사업을 하고 있다. 연구 참여자는 한국에서 생활한 지 10년 차고, 지금까지 한국에서 중국어 강사, 통역, 중국자료 번역 등 일을 해왔다.

<사례 5>의 연구 참여자는 결혼하기 전에 중국에서 전문대를 졸업하고 유치원 교사로 일을 했었다. 중매를 통해 현재의 한국 남편을 만나게 되었고 단 몇 번만의 왕래 끝에 국제결혼을 선택하게 되었다. 연구 참여자는 중국인들이 거주하고 있는 지역에서 살고 있어서 결혼적령기가 지났는데도 같은 민족의 결혼대상을 찾지 못하던 중 홀로 살고 있는 어머니의 소원을 들어주고 한국에서 태어난 아버지의 고향에 가고 싶은 마음에 현재의 한국 남편을 선택하게 되었다. 하지만 결혼하기 전에 연구 참여자는 한국에 대해 어떤 지식도 가지고 있지 않았다. 자신의 발전욕구를 국제결혼을 통해 이룰 수 있다고 생각하고, 남편과 한국에 대한 큰 기대를 가지고 한국에 오게 되었지만 꿈과 현실 간의 차이가 너무나 크다는 것을 깨닫게 되면서 방황하고 좌절한 경험이 있다. 그래서 외로움을 해결하기 위해 재한중국 여성모임이란 자조집단을 설립하였고, 한·중 국제결혼을 선택한 조선족 여성들에게 모임을 조직하면서 도움과 지지를 주고 있다. 하지만 경제적인 어려움뿐만 아니라 조

선족 여성들의 취약한 상황 때문에 모임을 조직하는 데에는 적지 않은 어려움을 겪고 있다. 현재 연구 참여자는 대학에서 공부를 하고 있고 연구 참여자 부부는 초등학교에 다니고 있는 딸 한 명과 시어머니와 함께 생활하고 있다.

<사례 6>의 연구 참여자는 한국 남편과 중국에서 결혼식을 올리고 남편의 사업 때문에 중국에서 3년 동안 결혼생활을 해오다가 최근 1년 전에 한국에 오게 되었다. 현재의 한국 남편과는 중매를 통해 알게 되었다. 결혼하기 전에 연구 참여자는 국제결혼에 대해 전혀 생각해보지 않았다. 중매자의 부탁으로 다른 여성 대신 선을 보게 된 것이 바로 현재의 남편을 만나게 되었고 상대방에 대해 서로 좋은 감정을 가지게 되어서 국제결혼을 하게 되었다. 결혼 당시 남편은 이미 오랫동안 중국 현지에서 남편의 큰 아버지가 경영하고 있는 회사에서 일을 하고 있었기 때문에 중국의 문화에 대해 생소하지는 않았다. 결혼적령기가 지났음에도 불구하고 조카가 결혼할 생각이 없다는 것을 알게 되자 큰 아버지는 중매기관에다 의뢰를 하였다. 연구 참여자는 2년 뒤 한국에서 국적을 취득한 후에는 한국 생활도 충분히 좋지만 더 자유로운 미국으로 가서 생활할 계획을 가지고 있다.

<사례 7>의 연구 참여자는 한국에서 현재의 한국 남편을 만나게 되었다. 연구 참여자의 친정어머니는 한·중수교 당시에 친척 방문을 통해 한국에 오게 되었다. 그 후 연구 참여자 가족은 친정 어머니의 한국에서의 인맥을 통해 한국에 들어왔다. 연구 참여자는 현재의 남편과 같은 식당에서 일하게 되면서 알게 되었다. 연구 참여자 부부는 결혼하기 전에 서로 많은 교제시간을 가졌고 연구 참여자는 한국에 대한 이해가 있었기 때문에 국제결혼을 크게

어렵게 생각하지 않았다. 현재 연구 참여자는 남편과 함께 중국과의 의류 관련 무역을 하면서 행복하게 살고 있다. 연구 참여자는 중국식 생활방식으로 부부생활을 유지하면서 살고 있고 한국 남편도 역시 큰 거부감을 가지고 있지 않다. 현재 연구 참여자 여동생 한 명도 한국인과 결혼을 하고 한국에서 생활하고 있다.

<사례 8>의 연구 참여자는 중매를 통해 한국인과 결혼을 하게 되었다. 한국 남편은 자신의 조건으로는 한국에서 결혼상대를 찾기 어렵다고 생각하여 중매기관에 의뢰를 하였다. 연구 참여자는 중국에서 한국인들과의 교류를 통해 한국인들에 대한 좋은 감정을 가지고 있었다. 또한 연구 참여자는 자신의 결혼뿐만 아니라 자녀의 교육에 있어서 한국인의 높은 교육열은 큰 도움이 될 것이라고 기대하여 한국인과의 결혼을 선택하였다. 따라서 한국 생활에 있어서 연구 참여자는 처음부터 긍정적인 태도를 가지고 있었고 한국 생활 적응에 있어서도 긍정적이다. 현재 연구 참여자는 식당에서 일을 하면서 남편과 함께 한·중 국제결혼 중매사업을 하고 있다. 연구 참여자에게 자녀는 아직 없다.

<사례 9>의 연구 참여자는 조선족인 동서의 소개로 현재의 한국 남편을 만나게 되었다. 본 연구에서 <사례 9>의 연구 참여자 부부간의 나이 차는 17세로 제일 크다. 연구 참여자는 중국에서 중학교까지만 나왔고 농촌지역에서 계속 살아왔다. 동서와는 같은 고향사람이고 중국에서 서로 친하게 지내온 사이다. 동서가 먼저 한국에 시집와서 잘살고 있다는 소문을 듣자, 연구 참여자보다 연구 참여자의 친정부모님이 딸의 한국인과의 결혼을 원했고 동서에게 부탁을 했다. 동서는 또한 연구 참여자의 현재 남편의 부탁을 받아 연구 참여자를 소개해주었다. 연구 참여자는 현재 임신 중이

고 한국어를 거의 못하여서 일상생활에서 동서의 도움을 받고 있
다. 그렇기 때문에 동서는 연구 참여자의 가정생활에 매우 간섭하
고 있고, 연구 참여자의 남편도 아내보다 동서의 의견을 더 존중
하는 편이라 연구 참여자는 결혼생활에 적지 않은 어려움을 겪고
있다.

<사례 10>의 연구 참여자는 중매를 통해 현재의 한국 남편을
만나게 되었다. 연구 참여자는 중국에서 중학교를 졸업하고 농촌
에서 생활해왔다. 결혼을 하고 현재 연구 참여자는 한국에서 시부
모와 함께 생활하고 있다. 연구 참여자는 현재 거주지역 사회복지
관에서 한국어 공부를 하고 있다. 직업은 없지만 기회만 된다면
취직할 생각은 가지고 있다고 말한다. 연구 참여자는 무엇보다 가
족의 경제권을 가지고 있어서 마음이 든든하다고 말한다.

<사례 11>의 연구 참여자는 중국에 있는 한국 기업에서 일을
하면서 같은 회사에서 근무하고 있었던 현재의 한국 남편을 만나
게 되었다. 교제한 지 얼마 안 되어 연구 참여자는 싱가포르로 파
견을 가게 되었지만 두 사람은 전화와 컴퓨터를 통해 지속적으로
연락을 취하였다. 결혼하기 전이지만 남편은 연구 참여자가 싱가
포르에서 한국으로 돌아오기를 원했고, 연구 참여자는 남편의 끝
없는 구애에 견디지 못해 한국에 입국하여 현재의 남편과 결혼을
하게 되었다. 연구 참여자는 시어머니에 대한 봉양문제로 남편 형
제들과의 갈등이 생기면서 서로 왕래를 끊었다. 이로 인해 연구
참여자와 시어머니 간의 갈등도 심해지면서 시어머니는 집에서 나
와 양로원에서 생활하였으나, 몇 개월 지나지 않아 시어머니는 심
장병의 재발로 세상을 떠났다. 남편은 어머니의 사망이 연구 참여
자 때문이라고 비난하면서 부부간의 갈등이 점점 심해졌고 남편은

더 이상 연구 참여자와 결혼생활을 하기 힘들다고 하면서 이혼을 요구하였다. 하지만 연구 참여자는 남편을 여전히 사랑하고 있고, 이혼할 의사는 전혀 없다고 밝히면서 남편과의 관계를 개선하려고 노력하고 있는 중이다.

<사례 12>의 연구 참여자는 중국에서 대학을 다니면서 한국인 교수에게 중국어 과외를 하면서 교수의 소개로 현재의 남편을 만나게 되었다. 또한 현재의 한국 남편은 교수의 소개를 받아 한 학기 동안 연구 참여자가 다니고 있었던 대학에서 교환학생으로 공부를 하게 되면서 연구 참여자와의 사랑을 키우게 되었다. 연구 참여자는 졸업 후 바로 남편이 다니는 한국학교로 유학을 오게 되었고 3년 동안의 대학원 공부를 하면서 현재의 남편과 좋은 연인 관계를 유지해왔다. 석사공부를 끝내고 연구 참여자는 현재의 남편과 결혼하였고 현재는 아이 둘을 키우며 전업주부로만 생활하고 있다. 본 연구자와의 인터뷰를 끝내고 2005년 남편의 회사에서 미국 파견 발령이 나자 연구 참여자는 남편과 함께 미국으로 갔다. 연구 참여자는 대학시절부터 중국에서 종교생활을 하였기 때문에 한국에서도 같은 종교를 가진 시댁식구들과 종교활동을 하면서 한국 생활에 대해 만족감을 가지고 있다.

<사례 13>의 연구 참여자는 중국에서 이혼한 경험이 있다. 중국에서 연구 참여자는 가족의 반대에도 불구하고 조선족이 아닌 한족과 결혼을 하게 되었다. 결혼하고 아이까지 있어서 행복하게 살 거라고 믿었지만 남편의 외도 때문에 부부간의 갈등은 점차 심해졌다. 뿐만 아니라 한족 남편은 같은 민족이 아니라는 이유로 폭력까지 행사해서 연구 참여자는 참지 못한 끝에 한족 남편과 이혼을 하게 되었고 이혼의 상처를 잊기 위해 중매를 통해 한국인과

의 결혼을 선택하게 되었다. 현재 한국 남편은 택시기사이고 연구 참여자는 전업주부로서 20개월 된 아이를 양육하고 있다. 친정부모는 딸의 초청으로 한국에 오게 되었고 현재 서비스 업종에서 일을 하고 있다. 연구 참여자는 중국에 있는 전 남편의 아이를 무척 보고 싶어 하지만 경제적인 부담 때문에 중국에 가지 못한다고 어려움을 털어놓았다.

<사례 14>의 연구 참여자는 유학으로 한국에 오게 되었고 한국 남편이 경영하고 있는 회사에서 아르바이트를 하게 되면서 현재의 한국 남편을 만나게 되고, 1년간의 연애 끝에 결혼을 하게 되었다. 남편의 중국에서의 사업 때문에 현재 연구 참여자는 남편과 함께 중국에서 생활하고 있다. 연구 참여자는 현재 두 아이를 키우면서 남편의 회사에서 제일 중요한 중국 관련 업무를 맡고 있다. 연구 참여자는 중국 관련 업무를 혼자 맡아서 하고 있는데, 회사에서 큰 역할을 하고 있다는 것에 자신감과 자부심을 가지고 있다. 연구 참여자는 국제결혼에 있어서 국적이 중요한 것이 아니라 부부간의 사랑과 믿음이 중요하다고 생각하고 있으며 큰 만족감을 가지고 있다. 연구 참여자는 한국 국적을 위해 중국국적을 포기할 의사가 없고, 중국의 발전을 봤을 때 한국보다 중국에서 하루라도 빨리 큰 사업을 가지는 것이 성공으로 가는 길이라고 말한다.

<사례 15>의 연구 참여자는 한·중수교 초기에 중매를 통해 현재의 한국 남편을 만나게 되었다. 출국 길은 어려웠지만 한국에 대한 기대는 컸다. 그러나 한국에서의 결혼생활은 기대와 너무나 큰 차이가 나는 것을 깨닫게 되면서 기대가 큰 만큼 실망도 컸다. 남편과 열심히 살아보려고 노력도 했지만 농촌에서 농사만 하면서 빚을 갚기에는 턱없이 부족하다는 것을 알게 되면서 한국인과의

결혼에 대한 실망을 가져본 경험도 있다. 연구 참여자는 시댁식구의 도움 없이 오직 남편의 지지와 사랑만으로 지금까지 16년의 결혼생활을 해왔다고 말한다. 결혼 초기에 신체적·정신적으로 너무 힘들어 가출한 경험도 있었지만 그럴 때에도 역시 남편의 사랑이 커서 다시 집으로 돌아오게 되었다고 말한다. 현재 연구 참여자는 두 자녀를 키우면서 남편과 함께 노래방을 경영하고 있다. 한국에 와서 교회의 지지도 적지 않았다고 말하면서 착하게 살고 싶다고 말한다. 연구 참여자는 회사 직원, 교회 교인, 학교 학생 등을 대상으로 중국어를 가르치면서 한국 생활에 대한 자신감을 가지고 있다. 현재 연구 참여자는 자신의 노력으로 운전면허, 컴퓨터, 요리사 등 다양한 자격증을 취득하였고 이제는 대학공부를 시작하려고 한다. 연구 참여자는 한국에서 행복하게 살기 위해서는 무엇보다 자신의 노력이 중요하고 부부의 믿음과 사랑이 중요하다고 말하면서 이제는 떳떳한 한국 사회의 일원이 되기 위해서 노력하고 있다.

<사례 16>의 연구 참여자는 중국에서 이혼한 경험이 있고 20세의 아들을 중국에 두고 있다. 중국에서의 직장은 안정적이지 못하여 의류장사를 하면서 생계를 유지해왔다. 중매를 통해 한국인과의 결혼을 선택하게 되었고, 현재 한국 생활은 2년이 좀 지났다. 서비스 업종에서도 일을 해보았지만 건강상태가 좋지 않아 그만두었다. 남편은 초혼이고 안정적인 직장은 없으나 작은 가게를 운영하고 있다. 이혼한 상처가 있었기 때문에 연구 참여자는 지금의 결혼생활에 대해 큰 기대를 가지고 있지는 않다. 한국 국적을 취득한 후 지금처럼 생활할 수 있다면 결혼생활을 계속 유지할 생각이고 그렇지 않다면 결혼생활을 다시 생각해보겠다는 생각을 가지

고 있다. 중국에 있는 아들을 한국으로 초청하고 싶지만 아들은 전혀 한국으로 올 생각을 하지 않아 초청을 그만 포기하였다고 말한다. 결혼 초기 연구 참여자는 한국어를 잘 몰라서 남편과의 의사소통이 어려웠지만 지금은 어느 정도 대화가 가능하다. 국적 취득 후에는 식당 혹은 서비스 업종에서 일을 할 생각은 있지만 현재로서는 그냥 전업주부로 살고 싶다고 말한다.

<사례 17>의 연구 참여자는 중매를 통해 한국에 오게 되었다. 연구 참여자는 한국어를 어느 정도 할 수 있어서 한국인과의 의사소통에는 큰 어려움이 없다. 남편은 회사에 다니고 연구 참여자는 학원에서 중국어를 가르치고 있다. 아직은 자녀 없는 부부생활에 만족하고 있다. 그러나 한국에서 남부럽지 않게 살기 위해서는 조선족 여성들의 자기발전이 중요하다고 생각하고 있어서 자기발전을 위해 공부할 계획을 세우고 있는데 현재는 대학공부를 위해 학원에서 영어공부를 하고 있다. 연구 참여자는 자신감에 넘쳐 있고 한·중 국제결혼에 대해서도 긍정적이다.

이들 17명의 연구 참여자의 연령 범위는 30세에서 44세까지였고 배우자의 연령 범위는 30세에서 50세까지였다. 연구 참여자들 중 7명은 서울지역에서 거주하고, 2명은 경기도, 4명은 인천, 1명은 충남, 1명은 광주, 1명은 수원, 1명은 강원도에서 거주하고 있다. 서울, 인천, 충남 및 경기도에 있는 연구 참여자들은 연구자가 거주지를 직접 찾아가거나 연구 참여자가 원하는 장소에서 인터뷰를 실시하였고 수원, 광주, 강원도에 있는 연구 참여자들은 서울에 오는 시간을 정해 연구자의 집 혹은 연구 참여자가 원하는 장소에서 인터뷰를 실시했다. 중국에서 전문대 졸업은 4명이었고 나머지 13명의 교육 정도는 모두 고등학교 이하이다. 한국 체류시간

은 2년에서 15년까지 다양했다.

　　현재 대부분 연구 참여자들은 전업주부로 생활하고 있고 일부 연구 참여자들은 학원에서 중국어 강사 혹은 식당과 같은 서비스 업종에서 일하고 있다. 이외 개인사업을 하는 연구 참여자도 4명이 있다. 연구 참여자 중 3명은 중국에서 이혼한 경험 있다. 또한 17명의 연구 참여자 중에 6명은 한국인과의 결혼 초기에 한국 여성 관련 기관(복지관, 동사무소, 여성문화회관, 재한여성모임 등)에서 한국 문화를 체험한 경험이 있다. 연구 참여자 중 10명은 중국에서 거주할 당시 한족학교에서 공부를 했다. 본 연구에서 연구자는 인터뷰하는 과정에서 연구 참여자의 한국어 표현능력과 이해능력 등을 연구자의 기준으로 판단하여 상, 중상, 중, 하 등으로 나누었다.

　　따라서 연구 참여자들의 기본적인 특성을 정리하면 아래의 <표 4-1>과 같다.

〈표 4-1〉 연구 참여자의 일반상황

사례	나이	배우자 나이	한국 체류 기간	중국에서 다닌 학교	재혼 경험	한국 여성 관련 기관에서 한국 문화 체험경험	한국어 의사소통 능력	현재 하고 있는 일	거주지
1	30	30	7년	한족 학교	무	무	중상[13]	중국어 강사	경기도
2	30	34	3년	조선족 학교	무	무	상	전업주부	인천
3	34	41	4년	조선족 학교	유	유	상	전업주부	서울
4	31	38	10년	한족 학교	무	유	상	국제결혼사업	충남
5	34	44	11년	한족 학교	무	유	상	대학원생	인천
6	30	37	3년	한족 학교	무	무	하	식당일	서울
7	37	43	14년	조선족 학교	무	무	상	개인사업 (의류)	서울
8	29	36	3년	조선족 학교	무	무	중상	식당일, 국제결혼사업	서울
9	21	38	2년	한족 학교	무	무	하	전업주부	인천
10	24	31	2년	한족 학교	무	유	하	전업주부	인천
11	33	39	9년	조선족 학교	무	무	상	중국어 강사	서울
12	29	35	6년	한족 학교	무	무	중	전업주부	경기도
13	36	44	3년	한족 학교	유	무	중상	전업주부	수원
14	29	37	5년	조선족 학교	무	무	상	개인사업	서울
15	39	44	15년	한족 학교	무	유	중상	개인사업 (노래방)	강원도
16	44	50	2년	한족 학교	유	무	하	전업주부	광주
17	28	35	6년	조선족 학교	무	유	상	중국어 강사	서울

13 ‘상’은 의사소통하는 데 아무런 문제가 없고, 자기의 의사를 잘 표현·전달할 뿐만 아니라 추상적인 단어와 영어단어 심지어 전문용어를 함께 사용하는 정도. ‘중상’은 의사소통하는 데 아무런 문제가 없고, 자기의 의사를 잘 표현·전달하고, 자주 쓰는 영어단어를 사용하는 정도. ‘중’은 의사소통하는 데 큰 문제는 없지만, 자기의 의사를 표현·전달하는 데 어려움이 있을 경우에는 중국어로 연구자와 대화를 하는 정도. ‘하’는 간단한 한국어만 이해하고 한국인과 의사소통하는 데 어려움을 가지고 있으며 연구자와 인터뷰하는 동안 주로 중국어를 사용하는 정도.

제2절 적응의 의미분석

본 절에서는 한국인과의 결혼을 선택한 17명의 조선족 여성들과의 인터뷰를 통하여 얻은 자료를 근거로 하여 조선족 여성들의 한국 생활에서의 적응의 의미를 살펴보고자 한다. 본 절에서는 적응의 의미를 한국인과의 결혼을 선택하게 된 사회적 배경, 한국 생활에서의 주요 경험, 한국 생활 경험에 영향을 주는 요소들, 한국 생활 경험에서 취하는 행동에 영향을 미치는 요소들, 한국 생활 경험에서 취하는 행동, 적응의 의미 등으로 구분하여 살펴본다.

1. 한국인과의 결혼을 선택하게 된 사회적 배경

조선족 여성들은 다양한 사회적인 배경을 가지고 한국인과의 결혼을 선택하게 된다. 본 연구에서는 '결혼동기', '만난 경위', '국제결혼에 대한 태도' 등으로 나눠서 조선족 여성들이 국제결혼을 선택하게 된 사회적 배경을 살펴보았다.

1) 결혼동기

조선족 여성들은 처음부터 한국 남성과의 결혼을 생각하고 있었던 것은 아니다. 중국의 개혁개방과 한·중수교 이후 한·중 간의 활발한 교류는 연구 참여자들과 한국 남성들 간의 교류를 가능케 했다. 특히 '우연히 교제를 통해 사랑에 빠진' 사람들도 있는가 하면 '결혼적령기가 지났거나', '이혼경험'이 있어서 한국 남성과의 결혼을 선택한 사람들도 있다. 또한 '농촌생활에서 벗어나고 싶어서', '한국을 부모님의 고향이라고 생각'하거나, '가정의 경제적인 어려움' 때문에 한국행을 선택하게 되는 조선족 여성들도 적지 않다.

따라서 본 연구에서는 '정(情)/사랑', '결혼적령기 지남', '농촌생활에서 벗어남', '이혼경험', '부모의 고향에 가고 싶어 함', '가족의 경제적인 문제' 등의 개념을 결혼을 선택하게 된 동기라는 하위범주로 정리하였다.

(1) 정(情)/사랑

조선족 여성들이 한국 남성과의 만남과 교제를 통해 서로 사랑에 빠지게 되면서 사랑은 국경이 없다는 말을 믿게 된다. 그리고 만나는 횟수보다 각종 방법과 수단 및 서로와의 연락을 통해 관계를 유지하는 것이 상대방을 사랑하게 되는 데 매우 중요하다는 것을 알게 된다. 특히 정보화시대에 컴퓨터, 전화가 지속적인 만남 못지않은 빠른 연락수단으로 역할을 하게 되면서 공간의 거리는 더 이상 사람들 간의 관계 형성에 걸림돌이 되지 않고 있다. 따라서 정과 사랑 때문에 한국인과의 결혼을 선택한 조선족 여성들도 적지 않다.

> 저는 정말 우리 신랑을 사랑해서 이 결혼을 했어요. 아니면 남편이 한국에서 싱가포르에 있는 저한테 계속 한국에 오라고 했을 때 저는 안 왔죠. 정말 그 당시는 이 사람밖에 없더라고요(사례 11).

(2) 결혼적령기 지남

조선족은 중국의 56개 소수민족 중에 하나이다. 중국에서 조선족 자치구인 연변조선족자치구에 조선족들이 제일 많이 거주하고 있지만 대학교육, 취직, 사업 등 사회활동 때문에 적지 않은 조선족들이 중국인들이 더 많이 살고 있는 지역에서 살게 된다. 아직까지 전통적인 민족문화를 유지하고 있는 부모세대들은 자녀들이 같은 민족인 조선족을 만나서 결혼하는 것을 원하고 있다. 하지만 중국에서 생존하기 위해 중국 문화의 영향을 더 많이 받게 되고 중국의 한족들과 어울리면서 살아온 젊은 세대들은 같은 조선족보다 한족과의 교류를 더 많이 하게 된다. 따라서 조선족 여성들이 같은 조선족 남성을 만나서 결혼까지 이루는 확률은 매우 적을 수밖에 없게 된다. 뿐만 아니라 조선족 여성들이 자기발전을 위해 높은 학력을 가지게 되면서 같은 학력을 가지고 있는 조선족 남성을 찾기가 매우 어렵다는 것을 알게 된다. 같은 조선족 남성을 찾지 못해 결혼적령기가 지난 조선족 여성들은 중국에서 결혼하기에 매우 불리한 조건을 가지고 있다는 것을 깨닫게 되면서 같은 민족인 한국 남성과의 결혼을 생각하게 된다.

나이도 점점 많아져 가고 눈도 높아져 가면서 결혼적령기에 중국
현지에서 마땅한 상대를 찾기가 너무 힘들었다(사례 5).

(3) 농촌생활에서 벗어남

한국에서 농촌에 있는 노총각들의 결혼문제를 해결하기 위해,
정부에서 국제결혼사업을 주도하고 시작한 것처럼, 중국에서도 농
촌지역 혹은 현(縣)에 있는 조선족 여성들이 한국인과의 결혼을
많이 선호하고 있는 것도 사실이다. 농촌지역에서 낮은 학력 때문
에 취업의 어려움을 가지거나, 농촌생활에서 벗어나고 싶어 하는
조선족 여성들은 국제결혼을 선택하게 되는데 이것은 또한 농민으
로 살고 있는 부모의 모습이 자신들이 기대하는 바람직한 부모상
이 아니기 때문이다.

> 그냥 농촌에서도 할 일도 없고 중학교만 다니고 그냥 집에서 놀았
> 으니까 한국에 시집와도 별로 나쁜 일은 아니잖아요. 그냥 농촌에
> 서 살기 싫었어요…… 사실 중국에서 저 같은 경우에는 좋은 사람
> 찾기가 힘들잖아요(사례 9).

(4) 이혼경험

한국 남성과의 결혼 선택에 있어서 중국에서의 이혼경험은 또
한 주요 원인이 되기도 한다. 일부 조선족 여성들에게 있어서 이
혼경험은 마음의 상처를 남겨둘 뿐만 아니라 이혼으로 인한 주변
자원들의 상실로 인해 조선족 여성들은 중국에서 살아갈 수 있는
용기를 잃게 된다. 이혼 여성들은 주변 사람들의 편견과 사회에서
의 낙인에서 받은 상처를 치유받기 위해, 편견과 무력감만 남아
있는 환경에서 도피하거나 삶에 대한 새로운 도전을 위해 국제결

혼을 선택하게 된다.

> 중국에서 결혼을 한 번 했어요. 한족(중국 사람)이거든요. 고등학교
> 동창이었는데 연애도 하고 결혼했는데 많이 때리고 그랬어요. 처음
> 에는 집에서 정말 많이 반대했거든요, 한족이라서. 그런데 그냥 둘
> 이서 많이 좋아하니까 결혼했는데 싸울 때 손을 댈 줄은 누가 알았
> 겠어요…… 지금은 내가 생활했던 그곳을 떠나게 되어서 너무 좋아
> 요. 돌아가기도 싫고 돌아가지도 않을 거 같아요(사례 13).

(5) 부모의 고향에 가고 싶어 함

대부분 할아버지, 할머니 세대가 중국으로 이민가게 되었거나
부모가 한국에서 태어나서 어린 시절에 중국으로 이민가게 되는
경우가 많기 때문에 중국에 있는 2세, 3세의 젊은 조선족들은 한
국을 할아버지, 할머니 혹은 부모의 고향이라고 생각하고 있다.
할아버지, 할머니들로부터 이민사에 대해 들어본 경험이 있었거나
부모로부터 어린 시절에 대한 회고를 들어본 경험이 있는 조선족
여성들은 부모의 고향에 가고 싶어 하는 마음을 가지고 한국인과
의 결혼을 선택한다.

> 사실 저의 친정엄마는 한국 국적을 가지고 계시거든요. 호적에 엄
> 마 이름 있어요. 그래서 비록 중국에서 살고 있었지만 저는 엄마의
> 고향은 한국이라고 생각했어요. 수교 후에 엄마가 한국에 오시게
> 되었는데 그때 저도 오고 싶었어요. 엄마의 고향이니까……(사례 7).

(6) 경제적인 기대/동경심

1978년 이후 개혁개방 정책의 실시는 중국의 사회·경제적 변
화를 가져오면서 여성의 삶에도 커다란 변화를 가져왔다. 즉, 농

촌의 집단농업체제가 무너지고 노동시장에서 일자리를 찾아야 하
면서 여성들의 취업률이 크게 감소하게 되었다. 1990년 중국의 전
체 취업률 중 남성은 96.1%, 여성은 90.5%이었지만 2000년은 남
성이 93.6%, 여성이 87.5%로 여성의 취업률이 크게 감소했다는
것을 알 수 있다(설동훈, 2005). 도시 여성의 취업률은 1990년에는
76.3%이었지만 2000년에는 63.6%에 불과하였다(림금숙, 2003).
따라서 농촌에 있는 가족구성원들은 가족의 경제적인 문제를 해결
하기 위해 대도시로 이동하거나 해외로 이주하게 된다. 본 연구에
서 안정적인 삶을 보장하거나 가족의 경제적인 어려움을 해결해야
한다고 생각한 일부 연구 참여자들은 이런 목적 때문에 한국인과
의 결혼을 선택한다.

> 저는 맏이거든요. 동생들도 있고…… 등록금도 비싸고 공부하면서
> 많은 고민을 했어요…… 그때 1992년도이니까 중국에 들어온 한국
> 기업은 처음이잖아요. 수교 전이니까. 그리고 월급도 꽤 많이 주
> 고…… 남편과 같은 회사에서 만났어요(사례 4).

> 중국에 있을 때 집의 가난으로 대학을 포기하고 국제결혼 이 길에
> 들어섰지만 정말 원해서 한 결혼이 아니었어요…… 너무나 받은 압
> 력 때문에 가정 살려야 하는 부담 때문에 어렵게 선택을 했었어
> 요…… 동생한테 학비도 벌어서 붙어야 하는 입장인데……(재한중국
> 여성 홈페이지).

　　한국인과의 결혼을 선택한 일부 조선족 여성들이 한국에 대한
막연한 동경심을 가지고 있는 것도 사실이다. 이런 내용은 또한 기
존연구에서도 찾아볼 수 있는데 강해순(1999), 김숙자·강유진(1999),
리승매(1994) 등의 연구에서는 조선족 여성들은 돈을 벌기 위해,
성지혜(1992)는 경제적 동기뿐만 아니라 사회적 요인 때문에 한·중

국제결혼을 선택하게 된다고 밝혔다. 조선족 여성들의 동경심 유발 원인에는 중국에서 방영한 한국 드라마 속에서 보인 한국 도시생활의 '화려함', 한국 남성의 '멋있음', '자상함', 한국에 다녀온 주변 조선족늘의 '경제적인 풍요로움' 등에서 찾아볼 수 있다.

> 장차 나의 남편이 될 그이에게 나도 결혼하면 직장을 다니지 않아도 되느냐고 물었더니 당연히 다니지 않는 것이라고 했다. 너무나 당연히 얘기하는 남자친구를 바라보며 나는 호기심과 환상으로 앞으로 있을 결혼생활을 그렸다(사례 5).

> 그 (중국)친구는 집안이 되게 좋은 편이거든요. 말하자면 제가 양다리 걸친 거예요. 어떻게 할까 어떻게 할까 하다가 한국에 대한 동경심이 좀 더 강해서 그것 때문에 지금의 남편을 선택한 것 같아요…… 중국에 있을 때 한국은 농촌 없는 나라라고 생각했어요. 그러니까 다 잘살고 깨끗하고 드라마에서 나온 것처럼……(사례 4).

(7) 무지한 결정

한·중수교 이전 중국 사람뿐만 아니라 젊은 조선족들도 한국에 대한 지식을 거의 가지고 있지 않았다. 남북분단, 중국과 북한 간의 친밀한 관계가 조선족들에게 한국 문화를 접하거나 한국을 이해할 수 있는 기회를 감소시켰기 때문이다. 특히 한국의 케이블 방송 등의 매체들이 많이 통제되어 있는 중국에서 한국인, 한국 사회에 대한 정보를 획득하는 것은 매우 제한적일 수밖에 없다. 따라서 한국에 대한 무지로 한국인과의 결혼을 결정하게 된 조선족 여성들도 있다. 본 연구에서 사례 5의 연구 참여자는 한국에 대해 무지해서 '결혼을 저질렀다'고 말했다.

> 나는 한국에 대해 무지였다…… 한국에 오기 전까지 내가 한국에

대해 아는 것이란 고작 3가지뿐이었다. 하나는 한국은 종교천국이
다. 다음은 한국은 스포츠에 강한 나라다. 세 번째는 한국은 여성
이 없는 나라다……(사례 5).

(8) 꿈을 이룰 수 있는 좋은 기회

많은 조선족들이 한국에 다녀오면서 중국에 있는 대부분의 조
선족들에게 있어서 '한국은 자유로운 나라'이고, '마음만 먹으면
돈을 벌 수 있고', '공부도 할 수 있는 나라'이다. 따라서 일부 조
선족 여성들은 한국인과의 결혼이 자신의 꿈을 이룰 수 있는 좋은
기회라고 생각하고 있다. 중국에서 계속 공부하고 싶었지만 여러
가지 주변 환경 때문에 공부를 할 수 없게 된 사례 5의 연구 참
여자는 한국에서 계속 공부할 수 있다는 것에 꿈과 기대를 가지게
되어 한국 남성과의 결혼을 선택하게 되었다.

> 결혼하기 전에 나는 남편에게 만약 내가 당신 따라 한국에 가게 되
> 면 내가 하고 싶은 공부를 계속해도 되냐고 물어봤을 때 남편은
> (한국에 들어) 오면 행복하게 잘살 수 있게 해주고 서울대만 붙으
> 면 등록금을 대주겠다고 했다. 그때까지라도 나는 서울대는 어떤
> 학교인지도 몰랐고 단지 서울에 있는 대학이라고 생각하고 남편의
> 자상한 모습에 너무나 큰 기대와 꿈을 가졌다……(사례 5).

2) 만난 경위

조선족 여성들은 한국 남편을 중국에 있는 한국 회사에서 함께
일하게 되면서 교제하게 되었거나, '중매', '주변 사람들의 소개'를
통해 알게 된다. 본 연구에서 이런 '같은 직업', '중매', '이웃/친
지/교수 소개' 등의 개념을 '만난 경위'로 하위범주화하였다.

(1) 같은 직업

한·중수교 이후 한국 기업들은 중국으로 많이 진출하게 되었다. 중국에 있는 한국 기업들은 문화, 언어적인 장벽을 해결하기 위해 한국어와 중국어에 능통하고 중국 문화를 잘 알고 있는 조선족들을 채용하게 되었고, 조선족들은 또한 이런 기회를 통해 중국에 있는 한국 기업에서 많이 일을 하게 되었다. 특히 조선족 여성들이 중국에 있는 한국 기업에서 일을 하게 되면서 같은 회사에서 일을 하고 있는 한국인 남성과 만날 수 있게 되었고, 이것은 또한 한국인 남성과 조선족 여성들이 서로 사랑에 빠지거나 결혼을 하게 되는 통로가 되었다.

> 같은 회사에서 만나게 되었어요. 제가 대련에 있을 때 저의 신랑은 한국 본사에 있었어요. 그때 우연히 출장 나와 알게 되어서 그냥 전화하고 인터넷으로 하고 그러면서 계속 만나게 되었어요(사례 2).

(2) 중매

한국의 국제결혼 중매는 1960년대 중반부터 아메리카 드림을 꿈꾸는 국내여성들을 국내에 주둔한 미군들에게 중매하는 사람들에 의해서 시작되었고, 1970년대 말까지 미국, 일본, 독일 등의 선진국 남성들과 국내 여성을 대상으로 발전해오다 1988년을 기점으로 국내 여성의 국제결혼 수요가 급격히 줄어들기 시작하였다. 따라서 업체 대부분이 국내결혼 중매로 업종을 전환하거나 문을 닫았지만 1990년 초부터 조선족 여성을 시작으로 국내 남성과 해외 여성 간의 국제결혼이 점차 늘면서 다시금 국제결혼 중매업체가 활기를 찾아가기 시작하였다.[14] 본 연구에서도 17명의 연구 참여자 중 11명은 중매를 통해 국제결혼을 하게 되었다.

> 저희들은 맞선을 통해 알게 되었어요. 심양에서 만났는데 심양에
> 한국 국제결혼업체가 있어요. 남편이 그쪽에 가서 그 업체 소개로
> 저랑 만나게 되었어요(사례 8).

(3) 이웃/친지/교수 소개

본 연구에서 몇몇 연구 참여자들은 또한 이웃, 친지 혹은 학과 교수의 소개로 현재의 남편을 만나게 된다.

> 이웃집 언니가 한국에 시집왔거든요. 그 언니가 시집오고 나서 언
> 니 남편 친구가 혹시 자기한테도 조선족 여자를 소개해줄 수 없냐
> 고 해서 언니가 저를 알고 있으니까 저한테 전화해서 물어보더라
> 고요. 그 언니는 한국에 시집와서 잘살고 있다고 하니까 집에서는
> 반대를 하지 않았죠(사례 9).

3) 국제결혼에 대한 태도

국제결혼에 대해 연구 참여자뿐만 아니라 주변 사람들도 다양한 태도를 보여주고 있다. 본 연구에서 일부 조선족 여성들은 생각조차 못했던 국제결혼을 '인연'이라고 하면서 운명론적인 태도를 보여주고 있었고 또한 자신보다 '부모님이 더 원해서' 부모님의 의견을 순종하기 위해 국제결혼을 선택하게 되었다고 국제결혼에 대해 순종적인 태도를 보여주고 있는 조선족 여성들도 있었다. 중매를 통해 한국인과의 결혼을 선택한 일부 조선족 여성들은 중

14 http://www.koreaimi.com/data/main.cgi?board=content_10_04.

매하는 과정에서 '중매자의 의사에 따라 결혼상대는 언제든지 바뀔 수 있다'는 사실을 알게 되었다고 말하면서 국제결혼은 처음부터 모험이라고 주장하였다. 국제결혼에 대한 주변 사람들의 반대는 또한 조선속 여성들의 한국인과의 결혼 선택에 적지 않은 영향을 미치고 있다.

본 연구에서 도출된 '타인의 반대', '부모의 의견에 순종', '운명/인연', '모험', '남녀 불평등관계의 시작을 인식함' 등 개념들을 국제결혼에 대한 태도라는 하위범주로 정리하였다.

(1) 타인의 반대

국제결혼에 있어서 조선족 여성들의 가족, 친지와 주변 사람들은 대부분 반대하는 입장을 가지고 있다. '홀로 외국에 보내서 보고 싶을 때 보지 못한다'고 생각하거나, '어렵고 힘들 때 옆에서 친가족처럼 진심으로 도와주는 사람이 없다'고 생각하기 때문이다. 특히 한국의 가부장적 문화는 조선족 여성을 더욱 '억압하고 자유롭지 않게 만든다'고 생각하기 때문에 대부분 조선족들은 조선족 여성의 한국인과의 결혼에 대해 반대를 하고 있다. 따라서 조선족 여성들은 자신의 선택이 가족과 주변 사람들로부터 인정을 받지 못한다고 생각한다. 조선족 여성의 가족뿐만 아니라 한국의 시댁 식구들도 한국 남성과 조선족 여성과의 결혼을 적지 않게 반대하고 있다. 이것은 그동안 한국 사회에서 '위장결혼'으로 한국에 입국하여 결혼생활은 하지 않고 도망간 조선족 여성들이 있었기 때문이다. 이외에도 본 연구에서 사례 2의 연구 참여자의 가족은 '잘난 척하고', '거짓말'을 잘하는 한국 친척으로부터 속임을 당해 한국 남성과의 결혼을 더욱 반대하게 되었다고 말한다.

우리 엄마는 "난 너를 못 보내겠다. 너무 먼 데 시집가면 보지도 못 하고…… 정말 네가 잘살고 있는지 못살고 있는지도 알 수 없 고……" 우리 엄마는 결혼식 할 때까지도 마음을 열지 않았어 요…… 우리 신랑 손을 잡고 "이 큰 손으로 우리 딸을 때리면 안 된다. 무슨 일 있던 말로 해야 된다"라고 하시더라구요(사례 1).

저의 집에 (한국) 친척이 있었는데 그것도 삼촌이거든요. 삼촌이 있었 는데 (중국)에 와서 정말 그렇게 가까운 친척인데도 정말 거짓말 다 하고 너무 그래서 부모님들은 한국 사람이라면 손을 들어요(사례 2).

(2) 부모의 의견에 순종

자신보다 부모의 의견을 순종하여 국제결혼을 선택하게 된 조 선족 여성들도 있다. 본 연구에서 사례 5의 연구 참여자는 부모에 게 드리는 효도는 부모의 의견을 존중하는 것이라고 생각하고 국 제결혼을 선택하게 되었다.

어머니는 '같은 민족' 사람을 원한다. 그리고 내가 한국 사람과 선 을 봤다는 것을 알았을 때 어머니는 크게 놀라지 않았다…… 홀로 사신 어머니에게 효도를 해드린 방법은 바로 어머니를 기뻐해주신 다는 것을 깨달았다(사례 5).

(3) 운명/인연

서로 만날 기회도 적었고, 문화와 생활환경도 다른 두 나라에서 생활해온 한국 남성과 조선족 여성은 자신들의 결합을 자신들의 능력과 계획으로는 이루어질 수 없는 일이라고 말하면서 국제결혼 을 '운명'이라고 결론을 내린다.

근데 이상하게 그 오빠한테 정이 안 가더라고요. 정말 다 인연이 있는가 봐요. 우리 신랑과는 인연이라고 생각해요(사례 1).

(4) 모험

국제결혼은 단순히 국경을 넘어서 생활한다는 의미를 넘어 자신에게 각종 위험도 함께 동반될 것이기 때문에 국제결혼은 아무도 예측할 수 없는 자신의 미래에 대한 도전이자 모험이라고 말하는 조선족 여성들도 있다. 특히 중매를 통해 이루어진 국제결혼은 상대방에 대해 아는 바가 거의 없고 새로운 환경 적응에 어떤 어려움이 있을지 누구도 예측할 수 없다고 생각하고 있기 때문에 국제결혼은 모험일 수밖에 없다고 조선족 여성들은 말한다.

> 한국 남자들은 한국에서 결혼상대를 찾기 힘드니까 그쪽(중국) 사람과 결혼하잖아요…… 뭐라고 할까 좀 모자란 사람들이 보통 가잖아요. 그러다 보니까 잘못하면은 좀 위험하잖아요(사례 3).

(5) 남녀 불평등관계의 시작을 인식함

중매를 통해 한국인과의 결혼을 선택한 조선족 여성들은 중매는 처음부터 한국 남성과 조선족 여성들 간의 불평등관계를 조성한다고 주장한다. 중매업체는 국제결혼을 선택한 두 남녀에게 똑같은 액수의 소개비를 받으면서도 두 남녀에게 똑같이 결혼상대를 선택할 수 있는 기회를 주지 않는다. 즉, 중매업체에서 한국 남성에게는 한 남성이 동시에 몇 명의 조선족 여성들과 만나서 자신이 마음에 드는 여성을 직접 선택할 수 있는 기회를 주지만 조선족 여성들에게는 동시에 몇 명의 한국 남성과 만나서 자신이 직접 한국 남성을 선택할 수 있는 기회를 주지 않는다. 본 연구에서 <사례 4>

의 연구 참여자는 국제결혼사업을 직접 하게 되면서 '정말 괜찮은 아가씨가 조건도 좋지 않은 한국 남성에게 시집간 것'을 볼 때마다 불공평하다는 것을 느끼면서 '씁쓸할 때가 많았다'고 말한다. 또한 <사례 3>의 연구 참여자는 조선족 여성은 '상품처럼' 언제나 한국 남성이 자유롭게 선택하고 포기할 수 있는 사람이 되어 있다는 것에 불공평을 느끼고 있다고 말했다.

> 그래서 사장이 그 아가씨한테 지금 손님이 왔는데 우리 지금 식사하러 가야 되니까 먼저 돌아가고 나중에 연락을 드리겠다고 하고 그 여자를 돌려보냈어요. 그래서 저랑 만나게 되고 갑작스럽게 된 거예요. 본인이 OK하지 않았는데 사장님이 OK하면서…… 그렇게 됐어요…… 저는 처음에 국제결혼한 거 우습게 생각했어요. 외국에 팔려가는 식으로 간다고 우습게 생각했거든요. 그리고 한국 남자들이 이제 중국에 와서 맞선을 보잖아요. 근데 한국 남자는 한 명인데 중국 여자들은 여러 명이 와서 그 남자 한 분을 만나는 게 나는 그게 정말 이해가 안 돼요. 그것에 대해서 마음이 안 들었거든요 (사례 3).

> 중국 사람이라고 자기들(일부 한국 사람들)이 특별히 우월감을 가지고 있더라고요. 한국 남자들을 보면 정말 괜찮은 (중국)아가씨들을 데리고 올 때가 많아요. 그래서 이렇게도 결혼하구나 하는 생각을 하면서 씁쓸할 때가 있어요. 우리가 한 층 낮은 걸로 사람들의 인식 속에 박혀 있어요(사례 4).

위에서는 조선족 여성들이 한국인과의 결혼을 선택하게 된 사회적인 배경에 대해서 살펴보았다. 조선족 여성들이 한국인과의 결혼을 선택하게 된 사회적인 배경은 또한 근거이론 패러다임 모형에서 인과적 조건에 해당되는 내용이다. 근거이론에서 패러다임은 범주들 간의 관계를 정렬하고 조직화하는 데 사용될 수 있는 조직적 도식 중의 하나이다. 패러다임은 체계적으로 구조와 과정이 통합될 수 있는 방식으로 자료를 수집하고 정돈하는 것을 돕는 또 하나의 분석적 입지라 할 수 있다. 인과적 또는 우연적 조건은 또한 현상에 영향을 미치는 사건이나 일들로 구성된다(Strauss & Corbin, 1998).

본 연구에서는 17명의 한국인과의 결혼을 선택한 조선족 여성들과의 인터뷰를 통하여 얻은 자료를 근거로 하여 지속적인 비교분석의 절차를 통하여 개념들을 추출하고, 유사한 개념들은 묶어 좀 더 추상화하여 범주화시키고, 패러다임 모형에서 포함된 조건에 따라 범주들을 속성과 차원의 수준에서 발전시켜서 결과를 제시하였다.

위에서도 볼 수 있듯이 본 연구에서 '결혼동기', '만난 경위', '국제결혼에 대한 태도' 등을 하위범주로 정리하였고 또 이런 하위범주를 '국제결혼 선택함'이라는 범주로 정리하였다. 또한 '국제결혼 선택함'의 범주는 본질에 따라 상충과 일치의 차이를 나타낸다. 즉, 조선족 여성들이 결혼하기 전에 결혼과 결혼생활 본질에 대한 생각이 실제 한국에서의 결혼생활과 일치되어 있는지, 아니면 상충되어 있는지의 차원에 따라 한국 생활 적응에서의 경험에는 큰 차이가 난다.

인과적 조건의 범주와 속성 및 차원에 대해 정리해보면 아래의 <표 4-2>와 같다.

〈표 4-2〉 인과적 조건의 범주 및 속성과 차원

범주	하위범주	개념	속성	차원
국제결혼 선택함	결혼동기	정(情)/사랑	본질	상충-일치
		결혼적령기 지남		
		농촌생활에서 벗어남		
		이혼경험		
		부모의 고향에 가고 싶어 함		
		경제적인 기대/동경심		
		무지한 결정		
		꿈을 이룰 수 있는 좋은 기회		
	만난 경위	같은 직업		
		중매		
		이웃/친지/교수 소개		
	국제결혼에 대한 태도	타인의 반대		
		부모의 의견에 순종		
		운명/인연		
		모험		
		남녀 불평등관계의 시작을 인식함		

2. 한국 생활에서의 주요 경험

한국인과의 결혼을 선택한 조선족 여성들은 한국 생활에서 다양한 체험을 하게 된다. 남편, 시부모, 동서(시누이), 주변 한국인들과의 관계를 형성하면서 한국에서 생활해나간다. 조선족 여성들은 시댁시구들과의 관계에서 의사소통하는 방식, 음식 등의 문화적인 차이뿐만 아니라 결혼혼수부터 시작해서 조선족 여성들의 한국인과의 결혼에 대한 주변 한국인들의 태도, 그리고 가정의 경제,

자녀교육, 사회활동 등 다양한 측면에서 다양한 경험을 하게 된다.

아래에서는 주로 남편, 시부모, 동서, 사회인 등과의 관계에서 한국인과의 결혼을 선택한 조선족 여성들의 한국 생활에서의 경험에 대해서 살펴본다.

1) 무시

(1) 남편

조선족 여성들은 남편의 '약속 어김', '어려움을 들어주지 않음', '아내와의 상의 없이 자기주장대로 일을 처리함' 등에서 무시를 당하고 있다는 것을 느낀다. 본 연구에서 <사례 11>의 연구 참여자는 결혼하기 전에 분명히 최소 2년에 한 번은 중국에 있는 친정집으로 보내주겠다고 약속을 했지만 결혼하고 10년이 되어가는 데도 아직 한 번도 이 약속을 실현하지 않는 남편의 행동에서 자신이 남편으로부터 무시를 받고 있다는 것을 느낀다고 불만을 호소했다. 또한 <사례 5>의 연구 참여자는 시어머니와의 갈등과 어려움을 남편에게 이야기했을 때 남편은 아내의 어려움을 들어주지 않고 무조건 시부모의 의견을 존중해야 되고, 모든 것을 다 아내의 잘못으로 돌리고 있을 때 무시를 받았다는 느낌뿐만 아니라 삶에 대한 의지도 잃게 되었다고 말했다.

> 남편은 분명히 저랑 약속했거든요. 최소 2년에 한 번씩은 중국에 간다고요. 부모님도 보고 싶고 형제들도 보고 싶고. 그런데 정작 제가 가자고 하면 뭐 비용이 많이 든다, 자주 전화하면서 꼭 가야 하나, 자기 할 일도 많다 등 이유로 가지 못하게 하고 그랬어요. 제

가 결혼한 지도 십 년 다 되었는데 아직까지도 중국에 한 번도 갔
다 오지 못했어요(사례 11).

한국인과의 결혼을 선택한 조선족 여성들은 친정부모에게 경제
적 혹은 정서적인 도움을 제공하면서 가족구성원들의 국제결혼에
대한 편견을 감소시키거나 친정부모에 대한 효도를 하려고 한다.
따라서 조선족 여성들은 친정부모에게 자주 전화하거나 친정부모
에게 한국 남편이 작은 관심을 보여줬으면 하는 기대를 가지게 된
다. 하지만 한국 생활에서 남편의 가족경제권의 장악, 남편의 친
정식구에 대한 무관심과 시댁식구에 대한 무조건 좋은 관계 유지
를 강요하는 행동에서 조선족 여성들은 자신이 남편으로부터 무시
를 받고 있다는 것을 느끼게 된다.

> 제가 초청해서 부모님이 한국에 오셨거든요. 저는 저희 집에서 같
> 이 있었으면 했어요. 중국에서는 장모, 장인과 같이 사는 사위들이
> 많잖아요. 하지만 (친정) 부모님은 따로 셋집에 살고 계세요. 그것
> 도 지하이고 한 칸짜리 방…… 남편이 좀 신경을 써줄 거라고 생각
> 했는데 아니더라고요. 아무런 반응이 없어요. 너무 속상하고 섭섭
> 해요(사례 13).

> 저녁에 돌아온 남편에게 하소연하니 남편 왈 "이것이 바로 한국 여
> 성이 되는 과정이다…… 남편은 무조건 시어머니 편이다…… 뭐
> 한국 여성은 다 이렇게 산다 등……"(사례 5).

(2) 시부모

한국의 시부모와의 관계에서 일부 조선족 여성들은 또한 적지
않은 어려움을 경험하게 된다. 특히 본 연구에서 <사례 4>, <사
례 5>, <사례 11> 등의 연구 참여자들은 시어머니로부터 무시

뿐만 아니라 언어적인 학대까지 받은 경험이 있었다고 말했다. 특히 <사례 1>의 연구 참여자는 결혼 초기에 시어머니에게서 이웃들에게 조선족 며느리를 소개조차도 하지 않고 아는 사람들이 "딸이에요?"라고 물어봤을 때 대답 없이 지나가는 시어머니의 행동에 자신이 무시당하고 있다는 것을 느꼈다고 말했다.

> 욕이란 욕은 다 들어본 거 같아요. 정말 그렇게 어머니를 보지 않았는데 너무 실망했어요. 처음에는 참았어요. 그래도 어머니가 나이도 있으시고 제가 잘못한 부분도 있으니까. 그런데 정말 너무 심하더라고요(사례 11).

(3) 동서(시누이)

한국 동서와의 관계에서 조선족 여성들은 또한 무시당한 경험이 있었다고 말한다. 본 연구에서 조선족 동서에게 언어적인 학대를 행사한 한국 동서가 있는가 하면, 한국 음식, 한국 문화에 대해 모른다고 조선족 동서에게 지시와 간섭을 하려고 하거나, 시부모에 대한 봉양의무를 모두 조선족 동서에게 넘기려고 하는 한국 동서가 있어서 조선족 여성들은 한국 동서로부터 무시당한 느낌이라고 말한다. 특히 본 연구에서 <사례 1>의 연구 참여자의 큰 동서는 연구 참여자에게 '중국 돈에서는 똥 냄새가 난다', '동서는 정말 운이 좋고 시집 잘 왔다'라고 하면서 연구 참여자를 무시했다고 말했다.

> 시어머니 모시는 일 때문에 크게 싸웠어요. 큰 동서는 무조건 제가 모셔야 된다고 하는 거예요. 제가 모실 수도 있는데 너무 화가 난 것은 동서가 너무 얄밉게 노는 거예요. 그뿐이 아니에요. 나한테 욕까지 하는 거 있죠. 뭐 너 나이 어린 게 그렇게 싸가지 없게 놀면

한국에서 어떻게 살 수 있겠냐고 하면서……(사례 11).

연구 참여자들은 제사상을 준비하는 과정에서 한국 동서들과의 관계가 더 많이 악화된다고 말한다. 특히 제사상 준비에 '동서들의 도움을 받지 못하거나', '늦게 오더라도 제사상을 순비한 조선족 동서에게 아무렇지도 않은 태도를 보여'줄 때, '시댁식구들이 뒤에서 조선족 여성의 흉을 보고' 있을 때에도 조선족 여성들은 무시당한 느낌이라고 말했다.

> 제일 힘든 것은 동서가 제사상을 안 도와주는 거예요. 그래서 한번은 내가 동서한테 우리 제사를 바꿔가면서 돌아가면서 지내자고 그랬더니 동서는 그렇게 하려면 우리는 제사를 안 하고 제사를 지내지 말자고 그런 거예요. 속상해도 방법 없어요(사례 3).

> 내 흉을 보면서 왜 제 뒤에서 흉을 보고 있어요라고 물어봤더니 아무렇지도 않다는 태도로 잘했으면 흉을 보겠어요라고 말하는 거 있죠? 아니 제가 결혼해서 자식을 키우면서 잘 남편이랑 별 문제 없이 잘살고 있으면 주변에서 도와주지 못하더라도 나쁜 말만 안 하더라도 얼마나 좋겠어요? 정말 너무 밉더라고요(사례 11).

(4) 사회

조선족 여성들은 한국에서 생활하게 되면서 주변 한국 사람들과의 관계를 형성하게 된다. 특히 한국인과의 결혼을 선택한 조선족 여성들은 대부분 가족의 경제적인 어려움을 해결하거나 사회활동을 참여하기 위해 일을 가지게 된다. 대부분 조선족 여성들은 학력뿐만 아니라 취업과 관련된 정보를 얻을 수 있는 경로가 제한되어 있기 때문에 식당, 공장, 간호 등 육체적인 노동만 하면서도 노동량 많은 일을 할 수밖에 없게 된다. 다른 사람에게 서비스를 제공하는 직종에서 식당주인, 고객, 사장, 환자들의 '지시', '심부름', '호통'과 '불만'을 듣게 되면서 조선족 여성들은 타인으로부터 무시를 받고 있다는 것을 느낀다. 특히 본 연구에서 <사례 8>의 연구 참여자는 식당주인이 한국 사람과 조선족을 구분하여 일을 주는 행동과 조선족에게 상처가 되는 말을 하는 것에 자신이 무시당하고 있다는 것을 느꼈다고 말했다.

> 처음에는 주인들도 그렇고 같이 일하는 한국 아줌마들도 그래요. 무슨 말을 하면 중국 사람에게 상처를 주는 말을 해요. 조선족 조선족이라고 말하면서 중국 사람은 왜 그러냐 뭐 이런 말 하거든요(사례 8).

조선족 여성들은 역시 '말투가 이상하기 때문에' 한국인으로부터 불공평한 대우를 받기도 한다. 특히 시장에서 상가주인들은 말투에 따라 사람에 대한 태도도 다르다고 연구 참여자들은 말하면서 한국 사회는 조선족에 대해 긍정적인 이미지를 가지고 있지는 않다고 말했다. 본 연구에서 일부 조선족 여성들은 말투 때문에 무시를 당한 경험이 있어서 '쇼핑할 때에는 말을 못 하겠다'고 고충을 내놓았다.

> 밖에 나가면 한국 사람들이 중국 사람이라면 그렇잖아요. 무시하고 거지 취급하는 느낌이 들어요. 쇼핑할 때도 그래요 뭐 물어보고 그러면 먼저 의상을 보고 말투를 듣고 대하는 태도가 다르더라고요. 그리고 중국 사람이라는 것을 알게 되면 옷 가격을 또 일부러 세게 불러요. 중국 사람들이 돈 없으니까 못 사겠지 하고 생각하겠죠(사례 7).

2) 신뢰의 부재

(1) 남편

아직까지 한국의 가족구조는 남성이 일차적인 가족의 생계부양자이기 때문에 남성은 '가장'으로서의 권위를 가지고 있다. 특히 국제결혼을 선택한 조선족 여성들에게 있어서 이러한 가족관계는 가족 내에서 남성이 여성을 통제할 수 있게 만든다. 특히 결혼한 조선족 여성들은 주민등록증만 나오면 언제 도망갈지 모른다는 주변의 의심(홍기혜, 2000) 때문에 한국 남성은 조선족 아내에게 가정의 경제권을 주지 않으려고 한다. '도망가지는 않을까', '돈을 친정으로 보내지는 않을까' 등 조선족 아내에 대한 의심은 또한 아내에 대한 신뢰가 부족하기 때문이라고 설명할 수 있다. 본 연구에서 <사례 9>의 연구 참여자는 돈의 용도에 대해서 남편이 일일이 보고하라고 할 때마다 결혼생활에 대한 희망과 꿈은 깨지게 된다고 말한다. 또한 <사례 5>의 연구 참여자는 경제적인 어려움을 함께 해결하기 위해 일을 찾으려고 했지만 '일을 하면 도망간다'는 남편의 의심 때문에 일을 포기한 경험도 있었다고 말했다.

> 지금 제가 임신 5개월이거든요. 지난번에 남편이 저한테 한 달 생활비 30만 원을 주더라고요. 근데 동서가 자기는 한 달에 생활비를 20만 원밖에 안 쓴다는 말을 듣고는 다시 10만원을 되찾아 가더라고요. 생활비도 부족한데 생활비에서 아껴서 영양보충을 하라고 하는 거예요. 정말 생각하면 생각할수록 괘씸해요(사례 9).

(2) 시부모

조선족 며느리의 생활을 간섭하거나 결혼생활이 얼마 지나지도 않았는데 빨리 아이를 낳으라는 시어머니의 성화는 조선족 여성들을 심리적으로 더욱 힘들게 만든다고 연구 참여자들은 말하고 있다. 방송과 같은 매체와 주변 환경의 영향을 받아 조선족 며느리의 결혼을 '사기결혼'은 아닐까 의심을 받고 있다는 사실에 조선족 여성들은 매우 불쾌하다고 말한다.

> 왜 아이를 안 가지냐고 맨날 물어봐요. 그때까지 우리 시어머니는 나를 못 믿는 거예요. 혹시 내가 도망가지 않을까 하는 거예요. 우리 신랑이 출근하면 우리 시어머니가 전화 오는 거예요. 뭐하고 있냐? 며느리는 집에 있냐? 어디 안 나갔냐?(사례 1)

(3) 사회

조선족 여성들의 한국인과의 결혼에 대한 매체의 영향은 한국 사회에서 조선족 여성들에 대한 불신을 확대시키기도 한다. 특히 방송 프로그램에서는 문제 많은 국제결혼 가정에 초점을 맞추고 조선족 여성들의 적응상의 어려움을 밝히는 데에는 인색하기 때문에 한국 사회에서는 국제결혼을 한 조선족 여성에 대해 부정적인 인식을 가질 수밖에 없게 된다. 따라서 한국 사람들은 조선족 여성들이 순수한 사랑보다 돈 때문에 한국인과의 결혼을 한다고 생각한다. 이런 매체의 영향은 조선족 여성과 결혼한 한국 남성에게도 미치면서 한국 남편조차도 조선족 여성들의 한국인과의 결혼에 대해 불신을 가지고 있다.

결혼하겠다고 말씀드렸을 때 시부모님은 좀 반대하셨죠. 뭐 한국
사람이 중국 여자랑 결혼한다면 주변 사람들이 뭐라고 하는 것도
있고 중요한 것은 뉴스에서 맨날 사기결혼에 대해서 보도하고 그
러니까 시부모님들은 좀 싫어했었겠죠(사례 7).

방송국 같은 데서 나오는 섯들 그린 것들 상당히 안 좋아요. 텔레
비전에서나 뉴스에서 나온 것을 보면 상당히 안 좋더라고요. 어떤
프로그램은 부부가 나와서 서로의 문제와 갈등을 얘기하는 그런
프로그램이 있잖아요. 사실 잘사는 사람들도 있고 못사는 사람들도
있는데 잘사는 사람들이 나와서 못사는 사람들에게 모범이 되어서
잘살게끔 도와줘야 되는데 문제 많은 사람들이 나와서 문제갈등에
대해서 얘기하고……(사례 6).

3) 차별/편견

(1) 시부모

시어머니는 '혼수' 문제에서 조선족 며느리에 대한 편견을 가지
고 있다. 본 연구에서 <사례 1>의 연구 참여자인 경우, 시어머니
가 조선족 며느리가 결혼혼수로 해온 것이 하나도 없다고 불만을
가지면서 중국 사람들은 역시 가난하고 조선족 여성들은 역시 돈
때문에 한국에 온다는 편견을 가지고 있었다고 말한다.

그리고 혼수 얘기도 하죠. 뭐 돈도 많이 쓰고 왔는데 아파트 샀
으면 안에 채워줘야 될 거 아니냐 뭐 그런 것 때문에 많이 싸웠죠
(사례 1).

본 연구에서 <사례 5>의 연구 참여자는 시어머니가 중국에 대
한 나쁜 감정을 자신에게 투사한다고 말한다. 시어머니는 중국 관

런 나쁜 뉴스가 나오면 무조건 '중국이니까 그렇다'고 말하면서 조선족 며느리에 대한 부정을 표하고 있기 때문에 며느리의 행동에 대해 무조건 반대하는 입장이라고 연구 참여자는 말한다.

> 시어머님은 요즘 드라마 <백만 송이 장미>에서 나온 할머니와 같은 사람이다. 자기 것은 무조건 옳고 남의 것은 무조건 틀리다는 그런 사람. 여기서 남이라는 것은 나만이라는 것이다. 내가 무슨 말하든 무슨 행동하든 시어머님은 나에게 무조건 반대다. 시장가면 뭐 중국 마늘은 사지 마라, 중국에 관한 나쁜 뉴스가 나오면 무조건 중국이니까 그렇다는 식으로 얘기한다(사례 5).

또한 <사례 4>의 연구 참여자는 시어머니가 같은 손자, 손녀에게도 차별을 두고 있다고 말하면서 외손자이더라도 남자라는 이유 하나로, 친손녀이더라도 '중국 며느리의 딸'이라는 이유로 차별을 두고 있다고 말한다.

> 저의 시아버지, 시어머니는 저의 아들한테만 용돈도 주고 사탕도 사오고 그래요. 큰딸은 그래서 많이 울기도 하고 그랬어요. 왜냐하면 자기한테는 아무것도 사오지 않았고 용돈도 준 적 없었으니까요. 엄마로서 그 당시 심정 정말 많이 아팠죠(사례 4).

또한 어떤 시어머니는 아들과의 갈등원인을 조선족 며느리에게 있다고 생각하면서 조선족 며느리에 대한 편견을 가지기도 한다. 특히 한국 남편이 시어머니에게 말대꾸를 했을 때 '전혀 하지 않는 말대꾸를 결혼하고 나서 한다'는 식으로 조선족 여성에게 곱지 않은 눈길을 보낸다.

> 우리 시어머니는 우리 신랑을 따로 불러서 애가 도대체 무슨 생각 하고 있는지 잘 교육시키라고 그런 거예요. 우리 신랑도 이해가 안

가는 거예요. 엄마는 왜 그러냐고 하면서 따졌거든요. 그러니까 우리 시어머니는 더 싫겠죠. 싫잖아요. 아들이 자기한테 막하고 그러니까. 우리 시어머니는 너무 화난 거야. 우리 아들이 전에는 전혀 저렇지 않았는데 애가 어떻게 했길래 아들이 지금 말도 안 듣고 저러나 하는 기지(사례 1).

이외에 <사례 11>인 경우 똑같은 며느리이지만 시어머니는 분명히 자신과 한국 동서에게 차별을 두고 있다고 섭섭함을 보여주기도 했다. 연구 참여자보다 직장을 다니면서 돈을 시어머니한테 드릴 수 있는 한국 동서가 역시 시어머니의 마음에 들었던 것이었기 때문이라고 연구 참여자는 말했다.

이번에도 전화해서 제사를 준비해달라고 하는 거예요. 온종일 제사상을 준비했음에도 중국 사람들은 왜 이렇게 느리냐 빨리빨리 하라는 시어머니의 잔소리를 듣게 되요. 동서는 늦게 와서 시어머니한테 봉투를 하나 드리더니 시어머니는 즉시 직장일 많이 힘들 텐데 좀 쉬어라고 하는 거 있죠?(사례 11)

(2) 사회

차별인식은 가족 내에서뿐만 아니라 사회활동에 참여하게 되면서 가지게 된 적도 있다고 연구 참여자들은 말한다. 본 연구에서 <사례 7>과 <사례 8>인 경우에는 식당에서 일을 하면서 식당 주인은 분명히 중국 사람과 한국 사람을 구분해서 일을 주거나 같은 일을 하더라도 한국 여성들에게는 돈을 더 많이 지급한다고 말했다. <사례 5>의 연구 참여자는 말투 때문에 택시 아저씨로부터 호기심 어린 눈빛을 받아본 경험이 있었고, <사례 4>의 연구 참여자는 국제결혼 관련 사업을 하면서 한국인 남성들이 자신들의 부족을 인식하지 못하고 오히려 사업을 하고 있는 조선족 여성에

게 '거친 행동'을 보여준다든가, '자신을 과대평가하는' 행동에 조
선족 여성에 대한 차별을 두고 있었다고 불평을 호소했다.

> 저도 식당일을 해봐서 아는데요 사실 좀 차별을 하거든요. 우리는
> 그냥 시키는 일만 열심히 하면 된다고 생각하잖아요. 그런데 한국
> 아줌마들이 일을 할 때 분명히 우리보다 적게 하면서 돈은 더 많이
> 받고 그래요. 그리고 주인한테 잘 보이려고 그래요(사례 7).

> 솔직히 중국 여성들이 시집와서 매 맞고 한국 사람으로부터 무시
> 당하고 이런 일들이 많이 발생해요. 내가 이 일을 하면서도 사람들
> 이 중국 사람이라고 얘기하기 전하고 중국 사람 아니라고 얘기한
> 후의 태도가 다르더라고요. 내 스스로도 느끼고 있어요(사례 4).

자녀를 두고 있는 조선족 여성들은 자녀들의 사회생활에 큰 우
려를 가지고 있다고 말한다. '중국인 엄마'이기 때문에 어린이집
혹은 학교에서 차별을 받지 않을까라는 생각을 하게 된다. 특히
어린이집 혹은 학교에서 돌아온 자녀들에게 학교생활에 대해서 물
어봤을 때 자녀들의 대답에 적지 않은 충격을 받을 때도 있다고
연구 참여자들은 말한다. 또 <사례 12>의 연구 참여자는 한국 학
생과 같은 연구비용을 받으면서 한국 학생과 같은 업무를 분배해주
지 않는 것에서 '배려'보다 '차별'이라는 느낌이 들었다고 말했다.

> 딸은 어린이집에서 무조건 자기는 한국 사람이라고 말해요. 친구들
> 이 뭐 나는 방학에 미국 갔다 왔다, 일본 갔다 왔다 하면 자기도 중
> 국 갔다 왔다고 해요. 그럼 선생님이 어떻게 중국 갔다 왔어 아빠
> 엄마 중국에서 일하시나봐 그렇게 물어보면 엄마가 중국어 공부했
> 었다고 그런데요. 거짓말은 아니지만 좀 찝찝해요(사례 7).

> 차별은 꼭 있는 것 같아요. 저도 대학원 공부하면서 느꼈는데요 저
> 는 학교이고 다 학생이니까 차별 없는 줄로 알았는데 그게 은근히

있더라고요. 예를 들면, 똑같은 학기인데 교수님은 꼭 일을 저 친구한테 주고 저한테는 안 맡겨요. 중국에서 왔으니까 아무래도 한국 애들보다 못한다고 생각하시겠지만 저는 이게 차별이라고 생각하거든요. 그것도 한 번 두 번도 아니고 매번마다. 저는 그냥 일도 안 하고 연구실에서 자리만 차지하고 연구비만 받고 있는 사람처럼 느껴져요(사례 12).

4) 간섭/통제

(1) 시부모

결혼 초기 조선족 여성들은 단순히 신뢰 부재 때문이 아니라 부부간에 결정할 수 있는 일에서도 시어머니의 간섭과 통제를 받고 있다고 말한다. 본 연구에서 <사례 1>의 연구 참여자인 경우, 일을 하는 것에 남편의 동의를 얻었는데도 불구하고 시어머니가 반대하는 바람에 일을 포기한 경험도 있다고 말했다. 시어머니는 결혼하면 여자는 남편을 뒷바라지하고 집안 살림만 잘하면 된다는 이유 때문이다.

> 돈 벌겠다는 문제 때문에 또 시어머니랑 마찰이 생긴 거예요. 우리 시어머니는 시집왔으면 한국 여자들처럼 애 낳고 집안일만 하고 남편을 공대하고 애를 잘 키우면 되지 않으냐 집도 있고 남편도 좋은 직장 있는데 네가 뭐 나가서 돈 벌겠다고 그러냐 하는 거예요 (사례 1).

심지어 <사례 11>의 연구 참여자의 시어머니는 가정의 경제 상황까지 일일이 '조사'하면서 며느리의 결혼생활을 간섭하기도 했고, <사례 13>의 연구 참여자는 친정부모의 한국 방문은 가정

의 경제적인 부담이 된다는 생각을 가지면서 시어머니께서 불만을
가지기도 했다고 말했다.

> 제 살림 다 간섭해요. 이건 왜 샀어, 저건 왜 버려, 돈은 어디에다
> 썼냐…… 뭐 이런 저건 일 다 간섭을 해요. 자기 아들이 벌어온 돈
> 을 제가 쓰고 있으니까 아까워서 그런지는 모르겠지만 암튼 저를
> 많이 못 믿고 있는 거 같아요. 뭐든 다 어머니가 간섭을 하셔야 마
> 음이 편하신 거 같아요(사례 11).

> 제 부모님이 처음으로 한국에 오시게 되었거든요. 중국에서 한국으
> 로 나오려면 돈도 많지 않으니까 다 적게 가지고 나오려고 하잖아
> 요. 한국에 와서 돈 벌려고 하는 생각을 하잖아요. 그래서 부모님
> 이 돈 없는 것을 알고 제가 부모님이 일을 찾으시기 전까지 좀 용
> 돈을 드리고 싶다고 얘기했더니 시어머니는 막 소리를 지르시면서
> "아니 한국에 나오려면 적어도 3개월 동안 생활비를 준비하고 와
> 야지 어떻게 돈 한 푼도 안 가지고 올 수 있어? 딸이 한국에 시집
> 왔다고 다 바라고 온 거 같은데 해도 너무하네……"라고 말하는 거
> 예요(사례 13).

(2) 동서(시누이)

한국 동서가 있는 조선족 여성에게 있어서 한국 동서의 간섭도
있었다고 말한다. 한국 동서는 자신의 권위를 조선족 여성에게 보
여주기 위해서라고 조선족 여성들은 말하고 있다. 본 연구에서
<사례 4>의 연구 참여자는 한국 문화와 한국 음식에 대해 잘 모
르는 것에 한국 동서는 무시와 경멸을 보여주었다고 했다. 심지어
연구 참여자의 가정생활에 한국 동서가 직접 간섭까지 하는 행동
에 연구 참여자는 분노를 감추지 못했다고 말했다.

> 주방은 자기가 차지해서 다하는 거예요. 완전히 여주인처럼 우리

집에 와서 다하는 거예요. 내가 전 같은 거 하면 "아, 형님, 그런 것
은 그렇게 하는 게 아니에요" 하면서 비웃고 그래요. 아니 좋게 얘
기하고 그러면 내가 몰라서 나를 가르치고 있다는 생각이라도 들
건데 그게 아니고 나를 무시하고 있다는 것을 느끼게 되는 거예
요…… 그래서 동서랑 싸웠어요(사례 4).

본 연구에서 <사례 9>의 연구 참여자는 또한 같은 조선족 동
서를 가진 연구 참여자이다. 이 연구 참여자는 언어 때문에 동서
를 의지할 수밖에 없게 되면서 조선족 동서로부터 간섭과 통제를
받아 더 힘들었다고 불만을 호소했다. 특히 같은 조선족이기 때문
에 동서의 부정적인 말 한마디는 가족 혹은 주변 한국 사람들로부
터 훨씬 큰 부정적인 영향을 가져온다고 말하면서 한국 동서보다
조선족 동서를 가진 조선족 여성들은 한국 생활에서 더 힘들 가능
성이 있다고 연구 참여자는 말했다.

저는 한국어 못하니까 그리고 임신하고 혼자 집에 있으니까 너무
심심해서 복지관에 가서 한국어 배우고 싶었거든요. 그랬더니 동서
가 임신한 사람이 집에 조용히 있지 않고 바깥에는 뭐 바깥이냐고
하면서 한국에 시집온 이상 한국 여자들처럼 집안일만 열심히 해
라고 하는 거예요. 바깥 나가면 돈만 쓴다고 못하게 하는 거예
요…… 남편은 또 동서말만 듣잖아요(사례 9).

5) 인식의 차이

(1) 남편

서로 살아온 환경이 다르고 받아온 교육도 다르기 때문에 한국
남성과 조선족 여성 간에 어떤 사물 혹은 사건에 대한 인식상의

차이도 존재할 수밖에 없다. 본 연구에서 <사례 5>의 연구 참여자는 중국 관련 뉴스 때문에 남편과 싸우는 일이 자주 발생한다고 말한다. 반미사상을 교육받아온 중국 여성과 친미사상을 가진 한국 남편은 국가의 정치적인 문제, 서로 간의 국적문제 때문에 갈등이 생긴다고 말한다.

> 우리 부부의 싸움은 늘 뉴스로부터 시작한다. 예를 들어, 한국이 이라크에 파병해야 하는가 하지 말아야 하는가 하는 뉴스가 나왔다고 하면 남편은 무조건 미국의 부름이라면서 거역해서는 안 된다고 한다. 남편은 미국은 한국의 은인이나 다름없으며 오늘의 한국이 있기까지 미국의 역할을 잊어서는 안 된다는 논리다. 그리고 남편은 북한에 아주 비우호적이다. 반면 중국에서 반미사상을 교육받은 나로서 비록 한국에서 4년간 대학공부를 하였지만 미국의 정책에 부정적인 경향이 있다(사례 5).

> 저의 남편은 티브이를 보면서 저한테 이건 어떻고 저건 어떻고 하면서 얘기해요. 그런데 한국의 역사인물에 대해서 잘 모르고 뭐 한나라당, 민주당이 어떤지에 대해서도 모르니까 모르겠다고 말하죠…… 서로 생각하는 것도 달라요(사례 9).

(2) 시부모

조선족 며느리라고 인정하면서 풍습, 예절과 관련된 문화를 중히 여기는 한국의 시어머니들은 또한 한국어를 잘 못하거나, 반말을 사용하여 실수를 저지른 조선족 며느리에 대해 부정적인 인식을 가지고 있다. 특히 수용하지 못할 행동에 자기주장을 강하게 내세우거나 시부모의 의견을 존중하지 않는 행동은 한국인 시부모들에게 있어서 용납되지 못할 행동이 될 수 있다. 하지만 일부 조선족 여성들은 또한 잘못이 없기 때문에 '시부모의 일방적인 지시'에 순종할 필요는 없다고 생각한다. '잘못 없이 참는다는 것은 자신이 잘못했다고 인정하는 것과 같다'고 생각하고 있기 때문이다. 따라서 한국인 시부모와 조선족 며느리 간에는 문화, 행동에 대한 인식의 차이 때문에 갈등을 가져오는 경우도 많다.

> 우리 시어머님은 처음에 기분이 너무 안 좋으신 거예요. 나이가 어린 게 꼬박꼬박 말대꾸를 한다고 버릇없다고…… 그게 말대꾸 아니죠. 내가 잘못한 게 없는데 왜 참아야죠……(사례 1).

(3) 동서(시누이)

조선족 여성은 동서 혹은 시누이와도 인식상의 차이를 가질 수 있다. 본 연구에서 <사례 6>의 연구 참여자는 인식상의 차이 때문에 시누이와 갈등을 겪은 경험이 있다고 말했다. 시누이는 결혼하기 전에 많은 남성을 만나볼 수 있고, 심지어 양다리를 걸치면서 한 남자의 희생으로 자신의 행복을 찾는다면 그 길을 택할 수도 있다고 생각하는 반면, 연구 참여자는 양다리를 걸쳐서 한 남자를 희생시키는 행동은 성실하지 않는 행동이고 이런 생각을 가진 여성들은 결혼생활에 있어서도 양다리를 걸칠 가능성이 있기 때문에 절대로 용납할 수 없는 행동이라고 생각한다. 그래서 서로 인식상의 차이 때문에 한동안 왕래를 하지지 않았던 경험이 있다고 말했다.

> 저는 정말 한국 여자들이 자기는 남자를 몇 명 사귀어봤다, 지금은 헤어졌다는 말을 너무 아무렇지 않게 말하는 게 너무 이해하지 못하겠더라고요. 우리는 결혼하기 전에 정말 신중하게 생각하고 사귀고 그러잖아요…… 시누이는 예전 남자친구랑 오랫동안 사귀었어요. 선물도 많이 받고. 그리고서 지금은 또 조건 좋은 다른 남자랑

(4) 사회

조선족 여성들은 한국 생활을 하면서 부득이 이웃들과 관계를 맺게 된다. 조선족 여성들은 중국에서는 이웃과의 왕래를 거의 하지 않으면서 10년 이상 살아와도 아무렇지 않다고 생각하고 있지만 한국에서는 서로 만나면 인사하고, 이사 오면 떡을 가져다주면서 인사를 하는 문화가 있어서 좋을 때도 있지만 부담될 때도 많다고 연구 참여자들은 말한다. 조선족 여성들은 잘 모르는 사람에게 먼저 다가가서 친절감을 표하는 것은 타인의 사생활을 터치하는 행동이라고 생각하고 상대방도 이런 행동에 대해 거부감을 가질 수 있다고 생각한다. 따라서 이웃 간에 자주 만나게 되면서 자연스럽게 관계를 형성하는 것을 좋아하는 조선족 여성들은 집단문화, 공동체문화를 유지하고 있는 한국 사람들과 인식상의 차이를 보여주고 있다.

저는 별로 제가 먼저 다가가서 이웃과 친하게 지내겠다는 생각은 안 했거든요. 중국에서는 안 그러잖아요. 근데 한국 사람들은 이사 왔다 하면 막 위층, 아래층 올라가고 내려가면서 인사하고 그러잖아요. 좀 달라요(사례 10).

6) 성격/나이 차이

성격과 나이 차로 인한 갈등은 어떤 부부에게도 다 나타나고 있는 문제인 것처럼 한국인과의 결혼을 선택한 조선족 여성과 한국 남성 간에도 성격과 나이로 인한 갈등은 분명히 나타나고 있다. 본 연구에서 성격차이 때문에 갈등을 겪은 연구 참여자도 있다.

> 저희는 성격이 정반대에요. 저희들은 극과 극이에요. 저의 남편은 둥글둥글하고 활발한 성격이고 저는 단적인 성격이거든요. 이거는 이거 아니면 아니라는 성격이거든요. 그래서 남편이 딱 이거 했을 때 제가 이것은 아니고 저거라고 생각하면 남편이랑 아무 말도 안 해요. 그러니까 극단적인 스타일을 가진 성격이에요. 그래서 저희들은 주로 성격차이 때문에 많이 싸우고 그랬어요(사례 6).

본 연구에서 국제결혼을 선택한 부부에게 연령차는 큰 것으로 나타났다. 본 연구에 참여한 연구 참여자들의 부부 평균 연령차는 7.2세로 높았다. 연령차가 17세로 제일 높게 나타난 <사례 9>의 연구 참여자는 남편과 관심 영역이 다르기 때문에 의사소통하는 데 어려움을 가진 경험이 많았고, 또 남편이 남편이라기보다 오히려 아빠 같은 존재로 느껴질 때가 더 많다고 말했다.

> 그런데 남편과 나이 차가 너무 많다 보니까 남편한테 이래라 저래라고 말하기가 힘들더라고요. 제가 저의 또래들이 사용하는 말을 하고 그러면 남편도 알아듣지 못하고 그래요…… 남편은 딱 아버지 같은 존재 같아요. 남편이 아닌 아버지. 그래서 말도 되도록 좀 안 하려고 하고 그래요. 남편이 뭐라고 하면 그냥 따를 뿐이에요(사례 9).

7) 폭력

본 연구에서 <사례 6>의 연구 참여자는 결혼 초기 남편과 싸우면서 남편으로부터 폭력을 당한 적이 있었다고 말했다. 남편의 폭력 때문에 연구 참여자는 심리적인 상처를 입게 되고 남편과의 이혼까지 생각한 적도 있었다고 말했다.

> (남편이) 손은 처음에 한 번 댔어요. 진짜 그때는 서로 정말 열을
> 받아가지고…… 근데 그 후부터 성질이 나면 서로 말로 해결해
> 요…… 기분이 안 좋죠. 정말 이혼할 생각도 했었어요(사례 6).

위에서는 조선족 여성들의 한국 생활 체험에 대해서 살펴보았
다. 조선족 여성들의 한국 생활에서의 주요 경험은 또한 근거이론
패러다임 모형에서 중심현상에 해당되는 내용이다. 중심현상은 '여
기서 무엇이 진행되고 있는가'를 나타내주는 것으로서 일련의 작
용/상호작용 전략에 의해 조절되는 중심생각이나 사건이다(Strauss &
Corbin, 1998). 본 연구에서 위와 같이 조선족 여성들의 한국 생활
체험을 살펴보면서, 중심현상은 조선족 여성들이 한국 생활에서 '스
트레스 경험'을 하고 있다는 것을 알 수 있다. 이 중심현상은 또
한 정도에 따라 큼, 작음의 차이를 나타냈다. 따라서 '스트레스 경
험'이라는 중심현상의 속성과 차원 등을 표로 정리하면 아래의 <표
4-3>과 같다.

〈표 4-3〉 중심현상의 범주 및 속성과 차원

범주	하위범주	개념	속성	차원
스트레스 경험	스트레스 경험	무시	정도	큼-작음
		신뢰의 부재		
		차별/편견		
		간섭/통제		
		인식의 차이		
		성격/나이 차이		
		폭력		

3. 한국 생활 경험에 영향을 주는 요소들

위에서도 설명하였듯이 한국인과의 결혼을 선택한 조선족 여성들은 한국 생활에서 주로 스트레스를 경험하는 것으로 나타났다. 조선족 여성들이 스트레스를 경험하게 되는 데에는 다양한 요소들이 영향을 미치고 있다. 일부 조선족 여성들에게 있어서 언어장벽, 식습관 차이, 성 역할 차이 등과 같은 문화적인 차이, 일부 조선족 여성들에게는 단순한 문화적인 차이뿐만 아니라 인식의 차이와 국적, 개인의 정체성과 관련된 정치적인 문제 때문에 스트레스를 경험하기도 한다. 또한 한국에 대한 기대와 한국 현실과의 차이를 경험하게 되면서 스트레스를 가지게 된다. 따라서 조선족 여성들이 한국 생활을 하면서 스트레스를 경험하는 데에는 다양한 요소들이 영향을 미치고 있다. 아래에서는 이런 요소들에 대해 살펴보도록 한다.

1) 문화적 차이

한국인과의 결혼을 선택한 조선족 여성들은 새로운 문화환경에서 생활하게 되면서 문화적인 차이를 경험할 수밖에 없게 된다. 특히 중국에서 중국학교에서 공부를 했었거나 가정에서 중국어 교육에 더 많은 관심을 가져서 한국어를 거의 모르고 한국인과의 결혼을 선택한 조선족 여성들에게 있어서 언어장벽은 한국 생활 적응에 적지 않은 영향을 미치고 있다. 본 연구에서 언어 때문에 가족구성원들과 의사소통하는 데 어려움을 가졌다고 말한 연구 참여자가 많았다. 특히 한국에서는 한국어뿐만 아니라 영어도 일상생활에서 많이 사용하고 있기 때문에 조선족 여성들은 이중으로 언어상의 어려움을 가지고 있다고 말한다. 조선족 여성들은 단순히 언어뿐만 아니라 음주, 제사, 음식, 여성, 가족 등의 문화에서도 한·중 간의 문화적인 차이를 느끼고 있다고 말했다.

아래에서는 조선족 여성들이 경험하고 있는 문화적인 차이에 대해서 살펴보도록 한다.

(1) 언어에 대한 재학습

조선족 여성들은 의사소통하는 데 사용하는 한국어의 단어뿐만 아니라 언어에 대한 이해에서 한국어는 조선족 언어와 차이가 있다는 것을 발견하게 된다. 따라서 한국어를 전혀 모르는 조선족 여성들은 한국어를 당연히 배워야겠다고 생각하지만 한국어를 어느 정도 알고 있는 조선족 여성들은 오히려 한국어와 조선족 언어와의 차이를 인식하고 한국어를 다시 배워야겠다는 생각을 가지게 된다고 말한다.

> 면접 끝나고 2명은 남아 있으라고 하고 저희들한테는 나중에 전화 드리겠다고 하더라고요. 그래서 저는 일주일 동안 계속 전화를 기다리고 있었는데 전화 안 오는 거예요…… 나중에 알았었는데 나중에 전화 드리겠다고 하는 말은 탈락되었다는 말이래요. 그렇게 직접 말하지 못하니까 나중에 전화 주겠다고 말한 거래요. 그런데 중국에서 나중에 전화 주겠다고 하면 꼭 전화를 주잖아요. 그리고 합격되었다고 이해할 수 있잖아요…… 그래서 한국어를 더 배워야겠다는 생각을 했죠(사례 14).

(2) 음주문화 차이

조선족 여성들은 한국과 중국 간의 음주문화를 비교하면서 차이를 발견하게 된다고 말한다. 조선족 여성들은 중국에서는 식사하면서 술을 마시는 풍습과 달리 한국에서는 식사는 1차이고, 2차부터는 술을 마시면서 서로 교류하는 시간이라고 말한다. 또한 중국에서는 부부 동반하여 모임에 참석하고 부부 쌍방 혹은 일방이 늦게 귀가하는 것은 매우 드문 일이지만, 한국에서는 술로 인한 남편의 늦은 귀가는 매우 일상적인 현상으로 받아들이는 사회 분위기여서 음주문화를 적응하는 데 힘들었다고 연구 참여자들은 말했다. 그밖에도 한국은 강제로 권하거나 잔을 돌리지만 중국은 그렇지 않는 것에서 한·중 간의 음주문화 차이가 있다고 조선족 여성들은 말한다.

> 남편은 맨날 늦게 들어와요. 정말 한 달에 절반 이상은 술 마시고 들어온 것 같아요. 야근하면 술 마시고 들어오지 친구 만나면 술 마시고 들어오지 무슨 술자리가 그렇게도 많은지 정말 한국의 술 문화 이해하지 못하겠어요(사례 13).

특히 한국 여성들의 음주문화도 생각보다 심각한 정도이고 술에 취해 비틀거리면서 길거리에 주저앉아 있는 여성들을 볼 때마다 한국 여성들에 대한 '현모양처' 인식도 바뀌게 된다고 연구 참여자들은 말한다. 그러나 한편 한국에서는 술을 마시면서 인간관계를 유지하거나 개선하기도 하기 때문에 술을 통해 가족들과의 오해를 풀기도 하고 동서와의 좋은 관계를 유지할 수 있었다고 말하면서 술을 지나치게 마시지 않는 이상 술은 인간관계를 개선하는 좋은 수단이기도 하다며 연구 참여자들은 한국의 음주문화를 긍정적으로 평가하기도 했다.

> (한국 여성)너무 무섭게 마시더라고요. 한국에서는 여자들이 다 술
> 잘 마시고 그런데 중국에서는 그렇게 많이 마시고 비틀비틀 거리
> 면서 거리를 다닌 사람은 없잖아요. 그런 여자를 보고 왜 저럴까라는
> 생각도 하고…… 중국에서는 그런 거 별로 못 봤거든요. 음주문화 정
> 말 너무 싫어요(사례 2).

> 나중에 저랑 동생은 같이 술을 마시면서 이 문제를 해결했어요. 왜
> 이런 문제가 생겼고 또 왜 이 정도까지 왔는지에 대해 서로 마음에
> 있었던 말을 털어놓고 했더니 서로 상대방을 이해하게 되었어요(사
> 례 6).

(3) 음식문화 차이

조선족 여성들은 짜고 기름으로 볶아 먹는 중국 음식에 더 익
숙해져 있다. 따라서 달고, 싱겁고, 매운 한국 음식을 적응하는 데
적지 않는 어려움을 가질 수밖에 없게 된다.

> 처음에 한국에 와서 힘들었던 것은 음식이에요. 우리는 그냥 볶아
> 먹잖아요. 근데 여기서는 거의 기름으로 볶는 음식이 없잖아요. 그
> 리고 남편은 김치를 좋아하는데 저는 또 김치만 보면 밥맛이 없거
> 든요. 집에서는 김치를 전혀 안 먹는데 여기 와서 매일 김치를 먹
> 자니까 힘든 거죠(사례 3).

(4) 가족문화 차이

한국은 중국보다 휴일이면 가족과 함께 하는 시간이 많고 종교
를 가진 경우에 주말이면 가족과 함께 교회를 가는 경우가 많다.
즉, 한국에서는 종교활동 등과 같은 사회활동을 통해 가족이 함께

하는 가족문화를 가지고 있다. 하지만 중국에서는 독특한 가족문화가 없고 휴일이더라도 친구와 지내거나 자신의 시간을 가질 수 있다. 특히 중국에서 종교활동을 하지 않았거나 종교에 대해 부정적인 인식을 가지고 있는 조선족 여성들에게 있어서 한국가족의 종교활동은 또한 적지 않은 스트레스 원으로 작용하게 된다. 이 밖에 친구보다 가족이 우선이고, 여성들의 사회활동보다 가족의 자녀교육이 더욱 우선이 되어야 하는 한국의 가족문화에 적응하면서 조선족 여성들은 문화적인 차이를 경험하게 된다.

> 중국에서는 신랑 있든 없든 친구라면 언제든지 같이 영화도 보고 그러잖아요. 근데 여기는 안 그래요. 여기 뭔가 틀린 가면 토요일이나 일요일은 일제 친구들이랑 같이 있지 않고 가족들이랑 같이 있는 거예요. 구조가 달라요. 중국보다 휴일은 가족분위기가 더 강해요(사례 3).

> 저는 교회 가는 게 정말 싫은데 남편은 교회를 다니거든요. 그러니까 방법 없이 저도 같이 교회를 나가게 되는데 정말 힘들더라고요(사례 9).

한국에서 한국 남성은 아내보다 부모님에게 효도하고 친척들과의 관계를 더 중요시한다. 특히 가부장적 문화를 가지고 있는 한국 남편인 경우 이것은 또한 조선족 아내에 대한 무리와 강요로 들릴 수도 있다. 특히 본 연구에서 <사례 7>의 연구 참여자는 남편의 요구 때문에 출산일을 이틀 앞두고 친척의 생일을 축하하러 서울에서 대전까지 내려간 적이 있다고 불만을 호소했다.

> 나는 몸 풀 날이 오늘 낼인데 딸내미 아빠의 아버지 생일 축하하러 대전까지 가자고 딸내미 아빠가 그런 거예요…… 추석 때 딸내미 아빠 형들 애한데 속옷선물을 했음에도 불구하고 우리 딸내미가

양말 한 짝 못 받고 그래요(사례 7).

(5) 부부간의 의사소통

한국에서 맞벌이 부부가 점점 늘어나면서 부부가 함께 대화하는 시간이 없어진다고 연구 참여자들은 말하고 있다. 직장을 가지거나 농사를 하는 한국 남편들은 사회생활을 열심히 하다가 집에 돌아오면 지쳐서 가만히 누워서 잔다든가 텔레비전만 보는 경우가 대부분이기 때문에 아내와의 대화는 거의 이루어지지 못하고 있다고 연구 참여자들은 말한다. 이것은 또한 서비스 업종에서 일을 한다든가, 개인사업을 하는 조선족 아내들에게도 마찬가지이다. 가정의 경제적인 문제를 해결하기 위해서 혹은 더 나은 삶을 위해 조선족 여성들은 서비스 업종에서 늦은 시간까지 일을 할 수밖에 없게 되고, 늦은 귀가, 지친 몸은 조선족 여성들이 남편과 대화를 잘 하지 못하는 원인이 된다.

> 저는 아침 6시에 일어나서 버스 타고 전철 바꿔 타고 서울까지 오거든요. 저녁 퇴근하고 집에 도착하면 거의 11시 돼요. 그리고 토요일에 나와야 되니까 참 힘들어요…… 애기 아빠가 고생 많아요. 밥하고 청소하고 애들을 학교 보내고 남편과 같이 보내는 시간 거의 없어요. 그래서 대화도 거의 하지 못하죠. 아이들은 학교 잘 다니고 있는지 물어볼 시간도 없고 제가 집에 오면 아이들은 다 자고 있으니까요(사례 4).

(6) 제사문화

중국은 공산정권 수립 이후 문화혁명으로 일부 계승되어 오던 중국의 전통 유교문화는 거의 말살되었다. 제사문화도 이 중의 하나이다. 즉, 중국에서는 제사를 거의 지내지 않는다. 중국에 있는 조선족들도 중국의 문화영향을 받아 제사상을 거의 차리지 않기 때문에 제사상을 준비하는 절차조차도 모르는 사람들이 대부분이다. 따라서 한국에서 일 년에 몇 번씩 차리는 제사상은 한국인과의 결혼을 선택한 조선족 여성들에게 있어서 씻지 않은 스트레스로 영향을 미치게 된다. 본 연구에서 <사례 3>의 연구 참여자는 명절 후유증에 걸린 경험까지 있어서 시어머니가 돌아가시면 제사를 다 없애버리겠다고 고통을 호소했다.

> 한국에 와서 제일 힘들었었던 일은 제사였어요. 중국에는 3년 지나면 그런 게 없잖아요…… 우리 집은 일 년에 다섯 번을 해요. 명절까지 다 포함해서…… 명절에도 해야 되니까 너무 힘들어요. 그래서 내가 우리 시어머니가 돌아가시면 제사를 다 치워버리겠다고 했어요(사례 3).

> 제사상에 어떻게 놓고 어떻게 절하고 그래야 되는데 그리고 음식 장만도 정말 다르니까 저의 시어머니 첫 제사이고 음식준비를 해야 되는데 동서가 셋인데 무엇을 해봤어야 알겠는데 서로 다 모르다 보니까 하나 하고 나서는 가만히 서 있어야만 하는 상황이었어요(사례 2).

임신중독까지 걸리면서 제사상을 준비한 연구 참여자는 육체적인 고통뿐만 아니라 정신적인 고통까지 받게 되어서 더욱 힘들었다고 말했다. 특히 중국에서 임산부는 제사와 관련된 모든 일을 삼가는 반면 한국에서는 임신과 상관없이 며느리이면 무조건 제사상을 준비해야 하는 제사문화 때문에 연구 참여자는 더욱 힘들 수밖에 없었다고 말했다.

> 중국에서는 임신하면 친척이 죽었더라도 참석하지 않잖아요. 안 좋

으니까요. 미신이겠지만 안 좋다는 걸 왜 하겠어요. 근데 한국에서
는 출산일을 며칠 앞두고도 제사상을 준비해야 되니까 얼마나 짜
증나겠어요. 너무 싫어. 제사문화 없었으면 좋겠어요(사례 11).

(7) 여성문화

한국 여성들은 가정적이다. 특히 자녀와 가족을 위해서라면 한
국 여성들은 자신을 희생할 수도 있다. 따라서 대부분 한국 여성
들은 결혼하면 전업주부로서 시부모님을 봉양하거나 자녀를 교육
하면서 살아간다. 하지만 한국 여성들이 가정에 투신하는 것에는
사회적인 요소들이 영향을 미치고 있다. 본 연구에서 <사례 1>
의 연구 참여자는 대학에서 많은 학과들도 개설되어 있지만 현실
적으로 한국 여성들이 졸업하고 사회에 진출하였을 때 사회로부터
인정을 받을 수 있는 학과는 매우 제한되어 있다고 말한다. 취직
기회도 남녀에게 동등하게 부여된 것처럼 보이지만 여성들은 여전
히 사회에서 남성과 같은 위치에서 경쟁할 수 있는 확률이 낮다.
뿐만 아니라 한국 사회에서는 가정의 행복, 자녀교육의 책임을 모
두 여성에게 부여하고 있기 때문에 한국 여성들은 자신의 사회활
동 참여보다 가정에 더 많은 정력을 쏟을 수밖에 없게 된다.

생각하는 거도 다르고. 뭐 한국 여성들이 아는 것도 많고 많이 배
우고 그러잖아요. 그러니까 교육이겠죠. 좀 달라요. 자녀의 교육은
엄마의 몫이라고 하잖아요. 자녀교육 때문에 집에 있어야만 한다면
집에 있어야죠(사례 2).

그러나 또 한편으로 한국 여성들은 생존하기 위한 색다른 전략
을 가지고 있다고 연구 참여자들은 말한다. 자기중심적이고 이성과
의 관계에서 '애교를 떨고', '내숭을 많이 떨기' 때문에 조선족 여

성들은 한국 여성들을 '여우'라고 비유하기도 한다. 그래서 '말과 행동이 다르고', '다른 사람을 평가하기 좋아'하는 한국 여성들과 친하게 사귀기가 쉽지 않다고 연구 참여자들은 말한다.

> 한국 여자 만나면 왜 이렇게 다른 사람을 씹기 좋아하는지 정말 이해 안 돼요. 여자들이 같이 있으면 꼭 한 사람을 씹어요. 중국 사람들은 그냥 그렇다 하고 생각만 하잖아요, 그리고 뭐 이런 사람도 있고 저런 사람도 있으니까 그냥 그렇다 하고 지나가는데 한국 사람들은 꼭 어떤 한 사람을 왕따시켜요……(사례 11).

한국 여성들은 결혼조건으로 상대방의 성격, 인격보다 경제적 상황에 더 많은 관심을 두고 있다고 연구 참여자들은 말한다. 특히 기혼여성들은 남편의 직장, 직위, 주택과 가족의 소비 수준 등을 가지고 자신의 결혼생활 성공 여부를 판단하기도 한다. 본 연구에서 <사례 14>의 연구 참여자는 한국 여성들의 까다로운 결혼조건에 맞추지 못했거나 조건을 갖추고 있더라도 자신감 없는 결혼생활을 선택하기 싫어서 국제결혼을 결심하게 되었다고 아내에게 심정을 털어 놓은 남편의 심정을 이해하게 되었다고 말한다.

> 사실 우리 모임에 어떤 여자가 우리 신랑을 좀 좋아하고 있었거든요. 키도 크고 예쁘고…… (결혼한) 후에 내가 물어봤지 왜 나를 택했냐고. 자기는 한국 여자들 내숭 떨고, 조건 따지고, 가식 많고, 생각이 좁고, 의심 많고 등등 싫데요. 내가 솔직하고 그리고 조건보다 사람보고 당당한 게 좋았다고 하더라고요(사례 14).

2) 정체성 혼란

정체성은 '나는 누구인지'에 대해 답을 찾는 것이다. 정체성은 단순히 국적과 관련된 국가정체성뿐만 아니라 민족과 관련된 민족 정체성, 개인과 관련된 개인정체성 등이 있다. 본 연구에서 한국 국적을 취득하였지만 자신은 여전히 중국 사람이라고 인식하고 있는 조선족 여성들이 있는가 하면 '이제는 어엿한 한국의 일원'이라고 생각하는 조선족 여성들도 있다. 또한 일부 조선족 여성들은 '완전한 중국 사람, 한국 사람도 아닌 조선족'이라고 자신의 정체성을 밝히기도 했다. 따라서 본 연구에서 자신의 신분을 확실히 밝힌 개념들을 정체성의 확립이라는 하위범주로 정리하였다.

또한 일부 연구 참여자들은 아직까지 자신은 누구인지에 대해 잘 모르겠다고 말한다. '언젠가는 한국 사람이 되겠지만 지금은 아니라고 생각한다'고 말한 연구 참여자가 있는가 하면 '나는 누구인지 잘 모르겠다', '국적에 큰 관심 없다'라고 말한 연구 참여자들도 있다. 자신이 누구인지에 대해 확실한 신념을 가지고 있지 못하기 때문에 '한국 사람들처럼 보이려고 하고', '자녀들의 말문에 막혀서 거짓말을 할 때가 있다'고 말하기도 한다. 따라서 이런 개념들을 본 연구에서는 정체성의 갈등을 겪고 있는 개념으로 이해하고 정체성 갈등이라는 개념으로 정리하였다.

본 연구에서 '정체성 확립'과 '정체성의 갈등/의문'이란 개념은 정체성의 혼란이라는 개념으로 범주화할 수 있다고 이해되어 정체성 혼란이라는 범주로 정리하였다.

(1) 정체성 확립

정체성 확립은 나는 누구인지에 대해 신분을 확실히 밝힌 것으로 이해했다. 본 연구에 참여한 일부 연구 참여자들은 한국에서 오랫동안 생활했고 한국 국적도 취득했음에도 불구하고 자신은 여전히 중국 사람이라고 말한다. 한국에서 자신이 아무리 노력해도 완전한 한국 사람이 되어 한국 사회에 융합하지는 못할 거라고 생각하기 때문이다. 특히 본 연구에서 <사례 1>의 연구 참여자는 남편과 함께 있을 때에도 '우리'보다 '너희 한국 사람'이라는 말이 더 많이 나가고 심지어 한국 국적 취득을 포기하고 남편과 힘께 중국국적을 신청할 생각도 가지고 있다고 말한다.

> 저는 여전히 중국 사람이라고 생각해요. 뿌리는 여기라고 치더라도 솔직히 나는 그쪽(중국)에서 태어나고 그쪽에서 살았고 사람이 말을 배우더라도 옹알이 단계가 있잖아요. 옹알이 단계를 사람들은 모국어라고 그러는데 그쪽에서 태어나고 그쪽에 이미 다 몸에 박혀 있기 때문에 사람들이 뭐 한국 사람 같더라고 할 때 뭐 외모와 행동에서는 중국 사람이 같지 않을 수 있는데 솔직히 문화를 볼 때 중국 문화를 보게 되고 한국 문화를 안 보게 되거든요. 그래서 아! 이게 바로 중국 사람이라는 생각이 들어요(사례 4).

> 저는 국적을 바꿀 생각 없어요. 다른 사람들은 결혼하면 한국 국적을 취득하려고 그러는데 저는 남편한테도 말했어요. 안 바꾼다고. 나중에 중국이 발전되면 중국에 들어가서 살 수도 있는데 국적을 바꾸게 되면 어떻게 될지도 모르니까요(사례 14).

자신을 중국 사람이라고 고집한 조선족 여성들이 있는가 하면 한국에서 오랫동안 생활하면서 "이제는 한국 문화에 적응하게 되었고 자신도 모르게 한국 사람이 다 되었다"고 말한 연구 참여자도 있다.

> 10년이면 강산도 변한다고 했는데 12년이란 세월이 지났으니 저도 이제는 어엿한 한국인의 일원으로서 당당하게 살아가고 있어요. 중국에서 살면 중국 사람이 되고 한국에서 한국 사람들처럼 살다 보면 한국 사람이 되는 것처럼 저도 이젠 한국 사람이 다 되었다고

봐요. 이제는 두려운 것도 없어요(사례 15).

(2) 정체성의 갈등/의문

정체성의 갈등과 의문은 아직까지 자신이 누구인지에 대해 확실히 잘 모르거나 의문을 가지는 것으로 이해했다. 본 연구에서는 한국 국적을 취득했음에도 불구하고 '내가 누구인지'에 대해 아직까지 잘 모르겠다고 말한 연구 참여자도 있고, 분명히 자신은 중국 사람이라고 생각하고 있었지만 한국에서 취업하기 위해서는 자신도 모르게 '한국 사람'이라고 거짓말을 한 적도 있다고 말한 연구 참여자도 있었다.

> 정말 한 사람의 정체성은 뭔지 모르겠더라고요. 저는 제가 중국 사람이라고 우겼거든요. 그리고 어디에 가서든 당당하게 중국 사람이라고 말한다고 큰소리를 쳤어요. 그런데 이상하게 정작 취직하려고 면접 갔는데 다들 한국 사람이라서 그런지 저도 모르게 한국 사람이라고 말한 거 있죠. 정말 이제는 저도 모르겠어요. 내가 누구인지……(사례 13).

일부 연구 참여자들은 불법 신분으로 한국에서 일하거나 여행, 연수, 출장 등으로 한국에 오게 된 중국 친구들과 만날 때마다 친구들이 공공장소에서 중국어 혹은 조선족 언어로 큰 소리로 대화하는 모습에 창피하다고 생각할 때가 있다고 말한다. 본 연구에서 특히 <사례 6>의 연구 참여자는 남편과 함께 한국 친구와의 모임을 가졌을 때에는 '왠지 이런 모임은 내가 끼어들 수 있는 모임은 아니다'라는 생각이 들고, '겉으로 보이는 것이 전부는 아니며 마음속 깊은 곳에서 생각하고 나오는 행동이 진실이다'라고 말하면서, 시간이 지남에 따라 언젠가는 자신이 한국 사람이 될 거라

고 믿지만 아직까지는 자신이 누구인지에 대해서 혼동하고 있다고
말한다.

> 제가 지금 좀 한국 생활에 적응하고 또 저는 식당에서 일 안 하고,
> 그 친구들은 여전히 식당에서 일하고 그래서 그런지 지금은 같이
> 조용한 식당에서 큰 소리 지르면서 웃고 그런 게 좀 보기가 안 좋
> 고 창피할 때가 있더라고요(사례 7).

> 한번은 남편 따라 부부모임에 참석하게 되었는데 저는 정말 백화
> 점에서 비싸게 산 옷을 입고 화장도 예쁘게 하고 갔거든요. 남편
> 친구의 와이프들이 다들 한국 사람보다 더 한국 사람이라고 말하
> 더라고요. 그래서 저도 마음속으로 기뻤어요. 그런데 자기들끼리
> 뭐 옷, 브랜드, 화장품, 연예인에 대해서 얘기하는데 저는 모르니까
> 끼어들지 못했어요. 왠지 이런 모임은 내가 끼어들 수 있는 모임이
> 아니라는 생각이 들었어요. 겉으로만 보여주는 것은 분명히 진실이
> 아니고 속에서 생각하고 나오는 행동은 분명히 가짜는 아닌 거 같
> 아요(사례 6).

본 연구에서 <사례 15>의 연구 참여자는 부부싸움을 할 경우
자신은 중국 사람이라고 '당당하게' 말하면서도 정작 자녀들이 중
국에 계신 외할머니, 외할아버지에 대해서 물어볼 때는 자신도 다
시 한 번 '나는 누구인지'에 대해 생각할 때가 있다고 말한다. 또
한 <사례 8>의 연구 참여자는 국적에 대한 관심보다 남편, 자녀
와의 행복에만 관심을 두고 있기 때문에 '나는 누구인지'에 대해
생각한 적 없었다고 말했다.

> 외할머니, 외할아버지는 '왜 중국에 사시냐', '중국 사람이냐'고 그
> 리고 '그럼 엄마도 중국 사람이야 아닌데 우리는 한국 사람인데'라
> 고 물어볼 때가 있어요. 처음에는 그냥 다른 얘기로 돌려서 지나갔
> 는데 지금은 가끔씩 거짓말하고 그래요. 우리는 다 한국 사람인데
> 외할머니, 외할아버지가 중국을 좋아하셔서…… 중국에서 저는 우리

애들이 다른 한국 아이들처럼 당당하게 살았으면 좋겠어요(사례 15).

아직 국적을 취득하지 못했어요. 근데 저는 국적에 대해 별로 큰
신경은 쓰지 않고 있거든요. 국적문제를 떠나서 저는 남편이랑 행
복하게 잘살 수만 있다면 국적을 취득할 수 있든 없든 서는 별로
관심을 안 가져요. 내가 누구인지 밝힐 필요가 있겠어요?(사례 8).

3) 경제적 기대와 현실 간의 차이

한국 결혼을 선택한 조선족 여성들은 한국의 경제에 대한 기대
를 어느 정도 가지고 한국에 오게 된 것은 사실이다. 경제는 생존
의 기본이고 좋은 삶을 살 수 있는 필수조건이기 때문이다. 그러
나 실제 한국에서 생활하면서 경제적인 기대와 현실 간의 차이는
크다는 것을 느낀다. 따라서 경제적인 기대가 큰 만큼 이에 대한
실망도 크다고 말한다. 본 연구에서 호화로운 도시생활을 꿈꾸었던
일부 연구 참여자들은 농촌생활을 하면서 '현실은 드라마가 아니
다'라는 것을 깨닫게 되면서 기대는 곧 실망으로 변했다고 말한다.
한·중수교 이후 중국에서 한국 드라마를 방영하면서 중국인들
뿐만 아니라 조선족들도 한국에 대해 새롭게 인식하고 있다. 일부
조선족들이 한국을 다녀오면서 금의환향하는 모습을 보게 된 조선
족 사회는 성공을 위해 한국행을 선택하는 이른바 '코리안 드림'
을 꿈꾸게 된다. 이러한 '한국열풍'은 연구 참여자들이 한국 남성
을 결혼상대자로 선택하게 한 주요 요인이라 해도 과언은 아니다.
그러나 연구 참여자들의 이런 '기대와 꿈'은 한국에서 보금자리를
꾸민 지 얼마 되지 않아 자신들의 경제 및 생활수준이 다른 한국
인들의 그것보다 훨씬 못하다는 것을 느끼게 된다. 한국은 중국에

비해 물가가 매우 높기 때문에 상대적으로 구매력이 떨어지고, 경제적으로 뒤떨어질 수밖에 없다. 농촌에 살면서 남편의 무직 등의 이유로 현실적 어려움을 겪고 있고, 설사 도시에 살더라도 불안정직인 직장과 하층민의 생활수준 등의 현실에 연구 참여자들은 자신의 생각이 틀렸음을 깨닫고 꿈과 현실 간의 괴리를 느끼게 된다.

본 연구에서 '시댁은 농촌에 있다는 것을 생각조차 하지 않았음', '한국은 중국보다 호화스럽지 않음', '환경이 어려운 농촌에서 농사하는 남편 때문에 많이 실망했음', '현실은 드라마가 아니라는 것을 깨닫게 되었음' 등 개념들을 '높은 물가에 놀람', '기대에 대한 실망/당혹/혼동'이라는 개념으로 정리하였고, 또 이런 개념들을 '경제적 기대와 현실 간의 차이'라는 하위범주로 명명하여 정리하였다.

(1) 높은 물가에 놀람

본 연구에서 일부 연구 참여자들은 경제적인 기대 때문에 한국에 대한 환상적인 꿈을 가지게 되었지만 실제 한국 생활을 하면서 느낀 것은 높은 물가로 인해 상당수의 가정들이 넉넉한 생활을 못한다는 사실이다. 특히 한국에서 생활하는 가정들의 경제적 여건은 생계를 유지하는 데도 큰 어려움을 겪고 있다고 연구 참여자들은 말했다.

> 진주에 있을 때 한 달 월급이 80만 원 남짓 되는데 술 값, 카드 값, 전화비용까지 나가면 거의 30만 원밖에 안 남아요. 30만 원으로 생활하기에는 너무 부족하거든요. 중국에서 80만 원이면 6개월가량의 생활비는 되잖아요. 그런데 여기서는 안 돼요. 정말 너무 놀랐죠. 생각하지도 못했는데……(사례 1).

(2) 기대에 대한 실망/당혹/혼동

경제는 복지에 영향을 미치는 중요한 요인(Pearlin & Johnson, 1977)으로 경제적인 어려움은 경제저인 기대를 가지고 한국 결혼을 선택한 조선족 여성들에게 있어서 큰 스트레스 원인을 제공한다. 대부분 연구 참여자들은 한국에 오기 전에 시댁은 농촌에 있다는 것을 잘 몰랐고 농촌지역에 있더라도 중국의 농촌보다 훨씬 깨끗하고 잘살고 있을 것이라 생각한다. 하지만 시골마을에서 작은 방에 두 사람만이 누울 수 있는 곳에서 신혼생활을 하고 있으니 당연히 기대보다 실망이 클 수밖에 없다. 심지어 중국보다 더 어려운 농촌에서 생활해야 한다는 현실에 조선족 여성들은 실망, 당혹과 혼동을 하게 되었다고 말한다.

> 중국에 있을 때 한국은 농촌 없는 나라라고 생각했어요. 그러니까 다 잘살고 깨끗하고 드라마에서 나온 것처럼 여자들은 직장 안 다니고 집에서 애만 보고 그런 걸로 생각했어요. 정말 산골이었어요. 중국에서도 이런 산골에 가본 적이 없는데 남편 따라 집에 가보니 주변에는 아무 상점도 없고 산과 나무밖에 없는 거예요. 얼마나 무서웠으면 저녁에 눈도 감지 못할 정도였어요(사례 4).

또한 본 연구에서 <사례 15>의 연구 참여자는 한국 드라마에서 남편이 혼자 벌어온 돈으로 가족의 생계를 유지할 수 있는 장면을 보고, '여성이 귀하다 보니 일하지 않고도 행복하게 잘살 수 있구나'라는 생각에 한국 결혼을 선택했지만 현실은 그렇지 않다는 것을 한국 생활을 하면서 깨달았다고 말했다.

> 신혼여행 다녀온 사흘째 되는 날부터 남편이 벌려 놓은 3만 평이나 되는 배추농장을 따라다니면서 수십 명이나 되는 인부들에게 밥과

참을 해야 했고, 지친 몸으로 저녁에 돌아오면 쌓여 있는 빨랫거리
를 들고 개울로 나가야 했지요. '이건 아니야 도무지 아니야' 하는
생각이 머릿속에서 떠나질 않았어요. 내가 겨우 이렇게 살려고 부
모 형제 떠나 먼 이국땅으로 시집을 왔을까?(사례 15)

<사례 11>의 연구 참여자는 중국에서 비교적 발전되어 있는
도시에서 생활한 경험이 있어서 실제 한국에서 생활하면서 "한국
은 중국보다 호화스럽지는 않고 환경 깨끗하고 시설이 잘 되어 있
는 것만 빼고 중국과는 큰 차이 없다"고 말했다. 특히 본 연구에
서 중국 길림성 조선족 자치구에서 온 연구 참여자들은 "한국은
중국 연길에 온 느낌이어서 처음에는 당황했다"고 말했다. 이것은
한국어로 쓰인 간판, 좁은 골목길, 사람들의 의상, 먹는 음식 등에
서 연길시 환경과 차이를 느끼지 못하고 있기 때문이다.

한국에 오기 전에는 좀 설레고 그랬는데 정작 와보니까 중국 연길
에서 사는 거랑 너무 비슷한 거 같아서 외국에 왔다는 느낌은 없었
어요. 연길에서도 다 조선족이니까 또 한국 사람들이 오고 그러니
까 조선말을 많이 쓰잖아요. 간판도 다 조선말로 되어 있고, 옷도
보면 다 한국에서 수입했거나 아니면 한국 회사에서 만들어서 연
길에서 파니까 뭐 여기에서 입은 거랑 별 차이 안 나더라고요. 그
리고 음식도 다 김치 먹고, 매운탕, 된장찌개…… 그래서 썩 만족하
지는 않았어요(사례 11).

위에서는 조선족 여성들이 한국 생활에서 경험하는 스트레스에
영향을 미치는 요소에 대해 살펴보았다. 이 부분은 또한 근거이론
패러다임 모형의 맥락적 조건에 해당되는 내용으로 간주할 수 있
다. 맥락적 조건은 사람들이 작용/상호작용을 통해 반응해야 하는
상황이나 문제들을 만들어내는 특수한 조건의 집합으로 어떤 특정
한 현상에 대응하기 위해 취해지는 구체적인 조건이다(Strauss &

Corbin, 1998). 본 연구에서는 '문화적 차이', '정체성 혼란', '경제적 기대와 현실 간 차이'가 중심현상인 '스트레스 경험'에 대응하는 구체적인 맥락으로 나타났다. 또한 조선족 여성들이 한국에서 생활하면서 문화적인 차이를 많이 느꼈는지 적게 느꼈는지, 한국 생활에서 자신이 누구인지에 대한 정체성 혼란을 크게 경험하였는지 적게 경험하였는지, 한국 생활에 대한 경제적 기대와 현실 간의 차이의 정도가 큰지 작은지에 따라 스트레스를 경험하는 데 차이가 나타났다.

따라서 이런 맥락적 조건의 범주 및 속성과 차원을 정리하면 아래의 <표 4-4>와 같다.

〈표 4-4〉 맥락적 조건의 범주 및 속성과 차원

범주	하위범주	개념	속성	차원
문화적 차이	문화적 차이	언어에 대한 재학습	정도	큼-작음
		음주문화 차이		
		음식문화 차이		
		가족문화 차이		
		부부간의 의사소통		
		제사문화		
		여성문화		
경제적 기대와 현실 간의 차이	경제적 기대와 현실 간의 차이	높은 물가에 놀람	정도	큼-작음
		기대에 대한 실망/당혹/혼동		
정체성 혼란	정체성 혼란	정체성 확립	경험	큼-작음
		정체성의 갈등/의문		

4. 한국 생활 경험에서 취하는 행동

위에서 이미 설명했듯 한국 결혼을 선택한 조선족 여성들은 한국 생활에서 주로 스트레스를 경험하는 섯으로 나타있다. 즉, 조선족 여성들은 다양한 한국 사람들과의 관계를 맺으면서 문화적인 차이, 정체성의 혼란과 한국 경제에 대한 기대와 현실 간의 차이를 느끼면서 스트레스를 경험하게 된다. 조선족 여성들은 자신들만의 행동과 전략을 취해 경험하고 있는 스트레스를 해결하려고 노력한다.

본 연구에서 조선족 여성들은 '자기실현 욕구'를 가지거나, '자신과 결혼에 대한 인식의 변화'를 가져오는 방식으로 스트레스를 해결하는 것으로 나타났다. 아래에서는 이런 행동에 대해 구체적으로 살펴보도록 하겠다.

1) 자신과 결혼에 대한 인식의 변화

(1) 타인의 인정

본 연구에서 일부 조선족 여성들은 스트레스 해결에 무엇보다 자신의 노력이 중요하다고 생각한다. 특히 자신의 노력과 변화를 통해 고부갈등을 해결하였고 시어머니의 인정까지 받았다고 말한 연구 참여자도 있다. 본 연구에서 <사례 1>의 연구 참여자는 시어머니로부터 '미안하다'는 말까지 받게 되어서 감동을 받았다고 말했고, 또 다른 연구 참여자는 주변 한국 사람들로부터 결혼상대로 조선족 여성을 소개해달라는 부탁까지 받았다고 하면서 타인의 인정을 받을 수 있어서 한국 생활에 대해 자신감을 가지게 되었다고 말한다.

본 연구에시 '가족식구들의 인정을 받음'과 '이웃/친지들의 인정을 받음'의 개념을 시댁식구들을 비롯한 한국 사람으로부터 인정을 받고 있다는 개념으로 생각할 수 있으므로 위와 같은 개념들을 타인의 인정이라는 하위범주로 정리하였다.

① 가족식구들의 인정을 받음

본 연구에서 <사례 1>의 연구 참여자는 결혼생활을 많이 간섭하였던 시어머니로부터 존중을 받을 수 있었고, 다른 사람들 앞에서 며느리를 소개조차 하지 않았던 시어머니는 이제 며느리 자랑을 하면서 다니는 모습을 보고 행복하다고 뿌듯한 표정을 지었다.

> 지난번에 시부모님을 뵈었는데 시아버지는 그래도 막내가 최고라고 하시면서 나중에 농장과 집을 저희들에게 주시겠다고 하시는 거예요. 깜짝 놀랐죠. 그리고 시어머니도 찬성하시는 거예요(사례 4).

> 우리 시어머니가 나한데 너무 미안하다고 하시면서 '내가 잘못 생각했다. 네가 얼마나 고생했겠냐. 이국땅에서 저놈 하나만 믿고 왔는데 내가 못 해줘서 미안하다 우리 같이 잘살아보자' 하시더라고요…… 너무 기쁘더라고요. 지금은 너무 행복해요(사례 1).

② 이웃/친지들의 인정을 받음

일부 연구 참여자들은 "주변에서 장가가지 못한 아들, 친구들에게 좋은 조선족 여성을 소개해 달라는 부탁이 자주 들어온다"며 자신들이 타인으로부터 인정받고 있다는 사실을 숨기지 않았다.

저희들이 이제 재미있게 살고 있으니까 시댁 시아버님 친구들이
주변 사람들이 아들 장가 못 갔는데 소개 좀 해달라고 그러는데……
(사례 3).

주변에서 어머님 친구들도 그렇고 남편 회사 동료들도 그렇고 계
속 조선족 여성을 좀 소개해달라고 그러죠. 저희들도 잘살고 있고
제가 또 한국 여자처럼 이것저것 따지고 조건보고 그러지는 않으
니까. 조선족 여성들은 또 결혼하면 가정에 완전히 헌신하잖아요
(사례 12).

(2) 자신감의 발견

시간이 지나면서 조선족 여성들은 한국 생활에 잘 적응하거나
지혜롭게 살 수 있는 방법을 터득하게 된다. 가정의 경제권을 장
악한 연구 참여자들은 결혼생활에 대한 자신감을 가지고 각종 자
격증을 취득하는 등 진취적인 모습을 보였다.

따라서 본 연구에서 '가정의 경제권을 소유함', '지속적인 발전에
자신감을 가짐'의 개념을 연구 참여자들의 '자신감의 발견'이라는
하위범주로 정리하였다.

① 가정의 경제권을 소유함

본 연구에서 연구 참여자들은 가정의 경제권을 가지는 것이 매
우 중요하다고 말하면서 특히 남편 혹은 시부모들로부터 가정의 경
제권을 넘겨받을 때에는 제일 뿌듯했다고 말한다. 한국 결혼을 한
조선족 여성들은 자신이 일을 통해 돈을 벌지 않는 이상 가정의 경
제권을 소유하기는 매우 어려운 일이라고 말한다. 특히 조선족 여
성들의 한국 결혼을 사기결혼이라고 인식하고 조선족 여성들에 대
한 믿음과 신뢰가 부족한 한국 사회에서 가정의 경제권을 소유할

수 있다는 것에 연구 참여자들은 한국 결혼에 대한 믿음과 자신감을 가지게 된다고 말한다.

중국에서 같은 지장 다닐 때도 우리 외삼촌이 남편의 월급을 남편에게 주지 않고 직접 저에게 줘요. 저는 월급을 다 빼고 빈 봉투를 남편에게 줘요…… 매달 월급의 일부분을 시어머니한테 드려요. 그래도 생활비는 내야 되잖아요. 시어머님도 돈은 너희들 저축하면서 쓰라고 하시는데 그래도 생활비는 드려야 된다고 생각하고 있거든요(사례 6).

남편은 매달 월급을 다 저한테 줘요. 처음부터 그렇게 줬어요…… 저를 믿고 저한테 돈을 맡긴다는 게 얼마나 대단해요. 특히 중국에서 온 저한테 돈을 다 맡긴다는 게 쉽지 않는 일인데……(사례 16).

② 지속적인 발전에 자신감을 가짐

대부분의 연구 참여자들은 한국 사회에 잘 적응하기 위해서는 열심히 배울 수밖에 없다고 생각한다. 특히 학력 낮은 조선족 여성들은 우선 운전, 컴퓨터, 요리 등과 관련된 각종 자격증을 취득하려고 노력한다. 관련된 자격증을 하나씩 취득하게 되면서 조선족 여성들은 또한 더 높은 목표인 진학에 대한 계획을 세운다.

그렇게 힘들게 코피를 흘리면서 공부하고 자격증을 몇 개 땄어요. 그리고 그 자격증을 가지고 취직을 할 수 있게 되었어요…… 저희들 같은 경우에는 학위가 일단 없으니까 그리고 뭐 중국에서 컴퓨터, 운전, 가이드 자격증 뭐 이런 거 따본 적도 없으니까 여기에서 딸 수밖에 없어요. 아니면 취직도 못 하고 일 찾기도 힘드니까요…… 지금은 자격증도 몇 개 있으니까 든든하죠(사례 4).

저도 자격증 몇 개 따려고 해요. 기본으로 운전, 요리, 컴퓨터…… 기본인 것 같아요. 공부는 조금 했지만 그래도 자격증 따야 어디에 가든 당당할 수 있을 것 같아요. 저는 꼭 딸 거예요. 그리고 딸 수 있다고 믿어요(사례 12).

(3) 긍정적 수용

시댁식구 혹은 주변 한국 사람들로부터 지지와 관심을 받았거나 한국 생활이 자신이 가졌던 꿈과 큰 차이가 없다고 생각한 연구 참여자들은 '국제결혼을 잘 했다'고 말한다. 주변 사람들의 도움보다 자신의 노력이 더 중요하다고 생각한 연구 참여자들은 한국 생활에 잘 적응하기 위해서는 무엇보다 자기발전을 할 수밖에 없다는 확신을 가진다. 또한 일부 조선족 여성들은 결혼생활에 만족감을 느끼면서 항상 '지금처럼 남편만 믿고 겸손하게 살아가겠다'고 결혼생활에 대해 긍정적으로 수용하고 있다.

따라서 본 연구에서 '부부관계에 신념/믿음을 가짐', '한국 결혼을 잘 했다고 생각함'의 하위범주를 긍정적 수용이라는 용어로 명명하였다.

① 부부관계에 신념/믿음을 가짐

본 연구에서 일부 연구 참여자들은 앞으로도 지금처럼 남편을 믿고 행복하게 잘살 거라고 말하고 있다. 연구 참여자에 대한 한국 남편의 존중, 지지, 믿음, 사랑이 연구 참여자들의 결혼생활에 대한 신념과 믿음을 가지게 한 원인이라고 한다.

저희들은 꼭 잘살 거예요. 지금처럼. 저는 믿거든요. 저는 잘살 수 있는 자신감 있어요. 남편은 저를 믿고 저도 남편을 의지하고 뒤에서 많이 지지해주고 그러면서 행복하게 잘살 거예요(사례 14).

저희들은 쭉 이렇게 서로 존중하면서 사랑하면서 잘살 것 같아요. 뭐 다른 사람보다 특별한 게 없어요. 더 많은 것도 없고 더 적은 것

도 없어요. 있다면 단지 행복하게 잘살 수 있다는 거밖에요. 남편
이 있어서 든든해요(사례 12).

② 한국 결혼을 잘 했다고 생각함

일부 연구 참여자는 한국 생활이 자신의 적성에 맞는다는 확신
을 가진다. 시댁식구들과의 화목한 관계, 교통수단의 편리함, 통신
수단의 발달, 환경의 깨끗함, 자신이 발전할 수 있는 기회 등이
이런 확신을 가지게 된 원인이라고 한다.

> 한국에서 사는 것도 제 적성에도 맞는 것 같아요. 이런 생활이 저
> 한데 딱 맞거든요. 환경 깨끗하고 사람들이 훨씬 문명하고 전철도
> 너무 편리하고…… 저는 편리한 것을 좋아하거든요. 대련에서 살다
> 보니까 이런 편의시설 등에 익숙해져서 한국 생활이 저한테 딱 맞
> 아요(사례 2).

> 나는 결혼 열 번 다시 하라고 해도 우리 신랑 택할 것 같아요. 사업
> 에는 모르겠지만 결혼 하나는 성공했다고 생각해요. 제가 신랑 자
> 랑한 것은 아닌데요, 정말 우리 신랑 같은 사람은 없는 거 같아요.
> 저를 많이 사랑해주고 배려해줘요(사례 14).

(4) 자기개발 인식

① 지속적인 자기발전에 노력함

본 연구에서 대학공부, 개인사업을 통해 자기발전을 하고 있는
연구 참여자들이 있다. 공부를 통해 자신의 꿈을 이루고, 자녀도
훌륭하게 키우려고 하는 목표를 가지고 있기 때문이다.

> 전 현재 노래방을 하면서 중국어 과외도 하고 남편 도와서 건강원
> 일도 하고 있지요. 곧 다른 일을 지금 구상 중이예요. 다음 학기에
> 대학공부를 할 예정이고요, 봉사도 열심히 다니고 싶고요, 우리 애

들도 더 잘 보살펴서 훌륭한 인재로 키웠으면 해요. 제 욕심이 너무 큰가요? 하지만 할 수 있을 만큼 꿈도 키워나가고 열심히 노력할 거예요(사례 15).

본 연구에서 특히 <사례 4>의 연구 참여자는 한국에서 불법체류 신분으로 거주하고 있는 조선족들에게 복지사업을 할 계획을 가지고 있다고 말한다. 한국에 있는 조선족 불법체류자 수는 매우 많지만 불법 신분이기 때문에 상담, 의료, 고용, 거주 등에서 문제를 가지고 있더라도 한국에서 제대로 사회복지 서비스를 제공받지 못하고 있다. 조선족 불법체류자들은 한국에서 일을 하면서 아프거나, 중상을 입었거나 심지어 사망하더라도 전혀 복지혜택을 받지 못하는 경우가 많다. 연구 참여자는 조선족들의 이런 안타까운 현실에 차별과 편견을 느껴 복지사업 관련 계획을 가지게 되었다고 말한다.

저는 법률에 관한 지식을 많이 배워서 나중에 중국 사람들한테 도움도 많이 주고 복지센터 같은 것도 꾸려보고 싶어요. 그리고 내 능력은 아직 부족하지만 국제결혼 아닌 일반사람들은 한국 사람들처럼 건강보험 같은 것이 당연히 안 되잖아요. 그러니까 중국 사람들을 대상으로 하는 보험혜택을 받을 수 있는 사업을 하고 싶어요…… 그러니까 중국 사람들 관련된 일을 하고 싶어요(사례 4).

② 경제적 목표 세움

본 연구에서 일부 연구 참여자들은 자기발전을 위해 경제적인 목표를 세우기도 한다. 자기개발에 있어서 경제적인 부분은 기본이라고 생각하기 때문이다. 본 연구에서 <사례 2>의 연구 참여자는 한국에서 중산층의 생활수준에 도달하는 것을 목표로 세웠고 이런 목표를 달성하기 위해 아내의 노력도 중요하다고 생각하면서 일을 할 계획이라고 말한다.

> 한국에 오기 전에는 한국에서 몇 년 살다가 중국으로 들어가자고
> 했는데 와서 생활하다 보니까 우리도 한국에서 살 수 있으니까 한
> 국에서 살자 그랬어요. 그러니까 우리도 열심히 일해서 중산층 정
> 도의 생활을 할 수 있다면 한국에서 사는 것도 좋은 것 같아요. 저
> 희들은 목표를 세웠거든요. 한국의 중산층 정도의 생활수준에 도달
> 하는 것이에요. 그 정도 되려면 남편 혼자 일해서는 안 되고 저도
> 일하려고 해요. 같이 돈 벌려고 해요. 여자들도 돈 벌어야 힘이 있
> 어요. 젊으니까 돈 벌어야죠(사례 2).

③ 자녀를 통해 자기실현을 성취하고자 함

본 연구에서 자녀에게 희망을 두어 자기를 실현하고자 하는 연
구 참여자들도 있다. 자녀의 올바른 성장과 발전, 자녀의 좋은 대
학 진학과 취업, 자녀의 행복한 결혼생활, 자녀의 효도 등에서 만
족감을 느낄 수 있다고 생각하고 있기 때문이다. 그러나 본 연구
에서 <사례 11>의 연구 참여자는 결혼생활이 행복하지 않아 노
년기의 행복을 자녀들의 효도에서 얻을 수 있다고 믿는다.

> 이젠 저도 애한테도 신경을 쓰려고 해요. 남편은 정말 남이더라고
> 요. 좋을 때는 모르겠는데 안 좋을 때는 남보다 못하다는 말이 맞
> 는 거 같아요…… 그래도 아이들은 달라요. 엄마만 알아요. 저희 아
> 이들은 저의 든든한 지지자가 될 거예요. 저는 믿어요. 아이들이
> 잘되면 저도 성공했다고 생각해요(사례 11).

교육에 대한 열정이 세계 어느 나라보다 심한 한국에서 자녀의
교육문제는 큰 이슈이다. 어느 나라 여성보다 자녀교육에 대한 욕
심이 많은 한국 여성들은 자녀의 교육에 모든 것을 다 바친다고
말해도 과언이 아니다. 따라서 조선족 여성들은 한국 여성들의 교

육열에 놀라고 있다. 특히 자녀인생의 성패는 엄마에게 달려 있다고 생각하는 한국 사회에서 자녀의 성공을 위해 교육에 관심을 두는 것은 당연하다고 연구 참여자들은 말한다.

> 저는 꼭 자식을 잘 교육시켜 훌륭한 사람으로 만들 거예요. 여자들의 삶의 성공은 뭐 있겠어요? 자식들이 성공하는 거 아니겠어요. 자식들이 성공하면 저도 성공한 거죠(사례 12).

(5) 새로운 목표설정/도약

① 이타심을 발현함

본 연구에서 일부 연구 참여자들은 한국에서도 충분히 잘살 수 있지만 자신들의 발전 영역을 더 넓히기 위해서 부부가 함께 중국으로 가서 생활할 계획을 가지고 있다. 중국은 이미 어느 나라보다도 빠른 속도로 발전하고 있고 그 지속성도 장기적일 수 있는 반면 한국의 발전은 한계가 있기 때문이라고 생각한다. 또 <사례 6>의 연구 참여자는 한국보다 더 발전되고 자유로운 미국에 가서 생활하고 싶다고 말한다.

> 신랑이랑 지난번에 같이 중국에 들어가서 중국 측 사장을 만나고 왔어요. 중국에서 사업을 하니까 제가 힘을 많이 줄 수밖에 없어요. 중국어 제가 잘하니까요. 저도 옛날부터 중국에 가서 살 생각을 했지 한국에서 살 생각은 안 했어요. 지금은 신랑도 중국에다 회사를 가지고 있으니까 저희 가족은 올해 안으로 다 갈 것 같아요(사례 14).
>
> 사실 저희들은 원래 미국에 갈 생각이었지 계속 한국에 있을 생각은 아니었거든요…… 제가 지금 한국 국적을 취득하지 못했기 때문에 미국에 가기에는 좀 걸려요. 그래서 일단 한국 국적 나오기 전까지는 한국에서 살다가 미국으로 가려고 해요. 한국도 못 사는 편은 아니지만 그래도 여기에서는 살기가 좀 힘들어요. 사람들과의 관

계도 그렇고 일도 많고 항상 불안하고 미국으로 가고 싶어요(사례 6).

본 연구에서 <사례 16>의 연구 참여자는 한국에서의 체류기간이 2년이 지나지 않았고 아직까지 한국 국적을 취득하는 것이 단기적인 목표이기 때문에 결혼생활 유지 여부에 대해서는 국적을 취득하고 나서 다시 결정을 할 수 있다고 말한다. 특히 본 연구 참여자는 중국에서 이혼한 경험이 있기 때문에 현재 남편과의 결혼생활에 대해 큰 기대와 꿈을 가지고 있지 않다고 말한다.

> 지금은 괜찮아요. 큰 문제없이 살고 있는데…… 제가 지금 한국 국적을 취득하지 못했거든요. 그래서 일을 하는 것도 그렇고 몸도 아프고 해서 그냥 집에서 놀아요. 국적 취득하면 제가 뭐든 다 할 수 있을 것 같아요. 그때 가서 보는 거죠. 남편이 지금처럼 해주면 같이 사는 거고 아니면 그냥 이혼하는 거죠(사례 16).

위에서는 한국 결혼을 선택한 조선족 여성들이 한국 생활 적응에서 경험한 스트레스를 대처하기 위해 취하는 행동에 대해서 살펴보았다. 이런 경험에 대처하는 행동은 또한 근거이론 패러다임 모형에서 작용/상호작용 전략에 해당되는 내용이다. 작용/상호작용 전략은 중심현상이 맥락적 조건 안에서 존재하거나 특정한 조건에서 존재하는 것처럼 현상을 다루고 조절하여 수행하고 반응하는 데 쓰이는 것으로 현상에 대처하거나 다루기 위해 취해지는 의도적이고 고의적인 행위이다(Strauss & Corbin, 1998).

본 연구에서는 중심현상인 '스트레스 경험'을 대처하기 위한 작용/상호작용 전략으로 '자기실현 욕구', '자신과 결혼에 대한 인식의 변화'로 나타났다. 이 전략들은 중재적 조건인 '자기개발에 영향을 미치는 여건', '스트레스 대처' 및 '사회적 지지'의 영향을 받

 한민족문화인가, 다문화인가? — 한·중 국제결혼을 통해 본 한국의 다문화가정

아 채택된다. '자기실현 욕구'가 강하냐 약하냐의 강도에 따라 스트레스에 대처하는 데 차이가 나타났고 '자신과 결혼에 대한 인식의 변화'의 속성은 정도에 따라 강하냐 약하냐의 차이를 보였다.

<표 4-5> 작용/상호작용 전략의 범주 및 속성과 차원

범주	하위범주	개념	속성	차원
자신과 결혼에 대한 인식의 변화	타인의 인정	가족식구들의 인정을 받음	정도	강함-약함
		이웃/친지들의 인정을 받음		
	긍정적 수용	부부관계에 신념/믿음을 가짐		
		한국 결혼을 잘 했다고 생각함		
	자신감의 발견	가정의 경제권을 소유함		
		지속적인 발전에 자신감을 가짐		
자기실현욕구	자기개발 인식	지속적인 자기발전에 노력함	강도	강함-약함
		경제적 목표 세움		
		자녀를 통해 자기실현을 성취하고자 함		
	새로운 목표설정/도약	이타심을 발현함		

5. 한국 생활 경험에서 취하는 행동에 영향을 미치는 요소들

위에서도 살펴보았듯이 조선족 여성들은 한국에서 생활하면서 다양한 경험을 하게 되고 또 이런 다양한 경험을 하면서 나름대로의 행동을 취해서 한국 생활에 적응해나간다. 조선족 여성들이 취하는 행동에 영향을 미치는 요소들도 적지 않게 존재하고 있는데 아래에서는 주로 이런 영향요소에 대해 살펴보도록 하겠다.

1) 자기개발에 영향을 미치는 여건

(1) 부정적 여건

연구 참여자들은 한국에서 취직하고 싶어도 '낮은 학력', '영어 못함', '조선족에 대한 한국 사람들의 차별대우' 때문에 어려움을 가지고 있다고 말한다. '당당한 한국의 일원'으로 살고 싶지만 주변에서는 한국 사람으로 받아들이지 않는다. 특히 조선족 여성들의 한국 생활 적응에 부정적인 영향을 미치고 있는 주변 환경들에 대한 개선에 관련 정부기관의 관심도가 낮기 때문에 조선족 여성들은 더 고립되고 어려움을 안고 살아간다고 말한다.

한국에서는 국제결혼을 선택한 이주여성들에 대한 인식이 좋지 않다. 특히 한국 사회에서는 한국 남성과 결혼한 조선족 여성들에 대해 더 의심스러운 태도를 보여주고 있다. '사기결혼', '돈을 벌기 위해 한국에 온다', '불법체류' 등 조선족들에 대한 한국 사회의 인식은 부정적이기 때문이다. 이런 부정적인 환경조성에 언론매체의 영향이 크다고 연구 참여자들은 말한다.

결혼 초기 연구 참여자들은 '혼자'라는 생각을 많이 한다. 가족을 떠나 혼자 '외국'에 왔기 때문에 연구 참여자들은 외롭다. 특히 대부분 연구 참여자들은 중매 혹은 주변 사람들의 소개로 한국 남편을 만났고 단 몇 번의 만남으로 결혼을 하였기 때문에 남편마저 낯선 사람일 수밖에 없다. 조선족 여성들은 외로움을 해결하기 위해 한국 사람들이 먼저 따뜻한 손길을 내밀어주기를 기대하고 있지만 자기 삶도 바쁜 한국 사람들은 이들에 대한 관심을 가지고 있지 못하고 있다. 음식, 풍습, 제도 등 모두 중국과 다른 한국 문화에 적응하면서 조선족 여성들은 적지 않은 갈등을 겪게 된다.

따라서 본 연구에서는 위의 내용과 관련된 개념인 '학력부재', '가족/사회 지지자원 부재', '자조집단 자원 부재', '가부장적 직장 및 사회문화', '한국 국적 취득하지 못함' 등의 개념을 자기개발에 영향을 미치는 부정적 여건이라는 하위범주로 추상화하여 성리아였다.

① 학력부재

본 연구에서 17명의 연구 참여자들 중에서 대학졸업자는 2명, 전문대 졸업자는 3명이고, 나머지는 모두 고등학교 이하의 학력을 가졌다. 특히 낮은 학력 때문에 한국에서 취직하는 데 어려움을 겪은 경험이 많았다고 말하면서 <사례 4>의 연구 참여자는 중국에서 대학공부를 다 완성하지 못하고 한국 결혼을 선택한 것에 후회한다고 말했다. 또한 대부분 조선족 여성들은 자녀의 교육에 자신의 낮은 학력이 큰 영향을 미칠 거라고 생각하면서 걱정과 고민을 감추지 못했다.

> 처음으로 간 곳은 학교였다. 중국어 과목이 설치된 학교라고 찾아갔더니 교육청에 가보라고 알려주었다. 다시 교육청에 갔더니 나의 중국 학력으로는 직접 교편을 잡을 수 없고 한국 대학교의 학력과 교직과목을 필히 이수해야 한다고 알려주었다. 또 교육 관련 여러 곳을 찾아봤지만 대졸 이상은 기본이고 중국에서 취득한 학력에 대해선 모두가 고개를 갸웃하는 것이었다(사례 5).

> 그냥 애를 키우는 것도 키우는 것이겠지만 여기서 애를 키우는 것도 중국과 차이가 많이 나고 있는 것 같아요. 학원도 많이 다니고 그런 것이 지금 저는 제일 걱정이 되거든요. 그리고 배운 것도 중국과 여기가 다르고 하니까 그게 제일 걱정이 되더라구요…… 한국 여성들이 아는 것도 많고 많이 배우고 그러잖아요. 그러니까 교육

이겠죠. 좀 달라요(사례 2).

② 가족/사회 지지자원 부재

국제결혼을 한 이주여성들에게 있어서 새로운 환경적응에 자신
의 노력만큼 주변 사람들의 관심과 도움도 매우 중요하다. 주변
사람들의 관심과 도움은 국제결혼을 선택한 이주여성들의 새로운
문화적응에 자신감을 가져다주기 때문이다. 하지만 한국 남성과
결혼한 조선족 여성들은 시댁식구를 포함한 한국 사람들로부터 많
은 지지를 받지 못하고 있다. 심지어 적지 않은 조선족 여성들은
가족으로부터 인정조차 받지 못하고 있기 때문에 한국 생활 적응
에 적지 않은 어려움을 가지고 있다.

> 두 사람이 지탱해나갈 수 있는 힘이 뭐냐면 옆에서 봐주는 사람들
> 이 이 부부가 잘살 수 있도록 좀 도와줘야 되는데 주변에서는 그렇
> 게 안 보는 입장들이 많잖아요. 한국에서는 그러다 보니까 서로 스
> 트레스가 쌓이는 거예요. 그러다 보니까 가족문제도 터지게 되는
> 거죠…… 저는 국제결혼을 해서 잘사는 사람들도 있지만 실제로
> 견뎌 나가는 사람이 10명 중의 3~4명밖에 안 된다고 생각해요. 현
> 실적으로 상당수의 사람들이 많이 헤어져요. 그 원인은 일단 본인
> 들에게 있다고 봐요. 본인의 원인이 중요하죠. 서로에 대한 믿음이
> 없다고 봐야겠죠. 근데 제일 중요한 원인은 주변에 있다고 생각해
> 요. 주변에서 도와주고 아껴줘야 되는데 나쁜 점만을 부각시키다
> 보니 그게 큰 부정적인 영향을 주게 되죠(사례 6).

본 연구에서 일부 연구 참여자들은 하고 싶은 공부와 일도 어
린 자녀의 양육 때문에 포기할 수밖에 없다고 말했다. 특히 본 연
구에서 <사례 15>의 연구 참여자는 임신에서 출산, 몸조리까지
시댁식구와 주변 한국 사람들의 도움을 전혀 받지 못했을 뿐만 아
니라 가정의 어려운 경제적인 문제 때문에 출산 후 10일도 채 지

나지 않아 일을 시작했다고 말했다. 또한 <사례 4>의 연구 참여자는 시간을 맞춰서 어린 자녀를 보육시설에 보낼 수밖에 없어서 더욱 힘들었다고 말했다. 심지어 일 때문에 일찍 집에서 나올 수밖에 없는 경우에 잠자는 어린 아이를 혼자 집에 두고 이웃들에게 시간에 맞춰 어린이집에 보내달라고 부탁한 적도 많았으니 그때를 생각하면 지금도 마음이 아프다고 한다.

> 한국에서는 문화시설이 안 되어 있어서 그게 제일 힘들어요. 학원 같은 데는 새벽반 저녁반만 있지 낮 시간은 비어 있잖아요. 근데 애를 봐주는 데는 낮 시간에 봐주고 저녁에는 안 봐주잖아요. 그리고 우리 같은 사람은 옆에 친척도 없으니까 맡길 때가 없잖아요(사례 4).

본 연구에서 <사례 15>와 <사례 4>의 연구 참여자들은 한국 여성 관련 기관에서 이주여성들의 한국 생활 적응에 큰 관심을 갖고 있지 않거나, 관심을 가지고 있더라도 효과적인 서비스를 제공하지 않고 있어서 이주여성들은 적응에 어려움을 가지고 있다고 말한다.

> 저희들은 좀 다르잖아요. 국제결혼한 사람들이니까. 그래서 한 번은 친구소개로 여성문화회관을 갔어요. 그런데 저희들을 대상으로 전문적으로 도움을 주는 프로그램은 없었어요. 한국어, 영어를 좀 가르쳐주고 문화탐방하고 뭐 이런 것만 있더라고요. 솔직히 저희들은 외롭고 한국 문화를 잘 모르고 이런 것 때문에 시댁식구들과의 갈등도 생기거든요. 그래서 여성기관에서 이런 쪽으로 좀 저희들을 도와줬으면 좋겠는데 없더라고요(사례 15).

> 중국에서 6~7년 정도 간호사하고 온 사람들은 식당일이 힘드니까 잘 못하고 그러잖아요. 그럼 뭐 이런 사람들을 위해 고급 간호 알선을 소개해주고 교육기관에서 말이라도 좀 가르쳐주고 했으면 좋겠어요. 고급 인력이 참 많아요. 대학 나오고 고등학교 나오고 식

당에서 일하는 사람들이 많은데 이런 사람들을 대상으로 정부에서
여성단체에서도 좀 잘 적응하게 환경을 만들어줬으면 좋겠고 그래
야 이런 인력들이 잘 적응할 수 있을 것 같아요(사례 4).

③ 자조집단 자원 부재

자조집단은 공통의 관심사를 나누고 서로에게 정서적 지지와 물
질적 도움을 준다(Department of Health and Human Service, 1987).
이러한 자조집단은 사회적 지지, 행동변화나 대처에 대한 전략,
생활에 있어 다양한 문제에 영향을 받는 많은 사람들에게 의미 있
는 도움의 역할을 수행한다(김진숙, 2003). 본 연구에서 한국 남성
과 결혼한 조선족 여성들은 개인적인 문제를 해결하기 위해 한국
결혼을 선택한 다른 조선족 여성들을 만나려고 한다. 특히 본 연
구에서 한국 남성과 결혼한 조선족 여성들의 자조모임을 직접 설
립한 연구 참여자가 한 명 있었다. 이 연구 참여자는 결혼 초기
한국 생활에서의 외로움과 시어머니와의 갈등관계를 해결하기 위
해 무작정 여성문화회관을 찾아가서 도움을 받게 된 것이 자조집
단을 만들어서 같은 어려움을 가지고 있는 조선족 여성들에게 도
움을 제공하게 된 계기가 되었다고 말한다. 모임의 취지는 좋았고
대부분 조선족 여성들도 모임의 중요성에 대해 공감하고 있지만
역시 한국 남성과 결혼한 조선족 여성들이 가정의 경제적인 어려
움을 해결하는 데 더 많은 정력을 쏟고 있었기 때문에 정기적인
모임을 조직하는 데에는 어려웠다. 모임에 참여한 여성들은 또한
자조집단에서 체계적이고 전문적인 프로그램을 제공하지 못하고,
조선족 여성들만으로 구성되어 있는 모임은 경험하지 못했던 한국
생활 어려움을 해결하는 데에는 한계가 있다고 인식하면서 한국
여성 관련 기관에서의 적극적인 지지와 지원이 필요하다고 말했다.

저도 그렇게 생각해요. 사실 저희들도 몇 번 모임을 가졌는데 항상 아무것도 얻지 못하고 가는 느낌이에요. 이번에는 어떤 주제를 가지고 어떻게 진행할 것이다, 아니면 간단하게 여성들은 화장에 대해서 많은 관심을 가지고 있잖아요. 한국에서는 여성들이 화장도 잘하고 그러잖아요. 그럼 뭐 화장을 가르쳐주는 한국 선생님을 한 분 모셔서 강의를 한나른가 그리면 더 올 거 같은데…… 세계적인 계획이나 프로그램이 없어요. 매번 오면 다 똑같아요. 만나서 인사하고 식사하고 끝나요. 그러니까 힘없고 또 오기도 싫어하죠(사례 17).

④ 남성 중심의 직장 및 사회문화

한국에서 직장생활을 해본 경험이 있는 일부 연구 참여자들은 한국 사회는 여성들을 인정해주지 않는 사회라고 말한다. 이것은 한국이 가부장적 문화를 유지하고 남성 중심 사회이기 때문이라고 말한다. 본 연구에서 <사례 14>의 연구 참여자는 높은 학력을 가지고 취직을 해 회사에서 중국 관련 업무를 대부분 혼자서 맡고 있는데도 불구하고 팀 과장은 연구 참여자를 직원이 아닌 중국어 번역, 통역을 맡은 아르바이트 학생처럼 대하는 것에서 한국의 남성 중심의 가부장적 문화를 직접 체험해보았다고 말했다.

제가 거의 저희 팀 과장님이 할 일을 절반 이상 해준 것 같아요. 중국 관련 일을 하니까 번역, 통역 중국회사와의 연계에 관한 부분 모두 다 과장님이 저를 시키거든요. 그러면서도 다른 사람들 앞에서 저를 소개할 때는 중국어 번역, 통역하는 사람이라고 하는 거예요. 제가 알바 학생도 아닌데 어떻게 알바 학생처럼 대할 수 있어요? …… 능력을 인정 안 해줘요. 다 자기가 한 거처럼 하잖아요(사례 14).

⑤ 한국 국적 취득하지 못함

한국 남성과 결혼한 조선족 여성들에게 있어서 결혼생활의 최종목표가 한국 국적의 취득에 있는 것은 아니지만, 한국 국적의 취득은 조선족 여성들이 한국에서 한국인들처럼 기본적인 복지혜택과 권리를 받을 수 있는 조건으로 작용하고 있기 때문에 대부분 조선족 여성들은 한국 국적을 취득하려고 한다. 하지만 한국 국적의 취득은 국적법의 규정에 따라 2년의 부부생활 유지를 통해서만 가능하기 때문에 대부분 조선족 여성들은 국적 취득하기 전에는 사회활동을 하지 못하거나, 할 수 있더라도 남편과의 관계가 있어야 되기 때문에 적극적인 한국 생활 적응에는 적지 않은 스트레스를 받게 된다.

> 아직까지 한국 국적을 취득하지 못했어요. 그래서 그냥 집에서 놀고 있어요. 몸도 아프고 그래서…… 지금은 나이도 있어서 애를 가질 생각은 안 해요. 그래서 일단 3년을 기다려보는 거죠…… 기다릴 수밖에 없죠(사례 16).

> 좋든 나쁘든 같이 살아야죠. 제가 국적을 따야 되니까. 아직 국적을 가지지 못했으니까요. 남편한테 의지할 수밖에 없죠. 뭐라고 해도 참아야죠. 국적이라도 따야 되니까(사례 13).

(2) 긍정적 여건

조선족 여성들은 한국 생활을 하면서 자신의 낮은 학력, 낮은 언어 실력, 풍습과 문화적인 차이 등에서 스트레스 경험을 많이 하고 있지만 자신들은 중국어를 할 수 있다는 장점을 발견하게 되면서 한국 생활 적응에 자신감을 가진다. 중국어 과외, 국제결혼 관련 사업을 할 수 있다는 것과 식당과 같은 서비스 업종에서 일을 통해 경제적으로 독립할 수 있다는 점에서 한국 남성과 결혼한 조선족 여성들은 자신들의 역량을 발견한다. 이런 장점과 역량의 발견은 또한 한국 남성과 결혼한 조선족 여성들의 한국 생활 적응에 긍정적으로 영향을 주고 있는 조건이라고 생각할 수 있고 본 연구에서는 '자신의 장점을 인식함', '자신의 역량을 발견함', '경제적으로 자립함' 등의 개념을 자기개발에 영향을 주는 긍정적 여건이라는 하위범주로 정리하였다.

① 자신의 장점을 인식함

한국 남성과 결혼한 조선족 여성들은 중국어를 할 수 있는 것을 자신들의 장점이라고 생각한다. 특히 한·중수교 이후 두 나라 간의 관계가 개선되었을 뿐만 아니라 중국의 신속한 발전은 중국에 대한 한국인들의 관심을 이끌었다. 중국과의 교류, 중국으로의 진출은 불가피하다고 인식한 한국 사회에서는 최근 들어 '중국열풍'이 불고 있다. 이에 따라 청소년, 기업인, 심지어 적지 않은 대학, 종교단체에서는 중국 진출을 대비하여 중국어를 배우는 데 큰 관심을 가지고 있다. 중국에 대한 한국 사람들의 인식이 좋아지고, 중국어를 배우려고 하는 한국인들의 요구가 많아지면서 한국 남성과 결혼한 조선족 여성들은 중국어를 할 수 있다는 것에 자부심을 가지고 있다.

> (중국에 대해서)아는 사람들은 그렇지 않은데 모르는 사람이 더 그래요. 솔직히 우리는 그들보다 강점이 더 많잖아요. 언어 하나 더 하잖아요(사례 4).

② 자신의 역량을 발견함

조선족 여성들은 단순히 한국 생활에 적응하는 데에만 멈추지 않고 장점과 역량을 찾아서 한국에서 남부럽지 않게 자신들의 삶의 욕구를 실현하면서 살아가려고 노력한다. 본 연구에서 일부 연

구 참여자들은 한국 생활에 필요하다고 생각한 자격증을 취득하기
위한 노력을 하고 있을 뿐만 아니라 중국에서 다하지 못한 대학공
부를 시작하려고 시도하기도 한다. 한국 문화를 알게 되고 자신들
의 능력을 인정해주는 자격증도 갖게 되면서 조선족 여성들은 자
신감, 인내심과 자부심 등을 갖게 되었다고 자랑스럽게 말한다.

> 전 운전면허, 컴퓨터, 포토샵, 엑셀 등 여러 가지 배웠어요. 앞으로
> 한국의 대학공부도 하고 싶고요. 배울 것이 너무 많은 것 같아요.
> 그래야 이 시대에 맞춰서 따라갈 수 있지 않나 해요. 어렵다고만
> 생각하지 말고 성공한 사람들도 많으니 그 경험을 취득해서 노력
> 만 하면은 뭐든지 해낼 수 있다고 생각해요. 저는 잘할 수 있다는
> 자신감 있어요(사례 15).

> 저는 자신감 있어요. 저희들은 꼭 성공할 거예요. 저는 중국에 대
> 해서 잘 알고 또 한국에서 석사공부까지 다했으니까 한국에 대해
> 서 알 만큼은 알았다고 생각해요. 과장이라고 들을 수도 있겠지만
> 저는 정말 한국 사람보다 더 자신감 있어요. 한국에서 살던 중국에
> 서 살던 두려운 게 없어요(사례 14).

③ 경제적으로 자립함

한국 결혼을 선택한 조선족 여성들은 대부분 전업주부로만 만
족하지 않고 사회생활을 하려고 한다. 특히 중국에서도 일을 가진
경험이 있는 조선족 여성들은 더욱 일을 가지려고 한다. 본 연구
에서 일부 연구 참여자들은 중국어 강사, 국제결혼 관련 사업, 식
당 등 서비스 업종에서 일을 하면서 가족의 경제적인 어려움을 해
결하였다고 말한다. 특히 시부모 혹은 남편으로부터 '눈치를 보면
서' 용돈을 받아쓰고 항상 불안했던 과거에 비해 지금은 마음의
안정을 취할 수 있을 뿐만 아니라 한국 생활을 잘 적응할 수 있다
는 것에 자신감을 가질 수 있어서 좋다고 말한다.

국제결혼사업을 하면서 저는 혼자서라도 돈을 벌 수 있다는 자신
감이 생겼죠. 이제부터 시아버지한테서 돈을 받으면서 살 필요 없
고 먹고 싶은 것도 마음껏 먹을 수 있고 아이들한테도 예쁜 옷도
사줄 수 있다고 생각하니 기분이 너무 좋더라고요(사례 4).

2) 스트레스 대처

(1) 긍정적인 스트레스 대처

한국 남성과 결혼한 조선족 여성들은 한국 생활에서 문화, 인간
관계, 생활방식, 개인성격 차이 때문에 받은 스트레스를 해결하기
위한 최선의 방법을 찾으려고 노력한다. 본 연구에서 자신의 노력
이 중요하고 자신의 변화가 우선되어야 한다고 생각한 연구 참여
자가 있는가 하면, 동등한 관계에서 타인과의 문제를 대화를 통해
해결하거나, 어려울 때 한국 사람들에게 먼저 도움을 청하는 사람
들도 있다. 또한 사회활동을 통해 가족 혹은 주변 한국 사람들과
의 갈등관계를 해결하는 연구 참여자도 있다. 본 연구에서 나온
위와 같은 개념들은 모두 연구 참여자들이 스트레스에 긍정적으로
대처하는 행동이라고 생각되어 이런 개념들을 다시 통합하여 '문제
해결을 위해 노력함', '한국 사람들에게 도움을 청함', '권위에 도
전', '가족관계 재정의함', '사회활동에 참여함', '자신감 가짐' 등의
개념으로 정리하였다. 또한 이런 개념들을 긍정적인 스트레스 대
처라는 하위범주로 명명하여 정리하였다.

① 문제해결을 위해 노력함
본 연구에서 <사례 1>, <사례 6>과 같은 연구 참여자는 대화

를 통해 타인과의 갈등관계를 해결하려고 노력하는가 하면 <사례
15>의 연구 참여자는 타인보다 자신의 노력과 변화가 중요하다
고 말하면서 '노력만 하면' 두려울 것 없다고 말한다. 이런 사례의
연구 참여자들은 문제해결에 있어서 노력해야 한다는 것을 모두
인식하고 있다는 것을 알 수 있다.

> 태어난 환경이 다르다고 해서 기죽을 거(것) 없고 뭐든지 자기 하
> 기 나름이지 아닐까요? 우리 친구들도 그렇다고 봐요. 어렵다고만
> 생각하지 말고 성공한 사람들도 많으니 그 경험을 활용한다면 노
> 력만 하면은 뭐든지 해낼 수 있다고 생각해요(사례 15).

② 한국 사람들에게 도움을 청함

본 연구에서 일부 연구 참여자들은 문제가 있거나 도움이 필요
할 때에는 한국인들에게 도움을 청한다고 말한다. 이것은 같은 배
경을 가지고 자신들도 한국 문화 적응에 어려움을 가지고 있을지
도 모르는 조선족들에게 도움을 청하는 것보다 한국 사람들에게
도움을 청하는 것이 훨씬 직접적이고 효과적인 도움을 받을 수 있
다고 생각하고 있기 때문이다. 본 연구에서 연구 참여자들은 한국
사람들의 친절함, 외국인에 대한 배려 등은 일부 연구 참여자들이
한국 사람들에게 먼저 도움을 청하게 된 원인이라고 말한다.

> 정말 힘들 때가 많았거든요. 그런데 두려움은 별로 없었어요. 왜냐
> 하면 제가 힘들 때 내가 알고 있는 한국 사람 누군가가 나를 도와
> 줄 거라고 믿고 있었기 때문이에요. 한국 사람들이 정 많은 것은
> 사실인 것 같아요. 한 번 안 되면 두 번…… 두 번 안 되면 세 번
> 뭐 계속 찾아가서 얘기하고 그러면 정말 이해해주고 도와주더라고
> 요(사례 12).

> 처음에는 동네 아줌마들이랑 얘기하는 게 좀 어색했었지만 계속

만나고 서로 마음속에 이야기도 나누고 그러다 보니까 친해지기도
하고 지금은 정말 좋아요. 뭐 부탁할 일 있으면 부탁도 하고 그래
요…… 아줌마들이랑 얘기하면서 이런저런 정보도 얻게 되고 주변
사람들한테서 많이 배우게 되더라고요(사례 7).

③ 권위에 도전함

본 연구에서 문제해결에 있어서 자신의 노력과 변화가 중요하
다고 생각한 연구 참여자들이 있는가 하면 스트레스 상황을 만들
어낸 권위에 도전하여 문제를 해결하는 연구 참여자도 있다. 자신
의 변화도 중요하지만 전통적인 문화를 무조건 유지하고 이에 대
한 조선족 여성의 순응을 강요하는 권위의 변화도 중요하다고 생
각하고 있기 때문이다.

저의 시아버님은 돈 많아요. 근데 돈에 대해서 너무 인색한 사람이
에요. 그 농장도 시아버님 농장이거든요. 그래서 저의 남편도 일하
고 아버님한테서 돈을 받아쓰고 그래요. 제가 돈 없어서 먼저 좀
돈을 달라고 얘기해도 안 주는 사람이에요…… 그래서 저는 손에
돈 없고 또 시아버님과 매일 같이 있는 게 너무 괴로워서 남편한테
나가서 따로 살자고 했어요…… 지금은 따로 살아요(사례 4).

④ 가족관계 재정의함

본 연구에서 결혼 초기 연구 참여자들은 시댁식구들과의 갈등
에 있어서 대부분 자신이 참아야 된다고 생각한다. 자기주장을 세
우면 무조건 시댁식구들로부터 '버릇없다', '중국 며느리라서 그렇
다' 등 불만을 들어왔기 때문이다. 그러나 어느 순간부터 순응은
자신을 더 약한 자로 만들 수밖에 없고, 시댁식구들로부터 더 큰
무시와 무관심을 받게 된다고 판단하게 되면서 일부 연구 참여자
들은 시댁식구들과 '잘못을 따지기 시작했다'고 말했다. 심지어

‘손을 대서 싸우기’도 하면서 자기의 주장을 분명히 했다고 말한다. 연구 참여자들은 ‘자기주장’, ‘싸움’ 등을 통해 자신의 존재 가치를 시댁식구들로부터 인정받고 싶은 마음을 가졌을 뿐만 아니라 가족들과의 관계를 다시 정의하게 되면서 자신의 위치를 분명히 하려고 했다고 말한다.

> 나를 무시하고 있다는 것을 느끼게 되는 거예요…… 아니 한 번 두 번도 아니고 우리 집에 오는 날마다 그런 거예요. 그래서 손 좀 봐 줘야 되겠다…… 그래서 동서랑 싸웠어요. 물건도 많이 깨졌죠. 싸운 다음부터 지금은 감히 나한테 함부로 말을 하고 그러지 못해요 (사례 4).

⑤ 사회활동에 참여함

Pearlin(1983)은 개인들은 사회적 역할을 하도록 사회화되기 때문에 사회적인 역할을 제대로 수행할 수 없는 것은 스트레스 원인이 된다고 밝혔다. 사회적인 역할은 사회적인 구조를 구성하며 개인들이 사회의 실체 한 부분으로 그들을 인식하도록 해주므로 역할과 관련된 스트레스는 사회적인 상황과 분리할 수 없다(Goode, 1960; Rosow, 1985; 김미령, 2004에서 재인용). 본 연구에서 시어머니와의 갈등관계의 해결, 가족의 경제적인 문제의 해결, 일 없이 집에서 혼자 있을 때 느꼈던 답답함과 외로움 등을 해결하기 위해 몇몇 연구 참여자들은 사회활동을 시작했다고 말한다.

> 중국은 변화하고 있고 나도 변하고 있지만 시어머님은 절대로 변하지 않고 있다. 특히 나를 대하는 모습은 전혀 변하지 않았다. 그래서 나는 시어머니랑 같이 있는 시간이 너무 괴롭다. 조금이라도 이런 환경에서 탈피하기 위해서 나는 사회활동을 시작했다. 사회활동이 많아지면서 난 이런 사회활동을 더욱 좋아하게 되었다…… 답

답함과 외로움을 해결하기 위해 이 모임까지 가지게 되었다(사례 5).

(2) 부정적인 스트레스 대처

본 연구에서 긍정적으로 스트레스를 해결하는 연구 참여자가 있는가 하면 '회피', '가출', '이혼'과 같은 부정적인 행동을 통해 스트레스를 해결하는 사람들도 있다. 이 밖에 본 연구에서는 자신의 불행한 결혼생활을 전생에서 지은 '죄'라고 생각하여 자신보다 '부모님을 위해서 참고 살겠다'라고 말한 연구 참여자도 있다.

따라서 '문제를 회피함', '문제를 최소화함', '스트레스를 부정적으로 수용함', '부정적인 행동을 취해서 스트레스를 대처함'과 같은 개념들을 부정적인 스트레스 대처라는 하위범주로 정리하였다.

① 문제를 회피함

본 연구에서 몇몇 연구 참여자는 한·중 관련 뉴스 때문에 남편과 갈등이 생긴 경우가 많다고 말한다. 연구 참여자들은 남편이 뉴스를 보면서 중국에 대해 비판하고 불평을 가진다고 말한다. 연구 참여자들은 또한 중국에 대한 비판이 자신에 대한 비판으로 들릴 경우가 많으며 불쾌감을 가진다고 말한다. '싸우기까지 하면서 따질 필요 없다', '내가 피하면 된다'라고 생각하면서 연구 참여자들은 남편과 함께 뉴스를 보지 않은 방법을 선택하여 문제를 해결한다고 말한다.

> 후에야 터득한 일이지만 우리는 함께 뉴스를 보지 않는 것이 제일 평화로운 일이며 뉴스에 대한 얘기를 하지 않는 것이 제일 지혜로운 일이라는 것을……(사례 5).

② 문제를 최소화함

연구 참여자들은 가족들과의 관계에서 갈등문제를 최소화하기 위해 상대방의 주장에 순응하는 방식을 채택하기도 한다. 갈등으로 인한 상처를 덜 받거나, 문제를 확대할 필요가 없다고 생각할 때 일부 연구 참여자들은 상대방의 의견에 순응하는 방법으로 문제를 해결한다고 말한다.

남편과 싸워봤자 서로 상처만 주고 그러니까 저는 문제를 더 이상 확대하지 않기 위해 남편이 틀리게 말하더라도 그냥 "예" 하고 들어줘요. 그리고 나중에 좀 다른 방법을 생각하는 거죠……(사례 9).

③ 스트레스를 부정적으로 수용함

스트레스를 '이혼' 혹은 '부정적인 수용' 등의 방법으로 해결하는 연구 참여자도 있다. 아직까지 본 연구에서는 이혼한 사례가 없었지만 이혼을 생각한 적이 있다고 말한 연구 참여자도 있다. 또한 결혼생활은 행복하지 않더라도 자녀와 부모를 위해 '참고 살겠다'고 말한 연구 참여자도 있다.

나도 나중에 저렇게 좋아하는 사람을 찾아서 결혼하고 재미있게 살아가야지 하고 그랬는데 지금은 그게 아니거든요. 한국에 시집온 것을 후회한 적은 있지만 부모님을 위해서 또 나를 위해서 살아가야지 마음먹지만 참 힘들어요(사례 9).

④ 부정적인 행동을 취해서 스트레스를 대처함

위의 스트레스 해결에 있어서 '이혼'과 같은 부정적인 인식을 가지고 있는 연구 참여자가 있는가 하면 '가출'과 같은 부정적인 행동을 취해서 스트레스를 해결하는 연구 참여자도 있다. 본 연구에서 몇몇 연구 참여자들은 가출한 경험이 있었다고 말한다. 남편을 믿고 한국에 왔지만 남편은 아내의 든든한 의지자가 되지는 않았다고 연구 참여자들은 말한다. 심지어 조선족 아내가 혼자 외롭고, 힘들어할 때조차도 '알면서 회피'하는 남편의 행동에 '실망하여' '가출까지 하게 되었다'고 <사례 6>의 연구 참여자는 말했다. 본 연구에서 <사례 15>의 연구 참여자는 또한 매일매일 몸이 지칠 정도로 농사일을 하면서도 희망 있는 미래가 보이지 않아 도망길을 선택한 적 있었다고 말했다.

> 그 당시 유산을 두 번 했어요. 자궁 외 임신 때문에. 그래서 그 당시에는 정말 너무 큰 충격을 받고 있을 때였거든요. 우리 남편은 그때도 또 내 편을 들지 않고 동생 편을 든 거예요. 그래서 내가 왜 이 사람을 믿고 시집왔느냐는 생각이 들면서 참 많이 후회도 하고 그랬어요. 너무 화나서 가출했어요. 밖에서 4일 정도 있었어요. 4일 정도 정말 섭섭하더라고요. 눈물도 많이 흘렸어요(사례 6).

3) 사회적 지지

(1) 가족의 지지

새로운 문화적응과 스트레스 대처에 있어서 사회적 지지는 완충효과로 영향을 미치고 있다. 특히 결혼을 통해 이주문화를 경험할 수밖에 없는 외국인 이주여성들에게 있어서 가족의 지지는 또한 이들의 빠르고 긍정적인 적응에 결정적인 영향을 주고 있다고 말해도 과언은 아니다. 본 연구에서 일부 연구 참여자들은 사소한 가사 일에서 남편의 도움을 받거나, 가족 관련 중요한 일에서 남편과 시댁식구들의 존중을 받거나, 한국 동서들과의 좋은 관계를 유지하면서 외로움을 해결하였다는 등에서 한국 생활 적응에 무엇보다 가족의 도움, 관심과 지지가 우선이 되어야 한다고 말한다. 또한 <사례 4>, <사례 11>의 연구 참여자들은 원가족의 도움도 적지 않게 받고 있었다고 말하기도 했다.

본 연구에서는 위와 같은 '배우자 지지', '원가족 지지', '시댁/동서 지지' 등의 개념을 모두 가족의 지지라는 하위범주로 정리하였다.

① 배우자 지지

본 연구에서 남편의 존중을 받으면서 행복하게 잘살고 있는 연구 참여자가 몇 명 있다. 부부간에 서로 갈등도 있었고, 싸운 적도 있었지만 중요한 사건에 서로 존중해주고 서로 상의하면서 일을 함께 해결해 나가기 때문에 연구 참여자는 남편의 지지가 한국 생활 적응에 큰 도움이 되었다고 말한다.

> 저는 남편을 정말 잘 만난 것 같아요. 저를 사랑해주고 아껴주며 존중해주니까요. 남편이 제게 바라는 것보다 제가 하고 싶은 것을 남편이 다 들어주고 서로 상의하고 그리고 다시 저한테 결정권을 줘요. 무엇보다 저를 존중해주는 게 제일 좋은 것 같아요(사례 12).

또한 일부 연구 참여자들은 가사 일에 남편의 도움을 받는다고 한다. 특히 본 연구에서 <사례 2>의 연구 참여자는 평소 집안 청소뿐만 아니라 명절 때 남편이 시장도 함께 가고 제사상 준비도 함께하면서 도움을 주고 있다고 말한다. <사례 4>의 연구 참여자는 국제결혼사업을 하면서 자녀양육과 가사 일에 전혀 신경을 못 쓰고 있어서 남편과 자녀에게 미안한 마음을 가지고 있었지만 남편은 오히려 연구 참여자를 이해해주고, 자녀의 양육, 가사 일과 농사일을 모두 혼자 맡아 하면서도 연구 참여자의 사업에도 큰 도움을 주고 있어서 연구 참여자는 남편에 대한 고마움을 감추지 못하고 있었다. 이 연구 참여자는 남편의 뒷바라지와 지지가 없었다면 사업의 성공도 없었다고 말했다.

설거지도 하고 방청소도 하고 그러니까 많이 도와순다고 생각해요. 많이 도와주는 편이고 더 바라지도 않고 그래요…… 다른 집은 어떤지 잘 모르겠는데 저의 시집에는 명절 때면 밤 까는 일, 시장 같이 보는 일 뭐 힘든 일은 다 남자들이 해줘요(사례 2).

남편은 장인, 장모에게도 정서적·경제적 도움을 주고 있어서 감동을 받았다고 말하는 연구 참여자도 있다. 본 연구에서 <사례 6>의 연구 참여자는 남편이 몰래 장인, 장모에게 선물, 용돈을 보내준 행동에 감동을 받은 적이 한두 번이 아니라고 말하면서 장인, 장모는 한국 남편에 대한 믿음이 더 많다고 말한다.

우리 신랑은 참 이런 면에서는 잘하고 있어요. 중간 역할을 잘하고 있기 때문에 저는 돈에 대한 걱정은 안 해요. 그리고 우리 신랑은 생각하는 것도 깊어요. 나는 마음속으로 생각하는 것은 있지만 말을 못할 때가 있어요. 그러면 명절 때는 우리 신랑은 저한테 먼저 장모님한데 1,000불 정도 보내주라고 해요. 그래서 저는 너무 고맙죠(사례 6).

② 원가족 지지

시댁의 경제적인 어려움뿐만 아니라 시댁식구들과의 긴장관계 때문에 일부 조선족 여성들은 친정부모에게 경제적·정서적 도움을 받은 적이 있다고 말한다. 특히 친정부모에게 어린 자녀의 양육을 맡긴다든가, 한국에 친척 방문으로 온 친정부모에게 경제적인 도움을 청할 때도 있었다고 말한 연구 참여자도 있다.

돈 필요할 때 많았죠. 애기 아빠가 사업을 하다 보니까. 시부모님
은 시골에 계시니까 돈도 없어요. 그래서 친정엄마한테 경제적인
지원을 요청할 수밖에 없었죠. 친정엄마는 한국에서 오랫동안 사셨
거든요. 그래서 저희들보다 한국에 대해서 더 잘 아세요. 돈도 좀
있으니까요. 엄마가 많이 도와주셨거든요(사례 7).

③ 시댁/동서 지지

남편 외, 시부모와 동서로부터 도움과 관심을 받고 있는 일부
연구 참여자들은 시댁은 '가족 같은 느낌이 든다'고 말한다. 특히
<사례 12>의 연구 참여자는 출산하고 시댁에서 몸조리까지 다
해주면서 '전혀 불편한 점 없었다'고 말하면서 결혼생활에 대한
만족감을 보여줬다.

> 지금은 우리 신랑보다 내가 말하면 다 100% 찬성이거든요. 그리고
> 무슨 일 있으면 아들하고 상의하는 것보다 나하고 상의하니까 참
> 좋더라고요. 이제야 가족 같은 느낌이 들더라고요(사례 1).

> 저희 시부모님과 아가씨는 처음부터 저한테 가족 같은 사람들이었
> 어요. 제가 좀 요리도 못하고 그래요. 그래도 시어머니는 아무 말
> 도 안 하세요. 오히려 시댁에서 다 준비해서 저랑 신랑보고 건너와
> 서 밥 먹으라고 그래요. 그래서 거의 저녁은 다 시댁에서 먹고 놀
> 고 와요. 아들까지 낳고 나서 시부모님은 더 좋아하세요. 시집에서
> 몸조리도 하고 전혀 불편한 점 없었어요(사례 12).

<사례 2>의 연구 참여자는 특히 동서들과 좋은 관계를 유지하
고 있어서 더욱 좋았다고 말한다. 본 연구 참여자의 경우, 남편
형제들이 서로 정기적인 만남과 연락을 통해 좋은 관계를 유지하
고 있었기 때문에 동서들 간에도 자연스럽게 좋은 관계를 유지할
수 있었다고 연구 참여자는 말했다. 그래서 힘들거나 도움이 필요
할 때에는 언제나 동서에게 먼저 도움을 청하게 된다고 하면서 시

댁식구들과의 관계에 있어서도 무엇보다 자주 만나고 연락하고 대화를 나누는 것이 중요하다고 연구 참여자는 말했다.

> 너무 고맙다고 생각하는 것은 우리 동서랑 아주버님이랑 잘 해줘요. 거의 일수일에 한 번씩 보면서 저녁 먹고 그러니까 자주 만나는 게 정말 좋은 것 같아요. 어쩌다가 한번 만나면 좀 어렵고 그러는데 시아버님 혼자 계시니까 일주일에 한 번씩 다 모이고 하니까 서로 가까워지고 서로 어려운 것도 없고…… 저의 시부모님도 보시고 저의 동서들도 다 보시고 가니까 지금은 마음 놓고 걱정을 안 하세요(사례 2).

(2) 지역사회 지지

본 연구에서 일부 연구 참여자들은 동사무소에서 영어를 배울 수 있고, 한국 여성문화회관에서 힘과 용기를 얻을 수 있고, 종교 단체에서 도움을 받고 있다고 말한다. 또한 이웃 한국 아주머니들로부터 자녀교육 등에 관한 정보를 제공받고 있다고 말한다. 이처럼 연구 참여자들은 가족 외 지역사회에서 다양한 관련 기관으로부터 한국 생활 적응에 도움이 되는 정보를 얻거나 직접 도움을 받기도 한다.

본 연구에서 연구 참여자와의 인터뷰 내용에서 나온 '자원 활용', '동네 아줌마들은 정보를 제공해줌', '자신감을 획득함' 등의 개념을 지역사회의 지지라는 하위범주로 명명하였다.

① 자원을 활용함

한국 남성과 결혼한 조선족 여성들은 한국 생활에 빨리 적응하기 위해 활용 가능한 자원을 얻으려고 한다. 본 연구에서 <사례 5>의 연구 참여자는 시어머니와의 갈등관계와 외로움을 해결하기 위해 여성문화회관을 찾아가서 도움을 받을 수 있었고, <사례 3>의 연구 참여자는 동사무소에서 영어를 배울 수 있었다고 말했다. 이들 연구 참여자들은 한국 생활 적응에 주변 환경에서의 자원을 활용하는 것은 한국 사람들과 빨리 친해지고, 사신늘의 문제를 빨리 해결할 수 있고, 또 직접적으로 도움을 받을 수 있어서 활용 가능한 자원을 활용하는 것이 매우 중요하다고 말한다.

> 난 한국에서 중국 여성들이 잘 정착하고 후배들에게 행복한 모델로 좋은 경험과 지혜를 나눌 수 있기 위해서는 우선 한국에 대해서 잘 알아야 되고 한국 사람들의 도움을 받아야 된다고 생각해서 내가 살고 있는 지역의 여성문화회관에 무작정 찾아갔다. 그곳에 있는 사람들은 나의 이야기를 들어주고 나에게 힘과 용기를 주었다 (사례 5).

외롭고 힘들 때 종교단체로부터 도움을 받은 적 있다고 몇몇 연구 참여자들은 말하고 있다. 종교를 가진 연구 참여자들에게 있어서 종교단체는 한국 생활에 대해 용기와 힘을 얻을 수 있는 활력소가 되고, 종교를 가지고 있지 않지만 종교단체로부터 도움을 받은 경험이 있는 연구 참여자들은 종교에 대한 새로운 인식을 가지게 되었다고 말한다. 특히 본 연구에서 교회 상담원과의 대화를 통해 어려움을 해결한 연구 참여자는 교회를 다니면서 정신적·정서적으로 안정을 찾을 수 있어서 한국 생활에 대한 자신감을 갖게 되었다고 말했다.

> 공부하면서 힘들 때가 많아요. 뭐 살림도 그렇고. 제가 아는 게 별로 없으니까요. 다행히도 저는 교회 다니거든요 그래서 교회에서 큰 힘을 얻고 그래요. 신앙이라도 없으면 많이 힘들 것 같아요. 의지할 데가 없으니까요. 공부는 누구가 대신해서 해줄 수 있는 것은

아니잖아요…… 제가 출산하고 나서도 교회에서 잘 알고 지냈던 전
도사님이랑 집사님들이 옷도 사오시고 그분들 자녀들이 쓰지 않는
장난감도 가져다주고 참 좋더라고요(사례 12).

② 동네 아줌마들은 정보를 제공해줌

조선족 여성은 같은 동네에서 생활하고 있는 이웃들과의 관계
를 잘 형성하는 것이 매우 중요하다고 말하고 있다. 특히 동네 아
줌마들은 연구 참여자들이 잘 모르는 한국의 자녀교육, 가족건강,
인간관계 등에 관한 정보를 제공해주고 있기 때문에 본 연구에서
일부 연구 참여자들은 동네 아줌마들과 친해지기 작전을 세우기까
지 했다고 말한다.

유심히 관찰해보니까 한국 아줌마들이 아는 게 너무 많아요. 그래
서 직장 안 다니는 게 너무 아깝다는 생각도 들어요. 아기를 데리
고 놀이터에 가면 아줌마들이 어떤 학원에 보내면 좋고 그 학원에
또 어떤 선생님은 좋고 뭐 이런 거 다 알더라고요. 그리고 아이를
키울 때 어떻게 키우는 게 좋고, 무엇을 먹이면 머리가 똑똑해진다
이런 얘기를 많이 해요. 그래서 저한테는 큰 도움이 됐죠. 저도 아
기를 키우고 있으니까요(사례 12).

저도 애를 어떻게 키워야 될지 고민이 되더라고요. 한국에는 사교
육이 심하잖아요. 애들을 다 학원 보내고 음악 배우고, 미술 배우
고 영어 배우고, 뭐 이것저것 다 배우는데 저는 그런 것은 처음에
는 신경 안 썼거든요. 중국에 있을 때에는 그렇게 학원 다니면서
공부하지는 않았잖아요. 근데 동네 아줌마들이랑 얘기하면서 이런
저런 정보도 얻게 되었는데, 처음에는 제가 아무것도 몰라서 다른
사람들의 의견만 듣고 아이들을 학원에 보내기도 했어요(사례 7).

③ 자신감을 획득함

본 연구에서 <사례 3>의 연구 참여자는 지역사회 프로그램에
참여하게 되면서 한국 사람들과의 많은 만남과 교제를 할 수 있었

고, 동사무소에서 영어를 배우게 되면서 자신감까지 얻을 수 있었
다고 말했다. 특히 지역사회 관련 기관에서 이주여성들에 대한 관
심을 가지고, 이주여성에게 자주 연락을 주는 것이 한국 생활에
대한 자신감을 가지게 된 주요 원인이 되었다고 말한다.

> 중국에서는 영어를 거의 안 쓰잖아요. 그런데 여기 와서 생활해보
> 니 영어를 많이 쓰더라고요. 그래서 저도 구청에 나가 3개월가량
> 영어를 배웠고, 지금은 동사무소에서 영어를 6개월 전부터 배우고
> 있어요. 동사무소 같은 경우는 직원이 직접 전화했더라고요. 제가
> 중국에서 왔다는 것을 알고 영어를 배우러 오라고 그러더라고요.
> 훨씬 좋죠(사례 3).

(3) 매체의 영향

연구 참여자들은 TV, 인터넷 등을 통해 한국 생활 적응에 관련
된 좋은 정보를 얻을 수 있게 된다. 특히 TV, 인터넷에서는 한국
음식 만들기, 컴퓨터 교육, 한국의 역사와 문화 등 이주여성들이
필요로 하는 좋은 정보들을 많이 제공해주고 있기 때문에 본 연구
에서 대부분 연구 참여자들은 한국 생활 적응에 매체의 영향이 매
우 컸다고 말한다.

본 연구에서 '매스컴에서 유익한 정보를 제공함'이란 개념은 매
체의 영향이라는 하위범주로 명명할 수 있다고 생각되어 매체의
도움이라고 정리하였다.

① 매스컴에서 유익한 정보를 제공함

연구 참여자들은 TV, 인터넷을 통해 일상생활에 유용한 필요한
정보를 얻을 수 있다. 특히 인터넷을 통해 한국요리를 만드는 방

법을 배울 수 있고, TV에서는 전문적으로 한국요리를 만드는 채널까지 있어서 직접 눈으로 보고 따라 하면서 배울 수 있어서 한국요리를 만드는 데 흥미를 가졌다고 연구 참여자들은 말한다. 심지어 일부 연구 참여자들은 자신이 만든 요리가 시댁식구들의 칭찬까지 받게 되자 큰 자신감까지 얻게 되었다고 자랑했다. 특히 TV에서는 건강, 안전상식과 관련된 지식을 소개해주고 있어서 자신이 건강과 안전에 대해 많이 소홀했던 부분에 대해 반성하고 위험을 미리 예방할 수 있어서 큰 도움이 되었다고 연구 참여자들은 말했다.

> 한국 음식은 처음에 당연히 할 줄 몰랐죠. 그래서 많이 걱정도 하고 그랬죠. 그런데 여기는 서점에 가면 한국 전통 요리책도 많이 나와 있고 또 제일 좋은 것은 인터넷에서 내가 필요한 요리이름을 쳐서 검색하면 조리방법이 다 자세히 나와 있으니까 따라서 하면 바로 할 수 있어요. 정보시대니까 참 좋기는 좋더라고요(사례 11).

(4) 자조집단의 지지

본 연구에서 자조집단으로부터 도움을 받게 되었다고 말한 연구 참여자들이 몇 명 있다. 이들은 재한중국 여성들의 모임에 정기적으로 참가하게 되면서 자신들의 외로움, 갈등문제를 해결할 수 있었을 뿐만 아니라 자조집단에서 자기권리를 주장할 수 있는 용기까지 얻었다고 말한다.

본 연구에서는 자조집단의 참여로 인해 '소외감을 해소함', '정서적 지지를 받음', '정보를 획득함', '문제 대처기술을 획득함', '자기권리 찾음' 등의 개념을 자조집단의 지지라는 하위범주로 추상화하여 정리하였다.

① 소외감을 해결함

조선족 여성들에게 있어서 한국 생활에서 제일 힘든 것은 바로 가족 혹은 주변 한국인들로부터 소외되고 있다는 것이다. 중국에서 가지고 있었던 인간관계가 한국인과의 결혼으로 인해 상실되면서 조선족 여성들은 한국 생활에서 적지 않은 소외감을 느끼게 된다. 주변 한국 사람들의 도움을 받지 못하거나, 받기 어려운 상황에서 일부 조선족 여성들은 우선 자조집단에서 도움을 받으려고 한다.

> 어찌 보면 내가 이 모임을 만든 제일 큰 이유가 2년 동안 너무 외로웠고 너무 힘들었기 때문이다. 나는 나를 이해해주고 나의 말을 들어주는 사람이 필요했다…… 모임을 가지니까 서로 외로웠던 일을 나누고 서로 들어주고 풀어주고 하니까 많은 도움이 됐다(사례 5).

> 그때 제가 뼈아프게 느낀 외로움 때문일까 그 후 장사를 그만두고 고향으로 돌아온 뒤 저는 제일 먼저 한국에 시집온 우리 친구들을 모아서 친목회를 조직했지요. 누가 아기를 낳고 또 돌, 백일 때마다 서로 찾고 돌봐주고 한번 모이면 고향에 대한 그리움, 한국 생활의 적응감 등을 털어놓고 정담도 나누고 얼마나 좋은지 몰랐어요(사례 15).

② 정서적 지지를 받음

조선족 여성들은 자조집단에서 정서적 지지도 받을 수 있다. 특히 같은 배경을 가진 조선족 여성들과 자신들이 가지고 있는 외로움, 어려움을 함께 나누면서 서로 위로해주고 용기와 힘을 얻을 수 있어서 좋았다고 평가한다. 시댁식구들은 오해하고, 주변의 한국 사람들은 관심을 주지 않고 있지만 자조집단에서는 연구 참여자의 의견을 존중하고 상처와 아픔을 함께 해줘서 도움이 된다고 연구 참여자들은 말한다.

> 우선 저는 우리 모임에서 나를 이해해주는 사람이 있다는 게 좋아
> 요. 시댁에서 쌓인 스트레스를 여기 와서 풀 수 있어요. 제가 말해
> 도 시댁에서는 이해하지 못해요. 그렇다고 해서 이웃 아줌마들한테
> 얘기할 형편도 아니고 여기서는 다르잖아요. 딱 말 한마디 꺼내면
> 다 알아요. 그리고 맞는다고 얘기해요(사례 10).

일부 조선족 여성들은 자조집단에서 자신들보다 훨씬 더 어려
운 환경에서 생활하면서도 희망을 잃지 않고 당당하게 살아가고
있는 다른 조선족 여성들의 경험을 듣고 자신도 잘 살아갈 수 있
는 용기와 힘을 얻었다고 연구 참여자는 말했다.

> 저는 그래도 중국 친구도 있고, 남편, 시어머니가 그래도 관심을
> 주는 편이잖아요. 그런데 ○○ 씨는 정말 제일 가까이 있는 남편과
> 시댁식구들로부터도 인정을 받지 못하고 사니까 얼마나 힘들겠어
> 요. 그런 어려운 여건에서도 씩씩하게 애들 키우면서 대학원 공부
> 까지 시키고 사회활동도 많이 참석하고 일까지 가진 것 보니 참 대
> 단하다는 생각이 들어요(사례 10).

③ 정보를 획득함

일부 연구 참여자들은 자조집단에서 취업, 한국 적응관련 프로
그램, 자녀교육, 양육 등에 관련 정보를 제공받을 수 있다고 말한다.

> 저희들은 모르는 사실이 있어도 한국 사람들한테 물어보지 않으려
> 고 하잖아요. 힘들더라도 힘들지 않은 척하면서 살고 있는데 모임
> 에 참석하게 되면서 서로 어려운 점과 모르는 부분에 대해서 이야
> 기를 나누면 이에 대해 경험이 있는 사람들이 자신들의 노하우와
> 정보를 알려줘요. 그게 서로에게 큰 도움이 되거든요(사례 10).

④ 문제 대처기술을 획득함

연구 참여자들은 한국 생활에서 가지고 있는 어려움과 문제를

해결하고 싶어도 적절한 방법을 찾지 못해서 힘들 때가 더 많았다고 말한다. 하지만 자조집단에 참석하게 되면서 비슷한 문제를 가진 다른 조선족 여성들로부터 문제를 해결하는 방법을 얻을 수 있어서 좋았다고 말하는 연구 참여자도 있다.

> 그 친구가 너무 자신감이 없는 거예요. 그리고 주변에는 중국에서 온 친구 한 명밖에 없고 또 그 중국에서 온 친구는 자기가 큰 문제 없이 잘사니까 계속 이 친구한테 뭐라고 하는 거예요. 그래서 제가 따로 이 친구를 만나서 상담을 해줬거든요. 어떤 것은 하고 어떤 것은 하지 말라는 등 세심한 곳까지 신경 써서 알려줬어요. 그리고 전화까지 이틀에 한 번씩 하고 그랬어요. 지금은 너무 잘살고 저한테도 고맙다고 자주 연락도 하고 그래요(사례 4).

⑤ 자기권리 찾음

자조집단에서 연구 참여자들은 자신의 목소리를 크게 낼 수 있다고 생각한다. 자조집단에 참석한 연구 참여자들은 억압, 통제, 간섭, 무시 받은 환경에서 자신감을 잃어버리고 살아왔지만 자조집단에서는 모두 평등하고 서로 인정해주는 환경이라 자기권리를 되찾을 수 있었다고 말한다. 자조집단에서 조선족 여성들은 자신을 너무 낮게 평가하는 것에 화가 나고 억울하다고 말하면서 더이상 기죽지 말고 자기권리를 주장하면서 살기로 결심했다고 말하는 연구 참여자도 있다.

> 저는 모임을 조직하면서 나의 권리를 인정받게 되어서 너무 좋아요. 우리는 다 자기권리를 주장할 수 있어요. 국적, 학위, 돈 등 모든 것을 떠나서 최소한 인간으로서 우리는 평등하다는 것이죠. 어떤 누구든 우리의 권리를 짓밟으면 안 된다는 거죠(사례 5).

위에서는 한국 생활 경험에서 조선족 여성들이 취하는 행동에 영향을 미치는 요소에 대해서 살펴보았다. 이 부분은 또한 근거이론 패러다임 모형에서 중재적 조건에 해당되는 내용이다. 중재적 조건은 인과적 조건이 현상에 미치는 영향을 경감시키거나 변화시키는 것들로서 주어진 상황 또는 맥락적 조건에서 취해진 작용/상호작용의 전략을 조장하거나 강요하도록 작용하며, 어떤 현상에 속하는 보다 광범위한 구조적 상황이다(Strauss & Corbin, 1998).

본 연구에서 '자기개발에 영향을 미치는 여건', '스트레스 대처', '사회적 지지'가 '스트레스 경험'에 대한 작용/상호작용 전략에 영향을 미치는 중재적 조건으로 나타났다. 국제결혼 한 조선족 여성들에게 있어서 자기개발에 영향을 미치는 여건이 긍정적이냐 부정적이냐에 따라 스트레스를 경험하는 데에는 차이를 보여줬다. 그리고 연구 참여자들이 스트레스에 대처하는 속성은 태도이고, 차원은 적극적과 소극적으로 나타났다. 또한 연구 참여자들이 가족, 지역사회, 자조집단 등으로부터 지지를 받은 경험이 많으냐 적으냐, 매체를 통해 받은 도움이 많으냐 적으냐에 따라 '스트레스 경험'을 하는 데에는 차이가 있다.

따라서 중재적 조건의 범주 및 속성과 차원을 표로 정리하면 아래의 <표 4-6>과 같다.

〈표 4-6〉 중재적 조건의 범주 및 속성과 차원

범주	하위범주	개념	속성	차원
자기개발에 영향을 미치는 여건	부정석 여건	학력부재	유형	긍정적-부정적
		가족/사회 지지지원 부재		
		자조집단 지원 부재		
		남성 중심의 직장 및 사회문화		
		한국 국적 취득하지 못함		
	긍정적 여건	자신의 장점을 인식함		
		자신의 역량을 발견함		
		경제적으로 자립함		
스트레스 대처	긍정적인 스트레스 대처	문제해결을 위해 노력함	행위	적극적-소극적
		한국 사람들에게 도움을 청함		
		권위에 도전함		
		가족관계 재정의함		
		사회활동에 참여함		
	부정적인 스트레스 대처	문제를 회피함		
		문제를 최소화함		
		스트레스를 부정적으로 수용함		
		부정적인 행동을 취해서 스트레스를 대처함		
사회적 지지	가족의 지지	배우자 지지	경험	많음-적음
		원가족 지지		
		시댁/동서 지지		
	지역사회의 지지	자원 활용		
		동네 아줌마들은 정보를 제공함		
		자신감을 획득함		
	매체의 영향	매스컴에서 유익한 정보를 획득함		
	자조집단의 지지	소외감을 해결함		
		정서적 지지를 받음		
		정보를 획득함		
		문제 대처기술을 획득함		
		자기권리 찾음		

6. 한국 생활 적응의 의미

한국인 남성과 결혼한 조선족 여성은 한국에서 생활하고 한국의 문화를 적응해나가면서 최종 문화적인 장벽을 넘어서 자신이 자신의 삶의 주인이 되고자 하는 욕구를 가진다. 즉, 조선족 여성들의 한국 생활 적응의 의미는 삶의 주인이 되는 것이다.

본 연구에서 연구 참여자들은 적응을 강하고 자유롭게 살면서 지속적으로 성장하는 과정이라고 이해하고 있었다. 그리고 이런 과정은 최종 연구 참여자들 자신이 삶의 주인이 되어서 자신의 삶을 통제하면서 살아가는 것이라고 말했다.

> 사실 제가 대학원공부를 마치고 중국에 들어와서 남편이랑 함께 사업하는 것도 돌이켜 생각하면 제가 하고 싶은 일 하면서 다른 사람들한테 인정받고 그리고 무엇보다 중요한 제가 제 삶의 주인이 된다는 사실이죠. 한국에서는 사실 능력 있어도 여자라면 잘 인정 안 해주잖아요. 그리고 시부모, 동서, 뭐 이런저런 관계가 있는 사람들이 있으면 제가 제 삶의 주인이 되고 싶어도 안 된다는 것을 느끼거든요(사례 14).

> 이젠 저는 제 방식대로 살 거예요. 시어머니는 지금도 좀 간섭도 하시고 그래요. 근데 상관없어요. 시어머니 앞에서는 싫어도 "예" 하고 대답하고 시어머니 가시면 제가 하고 싶은 대로 해요. 제가 시어머니 뜻대로 안 했을 때 시어머니는 화내시기도 하고 그래요. 그럼 그때만 저도 시어머니 뜻을 따르려고 하는 척해요. 사실 서로 화내고 눈치보고 이런 게 귀찮잖아요. 제 삶인데 제가 주인이 되어야죠. 다른 사람 뜻대로 살기 싫어요(사례 5).

이 부분은 또한 근거이론 패러다임 모형에서 결과에 해당되는 내용이다. 결과는 어떤 현상에 대처하거나 그 현상을 다루기 위하여 취해진 작용/상호작용 전략에 따라 나타나는 것이다(Strauss & Corbin, 1998).

본 연구에서는 연구 참여자들의 '스트레스 경험'이라는 중심현상에 대해 작용/상호작용 전략인 '자기실현 욕구'와 '자신과 결혼에 대한 인식의 변화'를 통하여 '삶의 주인이 되고자 함'이라는 결과가 나타났다.

따라서 위와 같은 범주분석과정을 그림으로 표현하면 다음의 <그림 4-1>과 같이 설명할 수 있다.

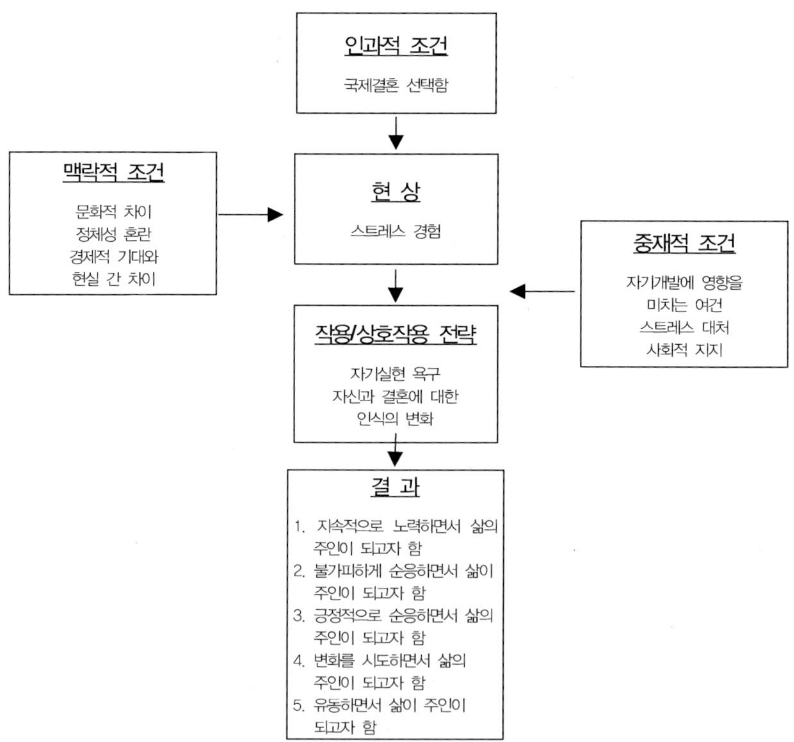

〈그림 4-1〉 한·중 국제결혼을 선택한 조선족 여성들의
한국 생활 적응에 대한 패러다임 모형

# 제3절 적응의 유형분석

유형분석은 이론을 구축하기 위해 자료의 가설적 정형화 및 관계진술문을 근거자료와 지속적으로 비교해 각 범주 간에 반복적으로 나타난 결과를 정형화하는 것이다(Strauss & Corbin, 1998).

본 연구에서 관계진술문을 토대로 '지속노력형', '불가피 순응형', '긍정적 인내형', '변화시도형', '유동형' 등 다섯 가지 유형으로 도출되었다. 그러나 이런 유형들은 상호 배타적인 것은 아니다. 즉, 시간 경과와 특정한 조건과 환경의 변화에 따라 유형들도 변화할 수 있다. 예를 들면, 결혼초기에 참고 살아갈지라도 시간 경과에 따라 '지속노력형' 혹은 '변화시도형'이 될 수 있다. 또 '유동형'은 '불가피 순응형'으로 변화될 가능성도 크다. 또한 유형이 명확하기보다는 혼합형으로 나타날 수 있다는 점에서 특히 유의할 필요 있다. 따라서 본 연구에서 연구자가 위와 같은 다섯 가지 유형으로 분류한 것은 17명의 연구 참여자들을 인터뷰한 자료를 근거로 하여 큰 부분을 위주로 하고 또 연구 참여자들의 결혼계기, 경제적인 지위, 한국에서의 체류시간, 학력 및 시댁식구들과의 관계 등 한국 생활 적응과 관련된 객관적인 조건들을 분석하여 위와 같은 유형을 도출하였다.

우선 결혼계기에 있어서 '지속노력형' 조선족 여성들은 모두 결혼하기 전에 중국에서 같은 회사에서 근무하거나 같은 학교에서 공부하면서 현재의 남편과의 연인관계를 유지해왔다. 따라서 '지속노력형' 조선족 여성들은 현재의 남편과 한국 문화에 대해 어느 정도 이해를 가지고 있었고 결혼을 하기 위한 노력을 해왔기 때문에 자신이 가지고 있었던 한국인과의 결혼생활에 대한 꿈과 현실이 일치하였다. '지속노력형' 조선족 여성들은 한국에서의 체류시간도 최소 3년에서 최대 9년이었고 한국 남편은 모두 인천 혹은 서울지역에서 안정적인 직장을 가지고 있기 때문에 '지속노력형' 조선족 여성들은 경제적으로 어려움을 가지고 있는 편은 아니고 한국 사회에서도 중류층에 속하고 있다. 또한 '지속노력형' 조선족 여성들은 학력이 상대적으로 높은 편이다. 본 연구에서 이 유형을 가진 연구 참여자 세 명 중 한 명은 고등학교 졸업자이고 나머지 두 명은 각각 전문대와 대학원 졸업자였다. 시댁식구들과의 관계에 있어서 '지속노력형' 조선족 여성들은 대부분 시댁식구들과 좋은 관계를 가지고 있고 이런 관계를 유지하기 위해 노력을 하고 있다. 본 연구에서 '지속노력형' 조선족 여성들 중 한 명은 시댁식구들과 좋은 관계를 유지하고 있다가 남편 형제들 간의 시어머니 봉양문제 때문에 형제들과 갈등관계를 가지게 되었다. 그러나 이 연구 참여자는 서로 간의 갈등관계를 개선하기 위해 최선의 노력을 하고 있어서 본 연구에서는 이런 측면을 모두 고려해서 이런 유형에 속해 있는 연구 참여자들의 적응유형을 '지속노력형'으로 분류하였다.

본 연구에서 '불가피 순응형'과 '긍정적 인내형'을 가진 조선족 여성들은 결혼계기부터 '지속노력형' 조선족 여성들과 현명한 차이를 보여주고 있다. 이 두 가지 유형의 조선족 여성들은 한국 결혼생활에 대해 어떤 목적을 가지거나 타인의 의견에 순종하기 위해 한국인과의 결혼을 선택한 경우가 대부분이었다. 특히 본 연구에서 이 두 가지 유형의 조선족 여성들은 모두 중매를 통해서 한국인과의 결혼을 선택하게 되었고 한국에서의 체류기간도 3년, 4년으로 상대적으로 짧은 편이었다. 한국에서 11년 동안 체류한 '불가피 순응형' 조선족 여성들 같은 경우에는 이미 노력, 탐색, 도전 등의 과정을 모두 거친 경험이 있었고 모두 실패한 끝에 현재는 순응하는 전략으로 적응하고 있는 사례이다. 또한 경제적인 측면을 보았을 때 '긍정적 인내형' 유형인 경우에 남편은 직업을 가지거나 불안전하지만 개인사업을 하고 있고, 나머지 '불가피 순응형' 조선족 여성들은 남편이 무직이거나 불안정적인 직업을 가지고 있다. 따라서 '불가피 순응형'을 가진 조선족 여성들은 경제적으로 통제를 받은 경우가 많다. 또한 이 두 가지 유형을 가진 조선족 여성들은 상대적으로 낮은 학력을 가진 사람들이 대부분이었다. 한 명의 대학원 재학 중인 연구 참여자를 빼고 나머지 연구 참여자들은 모두 고등학교 이하의 학력을 가졌다. 또한 '긍정적 인내형'과 '불가피 순응형' 조선족 여성들 모두 시댁식구들의 통제와 간섭을 받고 있는 것으로 나타났다. 따라서 한국에 대한 경제적인 기대가 컸거나 부모의 의견에 순종해서 한국인과의 결혼을 선택한 연구 참여자들은 이런 다양한 측면에서 참고 살 수밖에 없다.

본 연구에서 '변화시도형' 조선족 여성들은 중매를 통해서 현재의 한국 남편을 만난 사람들도 있지만 대부분 결혼생활에 대해 긍정적으로 생각하고 남편에 대한 사랑, 믿음과 존중이 더 컸기 때문에 한국인과의 결혼을 선택하였다. '변화시도형' 조선족 여성들의 한국 체류기간은 최소 5년이었다. 또한 대부분 '변화시도형' 조선족 여성들의 남편들은 안정적인 직업을 가지고 있거나 개인사업을 하고 있을 뿐만 아니라 연구 참여자들 자신도 중국어 강의 혹은 개인사업 등과 같은 일을 가지고 있다. 본 연구에서 '변화시도형' 조선족 여성들은 상대적으로 높은 학력을 가지고 있는데 대부분 전문대 이상 졸업자이고 현재에도 자신들의 발전을 위해 공부를 더 하겠다고 계획하고 있는 참여자들이다. 또한 경제적인 측면에서 '변화시도형' 조선족 여성들은 상대적으로 중류층 이상에 속해 있는 사람들이고, 시댁식구들과의 관계에서 갈등이 있을 때에는 적극적으로 해결하려고 노력하고 또 그렇지 않은 경우에는 과감하게 대결적인 행동을 취하면서 자신들의 주장을 관철하는 특성도 보여주고 있다. 따라서 이런 다양한 측면을 분석하여 이런 특성을 가진 연구 참여자들을 본 연구에서는 '변화시도형'으로 분류하였다.

'유동형' 조선족 여성들은 결혼을 자신들의 욕구를 충족하거나 이혼으로 남겨두고 있었던 문제점을 회피하기 위해 한국인과의 결혼을 선택한 유형이다. 본 연구에서 '유동형' 조선족 여성들은 한국에서의 체류기간이 모두 2년으로 제일 짧은 것으로 나왔고 상대적으로 제일 낮은 중학교 이하의 학력을 가지고 있다. 경제적인 측면에서 '유동형' 조선족 여성들은 모두 가족의 경제권을 가지고 있지만 남편의 직업이 안정적이지 않고 '유동형' 조선족 여성들도 일을 하지 않고 있기 때문에 가정의 경제상황은 크게 좋은 편은 아니다. '유동형' 조선족 여성들은 상대적으로 가족식구들과 의사소통하는 데 어려움을 가지고 있지만 갈등문제를 가지고 있지는 않다. 따라서 본 연구에서 '유동형' 조선족 여성들은 자신들의 욕구를 가지면서 결혼생활에 적응해가고 있다. 본 연구에서는 이런 특성을 가신 연구 참여자들을 '유동형'으로 분류하였다.

따라서 위와 같은 분석을 통해 '삶의 주인이 되고자 함'의 적응유형을 표로 정리하면 아래의 <표 4-7>과 같다.

<표 4-7> '삶의 주인이 되고자 함'의 적응유형

패러다임/유형		지속 노력형	불가피 순응형	긍정적 인내형	변화 시도형	유동형
인과적 조건	국제결혼 선택함	일치	상충	상충	일치	상충
현상	스트레스 경험	작음	큼	큼	큼	작음
맥락적 조건	문화적 차이	작음	큼	작음	작음	큼
	정체성 혼란	작음	큼	작음	작음	작음
	경제적 기대와 현실 간 차이	작음	큼	작음	큼	작음
중재적 조건	자기개발에 영향을 미치는 여건	부정적	부정적	부정적	부정적	부정적
	스트레스 대처	적극적	소극적	소극적	적극적	적극적
	사회적 지지	많음	적음	많음	적음	많음
작용/상호작용 전략	자기실현 욕구	강함	약함	약함	강함	약함
	자신과 결혼에 대한 인식의 변화	약함	약함	약함	강함	약함

# 제4절 과정분석

과정분석은 과정과 구조의 상호작용으로 시간이 지나면서 현상에 대한 반응, 대처, 조절에 관계하는 작용/상호작용의 연속적인 연결을 의미한다(Strauss & Corbin, 1998).

본 연구에서 연구 참여자들의 '스트레스 경험' 현상을 연구 참여자들이 다른 사람과의 관계 형성에서 받은 스트레스를 경험한 시점부터 연구 참여자들이 한국에서의 생활에 적응해나가는 과정까지 분석한 결과, 시간의 지남에 따라 연구 참여자들의 적응과정은 주로 '스트레스 경험, 대처 및 해결, 미래 계획' 등 세 과정으로 나타났다.

결혼 초기 연구 참여자들은 한국 사람들과의 관계에서 적지 않은 스트레스를 경험하게 된다. 한국인과의 결혼을 선택한 조선족 여성들에게 있어서 한국의 언어, 음식, 음주, 풍습 등의 생활문화와 한국의 전통적인 가부장적 문화는 자신들이 가지고 있었던 조선족 문화 혹은 중국 문화와는 큰 차이가 있다는 것을 알게 되면서 조선족 여성들은 한국 생활 적응 어려움으로 인한 스트레스를 가지게 된다. 특히 남녀평등사상을 교육 받아온 중국 조선족 여성들은 한국의 가부장적 문화 속에서 생활하면서 평등, 자유까지 빼앗아 갔다고 생각하기 때문에 불만과 분노를 감추지 못했다. 시부모의 간섭, 통제, 남편의 일방적인 의사결정, 통제권 소유 등은 조선족 여성들에게 적지 않은 스트레스 원으로 작용하고 있다. 스트레스가 어느 정도 누적되면 조선족 여성들은 대화, 저항, 자신의 행동변화, 도망, 회피, 관련 기관 도움 요청, 일하기 등 다양한 방법으로 스트레스를 해결하려고 한다. 그리고 스트레스를 해결하였거나 해결하지 못했지만 스트레스를 해결할 수 있는 방법을 취득한 조선족 여성들은 향후 결혼생활에 대한 새로운 목표를 구상하고 자신의 미래계획을 세우기도 한다. 이런 과정은 중심현상인 '스트레스 경험'을 하는 순간부터 '삶의 주인이 되고자 함'으로 이르기까지의 전 과정에 걸쳐서 뚜렷하게 나타나고 있다.

1. 스트레스 경험과정

이 과정은 한국인 남성과 결혼한 연구 참여자들이 한국 생활을 시작하면서 서로 다른 문화적인 차이와 한국에 대한 기대와 현실 간의 차이를 인식하면서 가지게 되는 첫 번째 적응과정이다. '스트레스 경험과정'은 연구 참여자들이 시댁식구들과 주변 한국 사람들과의 관계를 형성하면서 주로 문화적인 차이와 인식, 국제결혼 여성에 대한 한국 사회의 부정적인 인식과 조선족 여성들이 가부장적 문화 환경에서 간섭, 억압과 통제를 받으면서 외로움, 답답함 때문에 갈등하고 스트레스를 받게 되는 과정이다.

대부분 연구 참여자들은 음식부터 의사소통하는 방식과 가족, 여성문화 등에 이르기까지 중국의 조선족 문화와 한국 문화 간의 차이가 크다는 것을 느낀다. '같은 민족'이기 때문에 언어상에 큰 문제가 없을 거라 생각했지만 영어를 자연스럽게 사용하고 있는 '변형'된 한국어는 더 이상 같은 민족의 언어가 아니라는 것을 깨닫게 된다. 뿐만 아니라 한국 사회는 여성들의 사회적 지위와 가치를 인정해주는 중국 사회와는 달리 남성 위주의 가부장적인 문화가 여전히 유지되고 있기 때문에 '자유와 평등인'에서 '통제된 사람'으로 변화된 연구 참여자들은 심리적·정서적인 스트레스를 받을 수밖에 없게 된다. 결국 스트레스를 경험하게 되면서 연구 참여자들은 스트레스를 해결하기 위한 방법을 찾게 되고 구체적인 행동을 취하게 된다.

2. 대처 및 해결과정

대처 및 해결과정은 연구 참여자들이 인간관계 스트레스를 해결하기 위해 본격적으로 방법을 찾고 행동하고 노력하는 과정이다. 연구 참여자들은 스트레스를 해결하기 위해 다양한 방법을 사용한다. 본 연구에서는 대화, 저항, 타인 변화를 위한 자신의 변화, 일을 통한 사회생활에 참여, 관련 기관에 도움 청하기 등의 방법을 통해 결혼생활 혹은 사회생활에서 받은 스트레스를 해결하려고 노력했다. 즉, 본 연구의 대처 및 해결과정에서 연구 참여자들은

'자신과 결혼에 대한 인식의 변화'와 '자기실현 욕구'를 작용/상호
작용 전략으로 선택하여 스트레스를 해결하였다.

3. 미래 계획과정

이 과정은 연구 참여자들이 한국 생활에서의 적응방법을 어느
정도 터득하고 나름대로의 생활패턴을 가지게 되면서 미래의 결혼
생활에 대해 계획을 세우는 과정이다.

본 연구에서 한국 생활에 어느 정도 적응되어서 만족하고 미래
에 대해 긍정적인 계획을 세우고 있는 연구 참여자들이 있는가 하
면 한국이 아닌 '더 발전되고 더 좋은 나라인 미국'으로 가는 것
이라고 계획을 세운 연구 참여자들도 있다. 그리고 또 일부 연구
참여자들은 장기적인 국가발전과 자신과 자녀들의 성장과 발전을
고려했을 때 부부가 함께 조선족 여성이 생활해왔던 중국으로 다
시 돌아가서 새로운 결혼생활을 하는 것도 나쁘지는 않다고 생각
하면서 미래 계획은 중국으로 가는 것이라고 말하기도 했다.

이상의 과정은 연구 참여자들이 한국에서 생활하면서 반복적으
로 나타나는 과정으로 나타났고, 이런 반복된 과정에서 새로운 변
화가 조금씩 일어나고 있었다. 즉, 결혼초기 일부 연구 참여자들
은 스트레스를 받아들이는 방식과 일정한 결혼기간이 지난 후에
비슷한 스트레스를 받았을 때 단순히 일방적으로 순복하고 받아들
이는 것보다 스트레스에 대처하는 방법을 터득하는 것으로 나타났
다. 그리고 한국 체류기간과 스트레스에 대처하는 방법에 따라 스

트레스를 경험하는 과정에서 미래 계획과정까지 몇 번 거친 연구
참여자들도 있는가 하면 아직까지도 스트레스를 경험하는 과정 혹
은 스트레스를 대처하고 해결하는 과정에 머무르고 있는 연구 참
여자들도 있다. 그리고 일부 연구 참여자들은 '자기실현 욕구'와
'자신과 결혼에 대한 인식의 변화'의 작용/상호작용 전략을 통해
미래에 대한 계획을 세우고 '삶의 주인이 되고자 함'의 결과를 이
루는가 하면 일부 연구 참여자들은 '자신과 결혼에 대한 인식의
변화' 없이 '자기실현 욕구'의 작용/상호작용 전략만 통해 직접 미
래 계획과정으로 넘어가서 '삶의 주인이 되고자 함'의 결과를 가
지는 경우도 있다. 본 연구에서 특히 <사례 5>의 경우는 '자신
과 결혼에 대한 인식의 변화'를 포기하여 미래 계획과정을 거쳐
'삶의 주인이 되고자 함'의 결과를 이루는 사례이다.

　본 연구에서 <사례 3>, <사례 8>, <사례 9>, <사례 13>의
경우에 연구 참여자들은 결혼생활 2년 이상 지났지만 아직까지도
문화차이와 인간관계 때문에 스트레스를 받고 있는 상태이다. 이들
연구 참여자들은 스트레스를 받고 있으면서도 스트레스를 해결할
수 있는 적절한 방법을 찾지 못했거나 스트레스를 자신의 열악함
과 무지로 인한 것으로 생각하여 소극적으로 스트레스를 해결하고
있다. 따라서 이 네 사례의 연구 참여자들은 스트레스 경험과정에
있다고 판단하였다. 그리고 <사례 5>는 결혼한 지 10년이 지났
음에도 불구하고 문화적인 차이로 인한 연구 참여자와 시댁식구들
간의 긴장관계가 지속적으로 유지되어 있는 상태이다. 연구 참여
자와 시댁식구 모두 계속 똑같은 방법으로 스트레스와 갈등을 해
결하고 있었지만 문제는 해결되지 않고 스트레스도 계속 남아 있
는 상태이다. 따라서 이 연구 참여자 같은 경우에는 아직도 스트

레스를 해결하려고 하는 과정에 머물고 있다.

  <사례 1>, <사례 4>, <사례 7>, <사례 15>의 경우에는 결혼기간이 오래되었고 각종 스트레스를 많이 경험하였으며, 나름대로 스트레스에 순응, 대처 및 해결과 미래 계획과정까지 최소 한 번은 경험하였고, 현재는 대처 및 해결과정을 뛰어넘어 미래 계획과정에 머물고 있는 사례들이다. 또한 <사례 2>, <사례 12>, <사례 10>, <사례 14>, <사례 16>의 경우에는 스트레스를 받고 있지만 스트레스에 대처하고 해결하는 과정을 넘어서 현재는 미래를 계획하는 과정에 머물고 있는 사례들이다. 그리고 <사례 6>과 <사례 11>은 스트레스에 대처하고, 해결하고, 미래계획을 세우는 과정을 거친 경험이 있었고, 현재는 다시 새로운 스트레스를 경험하는 과정에 머물고 있는 것으로 나타났다.

  본 연구에서 연구 참여자들의 한국 체류기간이 모두 다르기 때문에 스트레스를 경험하고, 해결하고, 미래계획까지 세우는 과정은 모두 다르다. 이상의 분석처럼 아직까지 스트레스의 경험과정에 머물고 있는 연구 참여자들이 있는가 하면 스트레스의 경험에서 시작해서 미래 계획과정까지 몇 번씩 경험한 연구 참여자들도 있다. 즉, 한국에서의 체류기간이 다르기 때문에 스트레스의 경험시간도 다르다. 그러나 결혼생활이 지속되면서 모든 연구 참여자들은 최소 한 번씩은 스트레스를 경험하고, 대처하고, 미래의 계획까지 세우는 과정을 경험하는 것으로 나타났다.

  따라서 이를 그림으로 나타내면 다음의 <그림 4-2>와 같다.

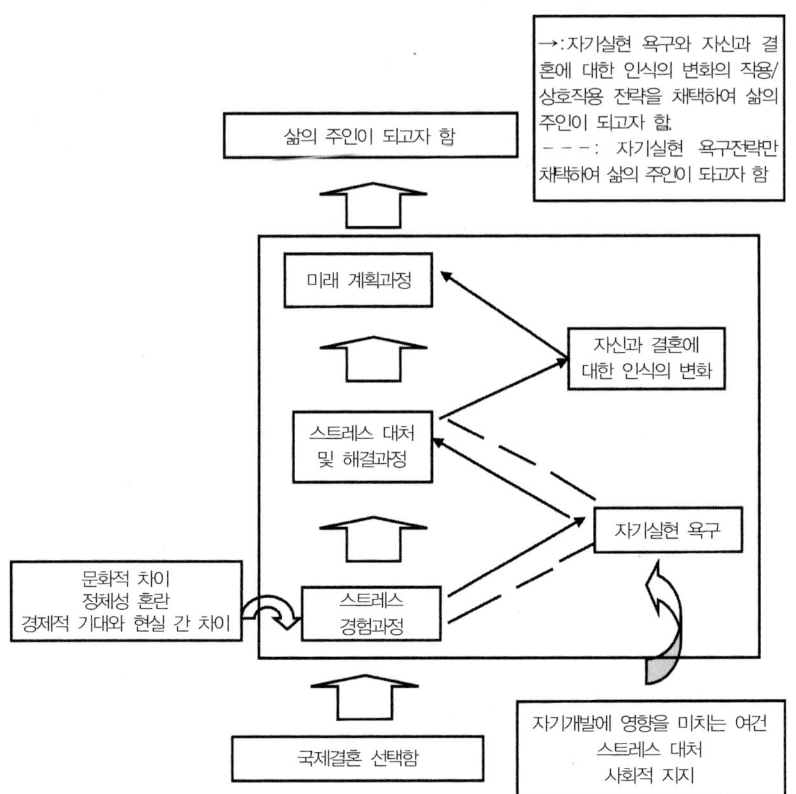

〈그림 4-2〉 한·중 국제결혼을 선택한 조선족 여성들의 한국 생활 적응단계

제5절 선택코딩

　선택코딩은 핵심범주를 확인하고 이 핵심범주를 중심으로 다른 모든 범주를 통합시키고 정교화하는 과정이다(Strauss & Corbin, 1998). 선택코딩에서 연구자는 하나의 '이야기 줄거리'를 확인하고 축코딩 모델에 있는 범주들을 통합하는 이야기를 서술한다. 대개 이 국면에서 조건적 명제(또는 가설)들이 제시된다(Creswell, 1998). 즉, 선택코딩에서는 서술적 문장을 적는 이야기 윤곽과정과 핵심범주와 다른 모든 범주 간의 가설적 관계유형을 정형화하는 과정을 포함한다.

　본 연구에서 한국인 남성과 결혼한 연구 참여자들의 한국 생활 적응과정에 관한 핵심범주는 연구 참여자들이 다양한 한국 사람들과 관계를 형성하면서 스트레스를 받고 있지만 나름대로 스트레스를 대처하는 방법을 찾으려고 노력했고, 최종 미래에 대한 계획을 가지면서 자신이 삶의 주체로서 살아가는 욕구를 가지고 있는 과정으로 설정할 수 있으며, 이 과정을 '삶의 주인이 되고자 함'이라고 명명하였다. 선택코딩에서는 이 핵심범주를 기초로 이야기 윤곽을 전개하며 가설적 정형화와 관계진술문을 제시할 수 있다.

1. 이야기 윤곽의 전개

이야기 윤곽의 전개과정은 연구의 본질을 밝히고 연구의 핵심 범주를 다른 개념이나 범주에 체계적으로 연관시켜 관련성을 확인하여 다듬으면서 서술에서 개념화로 가기 위한 과정이다(Strauss & Corbin, 1998).

한국인 남성과 결혼한 연구 참여자들의 한국 생활 적응과정에 대한 본 연구에서 핵심범주는 '삶의 주인이 되고자 함'으로 나타났으며 이에 대한 이야기 윤곽은 다음과 같이 서술될 수 있다.

한국인 남성과 결혼한 조선족 여성들은 대부분 한국에 입국하여 한국에서 생활하게 된다. 새로운 환경에서 생활하면서 조선족 여성들은 시댁식구들을 포함한 한국 사람들과 다양한 관계를 맺게 된다. 조선족 여성들은 '같은 민족'이기 때문에 한국 생활 적응에는 큰 어려움이 없을 거라고 생각했지만 기본적인 음식조차 다르다는 것을 한국에 입국하자마자 알게 된다. 중국 음식에 더 익숙해 있는 조선족 여성들은 전통적인 한국 음식과 현대적인 서양 음식이 혼합된 한국 음식에 적응하는 데 어려움을 겪는다. 또한 남녀평등사상을 교육받아온 중국 조선족 여성들은 현대적이지만 남성 위주의 가부장적 문화를 유지하고 있는 **한국 문화**를 이해하고 받아들이기에는 힘든 일일 수밖에 없다.

한국인 남성과 결혼한 조선족 여성들은 중국에서보다 더 나은 삶을 누리기 위해 한국 남성과 결혼을 선택한다. 그래서 조선족 여성들은 한국에 대한 기대를 가진다. 그러나 조선족 여성들은 생활이 그리 편리하지 않고 풍요롭지 않은 농촌지역에 살게 되면서 자신의 **현실이 기대했던 것과는 다르다**는 것을 깨닫게 된다. 조선족 여성들은 드라마 속에 나온 한국 생활의 화려함이 한국에서 살고 있는 모든 사람이 향유할 수 있는 것은 아니라는 것을 알게 된다. **기대가 큰 만큼 실망도 크다.** 그래서 스트레스도 받게 된다. 뿐만 아니라 시댁식구들을 비롯한 한국 사람들의 중국인(혹은 조선족)에 대한 무시, 비판과 차별은 조선족 여성들에게 **정체성 혼란**을 가져오게 된다. 조선족은 한국인과 '핏줄'이 같기 때문에 다른 나라에서 시집온 여성들과는 달리 차별을 받지 않을 거라고 생각했지만 현실은 그렇지 않아 조선족 여성들은 '나는 누구일까'라는 정체성에 대해 다시 생각하게 된다. 한국 사회에서는 또한 국제결혼을 선택한 **조선족 여성들에 대해 부정적인 인식**을 가지고 있다. 한국인들은 조선족 여성들이 사랑하기 때문에 한국인과의 결혼을 선택하였다고 생각하기보다는 중국보다 경제적으로 발전된 한국에서 살기 위해 한국 국적을 취득할 목적으로 결혼한다고 생각하고 국적을 취득하게 되면 도망갈 거라는 선입견을 가지고 있다. 즉, 한국 사회에서는 조선족 특히 한국인 남성과 결혼한 조선족 여성들에 대한 인식이 좋지 않다. 따라서 정신적 혼란을 경험하면서 조선족 여성들은 **심리적·정신적인 스트레스**를 받게 된다. 이런 스트레스는 또한 타인과의 관계 형성에도 영향을 미치게 된다. 그러나 대부분 조선족 여성들은 단순히 국적취득 혹은 경제적인 기대 때문에 국제결혼을 선택하는 것은 아니다. 한국 남편을 진심으로 사랑하거나, 부모님이 한국에서 태어나셔서 한국이 부모님의 고향이고 한국인을 '같은 민족'이라고 생각해서 혹은 국제결혼을 통해 행복한 가정을 꾸려가기 위해 한국인과의 결혼을 신택히는 것도 사실이다.

조선족 여성들은 다양한 방법을 통해 자신이 받고 있는 **스트레스를 해결**하려고 노력한다. 대화, 자기발전 등 적극적인 행동을 통해 스트레스를 해결하는 사람들이 있는가 하면 상대방과의 접촉을 회피하거나 가출, 이혼 등 방식을 선택한 사람들도 있다. 또한 조선족 여성들은 자신들의 문제와 어려움을 해결하기 위해 주변 한국 사람들의 도움을 받고자 한다. 특히 조선족 여성들은 시댁식구들의 이해와 지지를 얻고자 한다. 그러나 시댁식구들과의 갈등 문제에 있어서 시댁식구들의 이해를 받는다는 것은 불가능한 일이다. 따라서 조선족 여성들은 주변에서 자신과 비슷한 상황에 있는 다른 조선족 여성들의 도움을 받으려고 노력한다. 여성문화회관 등 **여성단체**에서 상담을 통해 자신의 갈등문제를 해결한 사람들도 있고 **자조집단**에서 힘과 용기를 얻어 새로운 삶의 도전을 가지게 된 사람들도 있다. 따라서 조선족 여성들은 어떤 방법을 사용하든 자신들의 문제를 해결하고자 하는 욕구를 가지고 있다.

자신의 노력과 주변 한국 사람들과 자조집단 등의 도움을 받아 조선족 여성들뿐만 아니라 시댁식구와 주변 한국 사람들의 인식의 변화를 가져오게 된다. 예를 들면, 조선족 여성들은 시댁식구들과의 갈등관계를 변화시키기 위해 대화, 결혼생활에 대한 자신감 가짐, 자녀 관련 교육에 동네 아줌마들에게 도움을 청하거나 자조집단의 교육프로그램 참여와 같은 배경을 가진 조선족 여성들과의 가족갈등 해결책에 관해 대화를 나누는 등 다양한 방식을 통해 시댁식구들과의 관계를 개선하고 주변 한국 사람들의 조선족 여성들에 대한 부정적인 인식을 변화시키려고 노력했다. 변화를 가져오는 동시에 조선족 여성들은 **자신을 실현하고자 하는 욕구**와 새로운 삶의 목표를 세우게 된다. 스스로 부족하다고 생각한 부분은 '공부', '취직' 등 방법을 통해 개선하려고 한다.

이러한 모든 활동을 통해 한국 남성과 결혼한 조선족 여성들은 자신들의 존재가치와 자신의 정체성을 다시 한 번 확인하게 된다. 조선족 여성들에게 있어서 한국 생활은 더 이상 문화, 인간관계 등의 차이에서 받은 스트레스 속에서 계속 머무는 것이 아니라 자신의 노력을 통해 부단히 변화해야 하는 과정이라는 것을 실제 한국 생활을 하면서 깨닫게 된다. 따라서 한국 생활 적응은 타인보다 자신의 노력이 중요하고 자신의 발전이 중요하다는 것을 깨닫게 된다. 이런 한국 생활 과정을 통해 조선족 여성들은 최종 **삶의 주인이 되고자 하는 욕구**를 가진다.

2. 가설적 정형화 및 관계진술

1) 가설적 정형화

가설적 정형화란 핵심범주와 각 범주 간의 가설적 관계유형을 찾아내고 정형화하는 작업이다(Strauss & Corbin, 1998).

본 연구에서 핵심범주인 '삶의 주인이 되고자 함'을 중심으로 맥락적 조건을 형성하는 범주인 '문화적 차이', '정체성 혼란', '경

제적 기대와 현실 간 차이'들의 속성과 차원에 따라 범주들 간의
가설적 관계를 정형화하면 다음의 <표 4-8>과 같다.

〈표 4-8〉 '삶의 주인이 되고자 함'의 가설적 정형화

	핵심범주	문화적 차이	정체성 혼란	경제적 기대와 현실 간 차이
1	삶의 주인이 되고자 함	큼	큼	큼
2	삶의 주인이 되고자 함	큼	큼	작음
3	삶의 주인이 되고자 함	큼	작음	큼
4	삶의 주인이 되고자 함	큼	작음	작음
5	삶의 주인이 되고자 함	작음	큼	큼
6	삶의 주인이 되고자 함	작음	큼	작음
7	삶의 주인이 되고자 함	작음	작음	큼
8	삶의 주인이 되고자 함	작음	작음	작음

<표 4-8>의 맥락적 조건에 따른 핵심범주의 가설적 정형화를
진술문으로 나타내면 다음과 같다.

(1) 문화적 차이가 크고, 정체성 혼란이 크고, 경제적 기대와 현
실 간 차이가 큰 경우의 '삶의 주인이 되고자 함'
(2) 문화적 차이가 크고, 정체성 혼란이 크고, 경제적 기대와 현
실 간 차이가 작은 경우의 '삶의 주인이 되고자 함'
(3) 문화적 차이가 크고, 정체성 혼란이 작고, 경제적 기대와 현
실 간 차이가 큰 경우의 '삶의 주인이 되고자 함'
(4) 문화적 차이가 크고, 정체성 혼란이 작고, 경제적 기대와 현
실 간 차이가 작은 경우의 '삶의 주인이 되고자 함'
(5) 문화적 차이가 작고, 정체성 혼란이 크고, 경제적 기대와 현
실 간 차이가 큰 경우의 '삶의 주인이 되고자 함'

(6) 문화적 차이가 작고, 정체성 혼란이 크고, 경제적 기대와 현
실 간 차이가 작은 경우의 '삶의 주인이 되고자 함'
(7) 문화적 차이가 작고, 정체성 혼란이 작고, 경제적 기대와 현
실 간 차이가 큰 경우의 '삶의 주인이 되고자 함'
(8) 문화적 차이가 작고, 정체성 혼란이 작고, 경제적 기대와 현
실 간 차이가 작은 경우의 '삶의 주인이 되고자 함'

2) 가설적 관계진술

근거자료의 분석과정에서 드러난 맥락적 조건에 따라 핵심범주
와 인과적 조건, 작용/상호작용 전략, 결과의 속성 사이에 있을 수
있는 가설적 관계를 진술문으로 나타낸 것을 가설적 관계진술이라
고 한다.

본 연구에서 연구 참여자들에게 공통적으로 나타나는 조건을
살펴본다면 중재적 조건에서 '자기개발에 영향을 미치는 여건'이
부정적이라는 것이다. 연구 참여자들은 모두 국제결혼을 한 조선
족 여성을 바라보는 한국 사회의 인식은 부정적이라고 말한다. 연
구 참여자들은 매체와 주변 한국 사람들의 태도와 행동에서 조선
족에 대한 한국 사회의 인식은 부정적이라는 것을 알 수 있다고
말했다.

연구 참여자들의 스트레스 경험의 맥락적 조건은 '문화적 차이',
'정체성 혼란'과 '경제적 기대와 현실 간 차이'이다. 같은 맥락적
조건을 가지더라도 스트레스에 어떻게 대처하고 있고 사회적 지지
를 어떻게 받고 있는지와 자기실현 욕구가 강하냐 약하냐에 따라
삶의 주인이 되고자 하는 결과는 달리 나타난다. 진술문을 정리해

보면 아래와 같다.

(1) 문화적 차이, 정체성 혼란과 기대와 현실 간의 차이를 작게
    느끼고, 스트레스에 긍정적으로 대처하고, 사회적 지지가 많
    고 자기실현 욕구가 강한 경우, 한국인과의 결혼을 선택한
    조선족 여성은 한국 생활에 잘 적응하며 노력해 나가는 유
    형을 가질 것이다.

(2) 문화적 차이, 정체성 혼란과 경제적 기대와 현실 간의 차이
    를 크게 느끼고, 스트레스에 부정적으로 대처하고, 사회적
    지지가 적고 자기실현 욕구가 약한 경우, 한국인과의 결혼
    을 선택한 조선족 여성은 한국 생활에 불가피하게 순응하면
    서 살아가는 유형을 가질 것이다.

(3) 문화적 차이, 정체성 혼란과 경제적 기대와 현실 간 차이를
    작게 느끼고, 스트레스에 부정적으로 대처하고, 사회적 지지
    는 과도하게 많고 자기실현 욕구는 약한 경우, 한국 결혼을
    선택한 조선족 여성들은 긍정적으로 순응하면서 살아가는
    유형을 가질 것이다.

(4) 문화적 차이, 정체성 혼란을 작게 느끼고, 경제적 기대와 현
    실 간의 차이를 크게 느끼지만 스트레스에 긍정적으로 대처
    하고, 사회적 지지가 적지만 자기실현 욕구가 강한 경우, 한
    국인과의 결혼을 선택한 조선족 여성은 한국 생활에 변화를
    시도하는 유형을 가질 것이다.

(5) 문화적 차이가 크고, 정체성 혼란과 경제적 기대와 현실 간
    의 차이를 작게 느끼고, 스트레스에 긍정적으로 대처하고,
    사회적 지지는 많지만 자기실현 욕구가 약한 경우, 한국 결

혼을 선택한 조선족 여성은 유동하면서 한국에서 살아가는 유형을 가질 것이다.

이상과 같이 본 절에서는 근거이론의 선택코딩 절차에 따라 범주들 간의 연관성을 확인하고 '삶의 주인이 되고자 함'의 이야기 윤곽을 전개하고 가설적 관계유형을 찾아냈다. 따라서 제5장에서는 연구결과와 적응에 관한 이론적 함의를 제시하고 적응유형에 따른 사회복지 실천적 적용, 정책적 제언을 제시하고자 한다.

05

결론 및 제언

제1절 연구결과 요약

　한·중 국제결혼은 중국의 개혁개방과 한·중수교를 계기로 해마다 증가하고 있는 추세이다. 특히 조선족 여성들의 한국인과의 결혼 건수는 큰 비중을 차지하고 있다. 그러나 한국인과의 결혼을 통해 한국에 입국한 조선족 여성들은 한국 사회 적응에 적지 않은 문제를 가지고 있다. '같은 민족'이라고 인식하고 있더라도 서로 다른 환경에서 살아왔기 때문에 새로운 환경과 문화에 적응하는 것은 쉬운 일이 아니다. 한·중 국제결혼 건수가 매년 증가하게 되면서 한국의 여성 및 가족구조는 새로운 변화를 가져오고 있다. 따라서 조선족 여성들의 한국 생활 적응에서 나타나는 문제점들은 더 이상 이들만의 문제가 아니라 한국의 사회문제로 부각되면서 국가의 정책과 제도개정에도 영향을 미칠 것이라고 생각한다. 그러나 지금까지 한국 사회에서는 국제결혼을 통해 이주한 조선족 여성들에 대해 크게 관심을 갖지 않았다. 외국인 여성들의 한국 생활 적응상의 문제와 실태에 관한 연구도 2000년부터 조금씩 이루어져 왔지만 이런 연구는 주로 적응실태를 파악하는 데에만 초점을 두고 있었다. 국제결혼을 선택한 조선족 여성들이 한국에서 경험하는 생활은 무엇인지, 어떤 적응과정을 경험하고 있는지, 이들이 가지는 욕구는 무엇인지, 조선족 여성들의 개별 혹은 집단의 행위를 문화적이고 사회적인 맥락에서 어떻게 이해해야 하는지에 대한 연구는 거의 이루어지지 않았다.

따라서 본 연구에서는 사회 문화적인 맥락에서 한국인과의 결혼을 선택한 조선족 여성들의 한국 생활 적응의 의미를 제시하고 적응유형을 설명하는 것을 연구의 목적으로 두었다.

본 연구에 참여한 연구 참여자들은 국제결혼을 통해 한국에 들어와 최소 1년 이상 생활한 조선족 여성 17명이다. 참여자들의 연령은 21세에서 44세까지였고, 배우자와의 연령 차이는 평균 7세이었다. 거주지역은 서울 8명, 인천 4명, 충남 1명, 광주 1명, 강원도 1명, 경기도 1명, 수원 1명이다. 또한 대부분의 참여자들은 전업주부로 직업을 가지고 있지 않거나 중국어 강사와 같은 비정규직 직종이나 국제결혼 관련 개인사업을 하고 있었다.

본 연구에서는 주로 심층면담과 참여관찰을 통해 자료를 수집하였고 Strauss와 Corbin(1998)이 제시한 근거이론 방법의 절차를 따라 인터뷰한 자료를 비교분석하였다. 개방코딩에서는 개념과 범주를 도출하였고, 축코딩에서는 패러다임 모형을 사용하여 범주와 과정을 분석하였고, 선택코딩에서는 적응과 관련된 유형을 분류하였다.

본 연구의 개방코딩에서는 74개의 개념,[15] 21개의 하위범주, 11개의 범주가 도출되었다.

축코딩의 인과적 조건은 '국제결혼 선택함'이었고 중심현상은 '스트레스 경험'이었다. 맥락적 조건으로는 '문화적 차이', '정체성 혼

---

15 부록에 개념, 하위범주와 범주를 첨부함.

란’, ‘경제적 기대와 현실 간 차이’로 나타났고 중재적 조건은 ‘자기 개발에 영향을 미치는 여건’, ‘스트레스 대처’, ‘사회적 지지’였다. 또한 작용/상호작용 전략으로는 ‘자기실현 욕구’, ‘자신과 결혼에 대한 인식의 변화’였고 결과는 ‘삶의 주인이 되고자 함’이었다. 즉, 조선족 여성들은 국제결혼을 선택하였기 때문에 한국 생활의 적응에서 다양한 스트레스를 경험하게 된다. 조선족 여성들은 스트레스를 해결하기 위해 자기실현 욕구와 자신과 결혼에 대한 인식의 변화를 통한 전략을 사용하여 최종 삶의 주인이 되고자 하는 욕구를 가진다. 또한 스트레스를 경험하는 데 영향을 미치는 맥락적인 조건은 문화적인 차이, 정체성의 혼란과 한국의 경제적인 기대와 현실 간의 차이를 느끼는 것이다. 전략에 영향을 미치는 중재적 조건으로는 자기개발에 영향을 미치는 주변 환경은 어떠한지, 스트레스에 대한 조선족 여성들의 대처방식은 어떠한지, 그리고 사회적 지지는 어떠한지 등이 있다.

시간의 흐름에 따라 한국인 남성과 결혼한 조선족 여성들의 한국 생활 적응 단계도 ‘스트레스 경험과정’, ‘대처 및 해결과정’, ‘미래 계획과정’ 등 세 단계로 나타났다.

선택코딩에서는 국제결혼 조선족 여성들의 한국 생활 적응이 ‘지속노력형’, ‘불가피 순응형’, ‘긍정적 인내형’, ‘변화시도형’, ‘유동형’ 등 다섯 가지 유형으로 나타났다. 이 유형들은 모두 적응의 핵심인 ‘스트레스 경험’이 문화적인 차이, 정체성 혼란 여부와 국제결혼에 대한 기대와 현실 간의 차이와 관련한 경험에 영향을 받아 범주의 속성과 차원에 따라 각각 다른 특징을 보여주고 있다.

따라서 본 연구에서 한국인 남성과 결혼한 조선족 여성들의 한국 생활 적응과정은 한국에서 결혼생활을 하면서 다양한 스트레스를 경험하고, 스트레스에 대처하고, 미래에 대한 계획을 세우면서 최종 '삶의 주인이 되고자 하는' 욕구를 가지는 과정이었다. 본 연구에서 조선족 여성들은 한국인 남성과의 결혼을 선택함으로써 한국 생활에서 경험하는 다양한 사람들과의 관계에서 스트레스를 받게 된다. 이런 다양한 스트레스는 한·중 문화적인 차이와 조선족 여성들의 한국에서의 결혼생활과 한국에 대한 기대와 현실 간의 차이로 인해 크게 나타날 수 있다. 스트레스를 해결하기 위한 작용/상호작용 전략에 있어서 자기의 욕구를 얼마만큼 실현하려고 하는지, 조선족 여성 자신 혹은 주변 한국 사람들의 국제결혼을 한 조선족 여성들에 대한 인식이 얼마만큼 변화하고 있는지, 미래에 대한 결혼생활 목표는 어떠한지에 따라 차이가 나타났다. 중재적 조건으로는 '자기개발에 영향을 미치는 여건', '스트레스 대처', '사회적 지지' 등으로 최종 한국인 남성과의 결혼을 선택한 조선족 여성들의 한국 생활 적응과정은 자신들을 부단히 '삶의 주인이 되는' 과정으로 파악되었다.

제2절 논의

1. 삶의 주인이 되는 차원

본 연구에서 한국인과의 결혼을 선택한 조선족 여성들의 한국 생활 적응은 '자기실현 욕구'와 '자신과 결혼에 대한 타인의 변화' 의 전략을 통하여 '스트레스 경험'에 대처하여 최종 '삶의 주인이 되고자' 하는 욕구를 가지는 것이다. 이것은 또한 아래와 같은 몇 가지 측면에서 적응의 의미를 찾을 수 있다.

1) 경제

한국인과의 결혼을 선택한 조선족 여성들은 어느 정도 한국의 경제에 대한 기대를 가지고 있다. 또 어떤 여성이든 자신이 가족 의 경제권을 소유하면서 생활하려는 욕구를 가지고 있다. 경제권 을 가지고 있다는 것은 여성의 권리와 지위를 인정해주고 여성의 역할을 존중한다는 의미가 포함되어 있기 때문이다. 따라서 모든 여성들이 희망한 것처럼 조선족 여성들도 가정의 경제권을 소유하려고 하는 욕구를 가지면서 결혼생활을 하게 된다. 그러나 농촌지역에서 생활하고 있다는 현실, 남편보다 시어머니의 통제, 간섭이 더 심한 결혼생활, 도시지역의 높은 물가, 남편의 불안정적인 직장(혹은 무직) 등은 조선족 여성들로 하여금 한국에 대한 경제적인 기대를 곧바로 실망으로 변하게 만든다. 따라서 조선족 여성들은 우선 생존하고 그 다음에는 인정받기 위해서 일을 가지려고 한다. 조선족 여성들에게 있어서 적응은 우선 경제적인 욕구를 만족시키는 것이라고 생각하고 있다.

경제적으로 삶의 주인이 되고자 하는 조선족 여성들은 이런 기본적인 욕구를 만족시키려고 하는 데 큰 어려움을 가지고 있다는 것을 발견하게 된다. 현실을 있는 그대로 받아들이고 남편에게 순종만 하고 살아가라는 시어머니의 간섭, 출근하기 전과 퇴근하고 귀가하기 전에는 반드시 아내가 집에 있어야 된다는 가부장적 문화를 가지고 있는 남편의 태도, 돈만 보고 시집온다는 한국 사회의 부정적인 인식 등은 조선족 여성들에게 있어서 경제적인 욕구를 실현하는 데 큰 걸림돌이 될 수밖에 없다. 그래서 조선족 여성들은 가정과 일 사이에서 좌절하고 방황한다. 심지어 일에 대한 욕구를 그냥 포기하는 경우도 많다.

국제결혼한 조선족 여성들에게 있어서 경제적인 기대에 대한 상실은 또한 간접적으로 가정의 빈곤을 설명해준다. 빈곤 때문에 가족성원들은 열악한 환경에서 살 수밖에 없고, 가정의 절대적 빈곤 그리고 빈곤과 상호 관련되어 신체적·정신적·사회적으로 소외되고 있기 때문에 모든 가족성원들은 낮은 삶의 질을 가질 수밖에 없게 된다. 따라서 조선족 여성들에게 인간의 제일 기본적인 욕구인 의, 식, 주 등의 경제적인 욕구를 만족시키는 것은 매우 중요하다고 생각된다.

2) 교육

한국인과의 결혼을 선택한 대부분 조선족 여성들은 또한 낮은 학력을 가지고 있다. 한국의 부모들은 자녀들을 잘 키우기 위해 목숨을 걸고 있다고 말해도 과언은 아니다. 공교육문제와 사교육 문제가 풀 수 없이 얽혀 있는 한국 사회에서는 공교육을 믿지 못해 사교육에 의존하면서 전 국민이 사교육에서 자유롭지 못한 것이 현실이다(최양숙, 2005). 따라서 한국의 엄마들은 자녀들의 '성공'을 위해 어떠한 대가라도 지불할 각오가 되어 있다. 한국의 엄마들은 자녀에게 남이 하는 만큼은 해줘야 되고, 부모의 도리를 다하기 위해 경제적인 희생을 감수하는 것은 당연하다고 생각한다. 그러나 조선족 여성들은 학벌에 대한 아무런 사전준비 없이 한국에 오게 되면서 자녀들의 교육에 적지 않은 어려움을 가지게 된다.

조선족 여성들은 한국에서의 생활에서 자녀교육 문제뿐만 아니라 자신의 낮은 학력 때문에 한국 사회에서도 상대적으로 낮은 서비스 업종에서 일을 찾을 수밖에 없다는 것을 인식하게 된다. 한국 여성들은 높은 학력을 가지고 있는 반면 조선족 여성들의 학력은 상대적으로 낮기 때문에 조선족 여성들이 한국 여성들과 똑같은 대우와 인정을 받지 못하고 있다고 생각한다. 따라서 조선족 여성들은 낮은 학력이 자신들의 지위를 낮게 만드는 요인이라고 생각하면서 재교육에 대한 꿈을 가지게 된다. 특히 요리, 컴퓨터, 운전 등 일상생활에서 기본적으로 필요한 자격증을 취득하려는 노력을 보여주고 있다. 뿐만 아니라 적지 않은 조선족 여성들은 한국어, 영어를 배운다든지, 대학진학을 통해 자신들의 지식영역을 확대하는 것을 통해 자신들의 학력을 높이려고 한다. 이것은 또한 다른 측면에서 사회활동에 적극적으로 참여하는 행동을 보여주고 있다는 것으로 이해할 수 있다.

본 연구에서 조선족 여성들은 특히 자녀 혹은 남편이 한국 문화, 경제, 정치, 역사 등에 대해서 물어보거나 함께 토론거리로 삼았을 때 '말문이 막힌다'든가 '모르니까 말을 못하고' 있어서 이런 대화의 자리를 회피하는 행동을 취하게 된다고 말한다. 회피하는 행동은 또한 조선족 여성들이 자유롭지 않고 스트레스를 받고 있다는 것으로 이해될 수 있다. 자유로운 관계를 형성하기 위해서는 무엇보다 상대방을 독립적이고 합리적인 한 개인으로 보아야 한다. 조선족 여성들은 교육과 관련 영역에서 자유롭지 않기 때문에 한국에서 생활하면서 스트레스를 가지게 된다.

본 연구에서 조선족 여성들이 교육에 대한 삶의 주인이 되고자 하는 욕구에는 자신에 대한 교육실현 욕구와 자녀에 대한 교육실현 욕구 둘 다 포함되어 있다. 자유로운 삶의 주인이 되기 위해서는 조선족 여성들이 자유롭게 교육을 받거나 자유롭게 자녀를 교육할 수 있는 환경이 조성되어야 한다. 이러기 위해서 무엇보다 한국 사회에서 가족뿐만 아니라 가족 이외의 환경에서도 자유롭게 생존하고 교육을 받을 수 있는 사회적 구조가 갖춰져야 한다고 생각한다.

3) 가족관계

　한국인과의 결혼을 선택한 조선족 여성들은 결혼생활을 하면서 가족구성원들과의 관계에서 큰 어려움을 경험하게 된다. 특히 가부장적 문화를 유지하고 있는 한국 사회에서 조선족 며느리와 한국 시어머니 간의 고부갈등은 더 심각하다. 시부모를 모시고 사는 조선족 여성들에게 있어서 시어머니의 간섭, 통제와 무시는 조선족 여성 부부간의 갈등을 일으키는 큰 원인이 되고 부부 결혼생활의 질을 감소시키는 요인이 될 수도 있다. 그럼에도 불구하고 아내보다 부모, 형제를 더 중히 여기는 한국 남편의 가부장적 행동은 조선족 여성들에게 더 큰 스트레스 원으로 작용하게 되면서 조선족 여성들은 가족관계에서 갈등을 가지게 된다.

　조선족 여성들에게 있어서 한국 동서와의 갈등관계 또한 조선족 여성들로 하여금 한국 생활 적응에 적지 않은 문제점을 일으킨다. 본 연구에서 시부모의 봉양문제 때문에 동서와의 갈등이 있었다든가, 제사상 준비에 전혀 한국 동서의 도움을 받지 못하고 있었다든가, 가정생활에 동서의 간섭, 통제가 심했다든가, 심지어 일부 조선족 여성들은 한국 동서의 언어적인 폭력 때문에 스트레스를 받고 있었다고 말했다. 동서뿐만 아니라 시누이와의 관계에서 일부 조선족 여성들은 무시당하고 있다는 것을 느끼면서 자신은 외로운 존재라는 것을 깨닫게 되었다고 말했다.

　조선족 여성들은 타인의 지시에 따라 생활하려고 한국에 온 것이 아니다. 즉, 조선족 여성들은 자신이 가족의 주인이 되어 가정을 꾸며가려는 욕구를 가지고 있다. 조선족 여성들은 자신들도 한국 여성들처럼 가정을 위해 헌신할 뿐만 아니라 남편자랑, 자녀자랑 그리고 알뜰하게 잘사는 여성으로 한국에서 살고 싶어 한다.
또한 자신이 주인이 되어 시댁식구들과 원만한 관계를 형성하고
형제들 간에도 서로 평등한 관계를 유지하면서 살고 싶어 한다.
그러나 가부장적 문화 속에서 원만하고 평등하다는 것에서는 한계
가 있다는 것을 조선족 여성들도 잘 알고 있기 때문에 조선족 여
성들은 가족관계로 인한 큰 스트레스를 받게 된다. 따라서 조선족
여성들이 가족관계에서 진정한 삶의 주인이 되기 위해서는 위계적
인 가족질서에서 벗어나거나 시댁식구들의 조선족 여성에 대한 인
식의 변화가 필요하다고 생각한다.

이상과 같이 조선족 여성들이 삶의 주인이 되고자 하는 욕구에
는 경제, 교육 및 가족관계에서 한국 생활 적응의 의미를 찾을 수
있다.

2. 기존연구와의 적응유형 비교분석

1) '지속노력형'

노력이란 어떤 일을 이루기 위해서 힘을 다하여 애쓴다는 의미
를 가지고 있다. 본 연구에서 '지속노력형'으로 분류된 연구 참여
자들은 한국 생활에서 타인과의 관계를 잘 형성하고 조절하고 나
름대로 자신들이 기대한 결혼생활 목표를 이루기 위해 노력하고 있
는 사람들이다. '지속노력형' 조선족 여성들은 결혼생활에 대해 가
지고 있었던 생각과 한국에서의 실제 결혼생활이 일치한 편이다.

즉, '지속노력형' 조선족 여성들은 결혼의 목적을 한국인 남편과 한
국에서 좋은 결혼생활을 하는 데 두고 있다. 따라서 '지속노력형'
조선족 여성들은 한국에서 생활하면서 문화적인 차이, 정체성의
혼란을 상대적으로 직게 경험하게 된다. 또한 '지속노력형' 조선족
여성들은 결혼하기 전에 한국에 대하여 어느 정도 지식을 가지고
있었고 한국 생활에 대한 경제적인 기대가 크지 않았기 때문에 기
대와 현실 간의 차이를 크게 느끼지 않는다. 따라서 '지속노력형'
조선족 여성들은 스트레스를 상대적으로 덜 경험하게 된다. 국제
결혼을 선택한 '지속노력형' 조선족 여성들은 '도망간다', '국적취
득을 위해서 결혼을 했다' 등의 한국 사회의 부정적인 인식에도
불구하고 적극적인 대처방법을 통해 스트레스를 해결하려고 노력
한다. '지속노력형' 조선족 여성들은 무엇보다 자신의 노력이 중요
하다고 생각한다. 따라서 자기실현에 대한 욕구가 크고 타인을 수
용하고 이해하려는 마음도 크기 때문에 오히려 자신과 결혼에 대
한 인식의 변화를 크게 가져오려고 하지는 않는다. '지속노력형'
조선족 여성들은 한국 생활 적응에 자신의 적극적인 노력이 많기
때문에 시댁 혹은 주변 한국 사람, 단체들로부터 지지를 많이 받
고 있는 편이다. 또한 '지속노력형' 조선족 여성들은 자기개발에
자신의 장점을 인식하면서 결혼생활에 대한 미래계획을 세우고 자
신이 삶의 주인이 되려고 하는 의지도 강하다.

　한국인 남성과 결혼한 조선족 여성들의 한국 생활 적응은 한국
문화에 대한 적응이고, 다양한 한국 사람들과 관계를 맺으면서 스
트레스를 경험하는 과정이기도 하기 때문에, 연구 참여자들의 한
국 생활 적응유형을 기존의 문화적응이론, 스트레스이론과 한국의
가부장적 문화 등과 비교하여 논의해볼 필요가 있다. 우선 이주민

들의 문화적응에 관한 이론에서 Khoa와 Van Deusen(1981)는 적
응의 유형을 구세대유형, 동화유형, 양 문화유형으로 구분한 바
있다. 이 중 양 문화유형은 과거의 전통문화를 유지하면서 선별저
으로 새로운 정착사회의 문화를 받아들이는 유형이다. 본 연구에
서 앞서 분석한 '지속노력형' 조선족 여성들은 양 문화유형과 유
사점을 보이고 있다. 즉, '지속노력형' 조선족 여성들은 문화적 차
이의 영향을 적게 받는다. 문화적 차이를 적게 경험한다는 것은
바로 새로운 문화에 대해 무조건 거부하거나 수용하는 것보다 상
이한 문화 간의 차이를 비교하면서 과거의 문화도 유지하고 새로
운 한국 문화도 받아들이려고 노력하기 때문이다. 그러나 양 문화
유형에서 언급된 전통문화는 한 나라에 있는 하나의 민족의 문화
라는 점과 '지속노력형'에서의 전통문화는 중국 문화도 어느 정도
포함되어 있고 하나의 민족의 문화도 어느 정도 포함되어 있으면
서도 또 완전한 중국 문화와 한국 문화도 아닌 조선족 문화라는
점에서 차이가 있다. 즉, '지속노력형' 조선족 여성들에게 있어서
하나의 민족의 문화일 수 있다. 따라서 양 문화 적응유형처럼 과
거의 문화를 유지하고 새로운 문화를 선별적으로 받아들인다고 했
을 때 '지속노력형' 조선족 여성들은 과거의 한민족문화를 유지하
면서 새로운 한민족문화를 선별적으로 받아들인다고 이해해야 된
다. 그러나 조선족들에게 있어서 과거의 한민족문화도 단순히 한
국인들이 말하는 전통적인 단일민족문화가 아니고 중국의 문화의
영향을 받아 이미 새로 변형되면서 형성된 새로운 조선족 문화라
고 이해해야 된다는 점에서 양 문화 적응유형과 차이점을 보여주
고 있다. 즉, '지속노력형' 조선족 여성들은 조선족 문화, 중국 문
화와 새로운 한국 문화라는 세 문화의 상호작용 속에서 영향을 받

고 있다는 점에서 단순한 양 문화유형과는 다르다. 또한 '지속노력형' 조선족 여성들은 어떤 한 문화만 고집하는 것보다 세 문화 간의 관계를 지속적으로 비교하면서 자신들에게 맞는 문화를 유지하거나 개선하는 데에서 단순히 자신의 전통문화와 새로운 문화를 유지한다고 주장하는 양 문화 유형과는 차이를 보여주고 있다.

또한 Berry(1984)는 문화적응 유형을 민족정체성의 유지와 주류사회와의 상호작용에 관심을 두고 있는지 여부에 따라 동화, 분리, 통합 및 주변화 등 4가지 유형으로 분류하였다. 본 연구에서 '지속노력형' 조선족 여성들은 Berry가 구분한 통합유형과 유사점을 보이고 있다. 즉, 통합유형은 자신의 민족정체성을 유지하면서 주류사회와의 상호작용에 관심을 보이는 태도이다. 즉, '지속노력형' 조선족 여성들은 주류사회인 한국 사회와의 상호작용에 관심을 두고 있고 상호작용하기 위해 많은 노력을 하고 있다. 하지만 '지속노력형' 조선족 여성들은 자신은 중국 사람이기도 하고 한국 사람이기도 하면서도 어떤 민족에 완전히 소속되어 있는 것은 아니라는 것을 인식하고 있기 때문에 한국에서 민족의 정체성을 유지하기도 하지만 단순히 한국인이라는 민족정체성을 유지하려고 노력하는 것보다 자신의 개인정체성에 더 큰 관심을 두고 있다는 점에서 통합유형과 차이를 보이고 있다.

스트레스 대처에 관련해서 Lazarus와 Launier(1978)는 인지 - 현상학적 입장에서 상호거래적 대처모델을 제시하였다. 이 모델에서는 스트레스에 대한 대처행동을 한 개인과 환경과의 관계와 개인과 환경 사이에서 변화하는 과정이란 맥락에서 분석하고 있다. 즉, 한 개인이 어떤 상황에 놓였을 때 그것이 스트레스라는 평가를 하게 되면, 이는 대처 노력을 하게 하여 개인과 환경 그 자체를 바꾸게 하거나, 정서적 고통을 조정하여 삶과 환경의 관계에 변화를 가져오게 한다고 보았다(김정희, 1987).

본 연구에서 '지속노력형' 조선족 여성들은 한국 문화 적응에 있어서 자신과 한국 간의 관계는 떼어놓을 수 없는 관계라고 인지하고 한국 문화 적응에서 오는 스트레스를 겪을 수밖에 없는 과정이라고 보고 있다는 점에서 상호거래적 대처모델에서 주장하는 개인과 환경 간의 관계유형과 유사성을 띠고 있다. 또한 Frederic(1980)이 분류한 지각된 스트레스 원에 대해 직접적으로 취하는 행동유형은 본 연구에서 '지속노력형' 조선족 여성들이 경험한 스트레스를 적극적으로 대처한다는 점과 유사하다고 본다. 특히 '지속노력형' 조선족 여성들은 스트레스 대처유형에서 문제를 직접적으로 다루는 문제 지향적 대처행동유형에 더 근접하다고 볼 수 있다. 즉, '지속노력형' 조선족 여성들은 직면하고 있는 문제를 빨리 해결하려는 행동을 취하는 경향을 보인다.

특히 한국 사회는 가부장적 문화를 아직까지도 유지하고 있는 사회이다. 기존의 이주민들의 문화적응과 달리 독특한 문화적 특성을 가진 한국 사회에서 단순히 언어, 음식, 풍습, 인식, 성격 등의 차이로 인한 이주민들의 사회적응 어려움보다 가부장적 문화의 영향을 받아 이주여성들이 자신의 자유, 평등과 관련된 한 개인의 기본적인 권리를 보장하기 어렵다는 점에서 기존 문화적응 유형과 큰 차이를 보여주고 있다. 특히 남녀평등사상을 교육받아왔고 중국에서 남성과 똑같은 권리를 향유해온 중국 조선족 여성들에게 있어서 '같은 민족'이면서도 같은 문화를 공유하지 못하고, 같은 민족의 문화에 다시 적응해야 한다는 점에서 기존의 문화적응과 차이를 보이고 있다. 기존의 문화적응의 유형인 동화 혹은 통합처럼 이주민들이 최종 이주문화를 받아들이는 것과 달리 가부장적 문화에서는 이주여성들이 장기적으로 억압과 통제를 받으면서 강제로 이런 문화를 받아들여야 한다는 점에서 기존의 문화적응과 차이를 보여주고 있다.

본 연구의 연구 참여자 중 <사례 2>, <사례 11>, <사례 12>의 경우에는 결혼하기 전에 현재의 한국인 남편과 자유연애를 통해 좋은 관계를 유지해왔다. 이들 연구 참여자들은 또한 중국에 있는 한국 기업에서 일하거나 한국으로 유학 오게 되면서 한국 문화에 대한 이해를 어느 정도 가지고 있었다. 따라서 한국 문화에 대해 두려움과 거부감을 가지는 것보다 중국 문화, 중국의 조선족 문화와 한국 문화를 적극적으로 비교·분석하면서 새로운 한국 문화를 받아들이려고 노력하였다. 그리고 한·중 문화 간에 충돌이 생길 경우에 '지속노력형' 조선족 여성들은 두 문화 간의 충돌을 최소화하려고 노력하였고 비교를 통해 선별적으로 한국 문화 혹은 중국 문화의 일부분을 거절하기도 했다. 따라서 이 세 사례의 연구 참여자들은 한국 생활의 적용에서 당면하고 있는 문제를 적극적으로 해결하려고 노력하고 주변 사람들의 변화보다 자신의 변화가 중요하다고 생각한다. 뿐만 아니라 자신의 긍정적인 변화와 한국 사회의 빠른 적용에 최선을 다한다는 점에서 '지속노력형'에 가깝다고 볼 수 있다.

2) '불가피 순응형'

'불가피 순응형' 조선족 여성들은 한국 생활에서 다양한 스트레스를 받으면서도 스트레스 환경에서 벗어나지 못하거나 이런 환경을 변화시키지 못하는 사람들이다. 이런 유형을 가진 연구 참여자들은 스트레스를 해결하려고 하지만 방법을 잘 모르거나 대처방법을 사용하였지만 결과는 하나도 변하지 않아 같은 스트레스 상황에서 같은 스트레스를 지속적으로 받고 있는 사람들이다. 그래서 이런 유형의 연구 참여자들은 자신들이 환경을 바꿀 수 없는 이상 환경을 받아들일 수밖에 없다고 생각한다. 또 이 유형의 연구 참여자들은 한국 생활에서 경제적인 기대와 현실 간의 차이를 크게 느끼고 있을 뿐만 아니라 결혼하기 전에 한국 문화에 대한 이해가 없었기 때문에 문화적인 차이와 정체성의 확립에도 큰 혼란을 경험하게 되면서 적지 않은 스트레스를 받게 된다. 한국에 대한 무지와 환경을 변화시키는 데 있어서 자신의 무능력은 이 유형의 연구 참여자들로 하여금 스트레스에 대처하는 데 소극적이고 자기를 실현하려고 하는 욕구도 약한 편이다. 따라서 자신이 삶의 주체가 되어 살아가겠다는 욕구도 매우 약하다. 즉, 사회적 지지가 적은 '불가피 순응형' 조선족 여성들은 한국 생활에서 문화적인 차이, 한국에 대한 기대와 현실 간의 차이를 많이 느끼고 있지만 이런 차이를 줄이려고 크게 노력은 하지 않는다. 문제를 해결하려고 시도했지만 실패했거나 해결보다 자신이 무조건 한국의 결혼환경에 순응해야 한다고 생각하기 때문이다. 이런 유형의 연구 참여자들은 무엇이든 순응하면 된다고 생각하기 때문에 자기실현에 대한 욕구도 상대적으로 약하고 자신 혹은 타인의 인식을 변화시키는 데 약하다.

'불가피 순응형'의 조선족 여성들은 자신이 처해 있는 환경을 새롭게 변화하는 것은 불가능하다고 생각하거나 자신과 상관없는 일이라고 생각하고 있기 때문에 어떤 환경이든 무조건 받아들여야 한다고 생각한다. 따라서 '불가피 순응형'의 조선족 여성들은 스트레스를 경험하면서도 적극적으로 대처하려고 하지 않고 오히려 회피하는 방법을 많이 사용하고 있다. 이것은 또한 Lazarus(1986)의 경험적 연구의 결과에서 새로운 환경에 대한 적응에서 받은 스트레스의 대처에 있어서 부정적인 정서상태를 가져오는 대처방법으로는 회피였다는 점에서 공통점을 가지고 있다. 뿐만 아니라 '불가피 순응형' 유형의 조선족 여성들은 Frederic(1980)의 대처행동 유형에서 스트레스 원을 변화시키려고 노력하지 않고 그대로 받아들이는 행동유형과 유사점을 가지고 있다고 본다.

Berry와 Kim(1988)은 개인의 특성, 사회의 조건, 관계 안에서 한 개인의 문화적응 스트레스는 약화될 수 있다고 밝혔고, Karmela(1996)는 성이나 연령, 직업, 교육 정도, 결혼상태, 이주과정에서의 경험, 거주기간, 이주 후의 요인들, 문화적응의 유형이나 이주자들을 받아들이는 사회의 이들을 수용하는 태도와 특성, 이주자들이 가지고 있는 태도나 대처 능력 등에 영향을 받는다고 밝혔다. 본 연구의 '불가피 순응형' 조선족 여성들의 스트레스 대처유형은 전통적인 스트레스 모델에서 스트레스와 그 결과물로서의 적응을 개인적인 차원에서 다룬다는 점(장춘미, 2001), 즉 한 특성을 가진 개인은 모든 상황에서 일관된 태도나 행동을 보인다는 관점과 유사점을 보이고 있다.

본 연구에서 '불가피 순응형'은 <사례 5>, <사례 6>, <사례 9>, <사례 13>이 있다. 이 중 <사례 5>와 <사례 6>의 연구 참여자들은 한국인 남편과 시댁식구들과의 관계에서 받은 스트레스를 해결하기 위해 '싸움', '가출', '회피', '대화' 등 다양한 방식을 사용하였지만 실패한 경험이 있는 사례들이다. 이 사례의 연구 참여자들은 같은 스트레스를 계속 받으면서 이를 해결할 수 있는 새로운 방법을 찾지 못하고 스트레스 환경을 변화시키지 못하고 있다. 따라서 연구 참여자들은 더 이상 자신들의 능력으로는 이런 스트레스 환경을 변화시킬 수 없다고 생각하고 환경에 순응하려고 한다. <사례 9>와 <사례 13>의 연구 참여자들은 나이, 권위 등 때문에 한국 남편에 의지할 수밖에 없는 상황에 있는 사람들이다. 따라서 문화적인 차이, 한국에 대한 경제적 기대와 현실 간의 차이와 부부간의 성격차이, 고부갈등 등 다양한 원인으로 인해 스트레스를 받고 있으면서도 해결하려고 노력하지 않는다. 국제결혼을 선택하였고 자신이 '힘없는' 이상 반항 혹은 해결하려고 하는 시도는 오히려 문제를 더 일으킬 수 있다고 생각한다. 따라서 '참고 사는 것'이 최선의 해결책이라는 소극적인 대처방법을 보이고 있다.

3) '긍정적 인내형'

'긍정적 인내형' 조선족 여성들도 결혼생활에 대한 기대와 결혼생활 자체와는 상충되어 있다는 점에서는 '불가피 순응형'과 공통점을 보여주고 있지만 과도한 사회적 지지를 받은 데에서 오는 스트레스를 경험하게 된다는 점에서 차이를 보여주고 있다. 과도한 지지를 받고 있기 때문에 이 유형의 연구 참여자들은 문화적인 차이, 정체성 혼란과 경제적 기대와 현실 간의 차이를 적게 느낀다. 즉, 이 유형은 가족 혹은 주변 환경으로부터 과도한 지지를 받고 있다는 점이 특징이다. 따라서 자신이 원하지 않는 일을 주변 사람들의 강요와 지지에 따라 행동할 수밖에 없다는 데에서 오는 스트레스도 크다. 이 유형의 연구 참여자들은 자신에 대한 타인의 강요, 간섭과 지지는 자신에게 해가 되는 것은 아니기 때문에 거절할 수 없다고 생각하여 무조건 받아들이려는 경향이 있다. 자신의 미래는 타인이 계획하고 있다고 생각하기 때문에 이 유형의 연구 참여자들은 자기실현 욕구가 약하고 자신과 결혼에 대한 인식을 변화시키려고 하지 않는다. 따라서 자신이 삶의 주인이 되고자 하는 욕구도 상대적으로 약한 편이다.

'긍정적 인내형' 조선족 여성들의 스트레스 대처유형은 기존의 스트레스 모델에서 다루어지지 않았다는 점에서 차이점을 보이고 있다. 스트레스 대처에 있어서 많은 학자들은 사회적 지지가 스트레스를 해결하는 데 큰 영향을 미치고 있다고 주장해왔다. 예를 들면, Vaux(1988)는 사회적인 지지가 개인의 심리적 적응을 돕고 좌절을 극복하게 하며 문제해결의 능력을 강화하는 기능이 있다고 한다. Naidoo(1985)는 지지적인 남편이 있는 여성은 문화적응에 적은 스트레스를 느끼고 있다고 보고했다. 그러나 본 연구에서는 지나친 사회적 지지를 받은 연구 참여자들도 적지 않게 스트레스를 받게 된다는 사실을 발견하게 되었다. 이런 과도한 사회적 지지로 인한 스트레스 증가는 기존의 연구에서 다루어지지 못했다는 점에서 본 연구의 독특성과 의의를 보여주고 있다고 생각한다.

<사례 3>과 <사례 8>의 경우에는 과도한 사회적 지지로 인해 스트레스를 받고 있는 사례들이다. <사례 3>의 남편은 구청, 동사무소에 있는 직원들에게 조선족 아내가 영어를 배울 수 있도록 해달라고 부탁을 했을 뿐만 아니라 한국 음식을 빨리 배우도록 학원에 조선족 아내 대신 등록을 해준다든가 요리 관련 책을 사오는 등 행동을 취했다. 또한 조선족 아내의 외로움을 해결하기 위해 동네 아줌마들과의 좋은 관계를 형성하도록 아내를 설득하였고

또 아내의 친구에게 아내와 함께 여가시간을 보내달라고 부탁까지 한다. <사례 8>의 연구 참여자는 자신의 의지보다 남편과 시댁 식구들의 생각과 생활방식에 따라 많이 행동하는 편이다. 언어, 음식 등 문화적인 차이 때문에 스트레스를 받을 거라고 생각한 남편은 아내에게 언어를 배우도록 학원에 등록을 한다든가 한국 음식을 빨리 배우도록 각종 정보를 일방적으로 제공하기도 한다. 또한 연구 참여자가 주변 사람들과의 교류에서 문화적인 차이로 인해 스트레스를 받을 거라고 생각하였을 때에는 연구 참여자와 함께 동행하여 아내보다 자신의 주장을 세우는 등의 행동을 보여주기도 했다. 따라서 과도한 지지로 인해 연구 참여자는 자신은 항상 '보호를 받아야 하는 사람'인 것 같은 느낌이 든다면서 자신을 아이 취급하는 남편의 행동에 적지 않은 스트레스를 받고 있다고 말했다.

과도한 사회적 지지로 인해 스트레스를 받고 있는 '긍정적 인내형' 조선족 여성인 경우에는 사회적 지지로 인해 문화적 차이, 정체성 혼란과 경제적인 기대와 현실 간의 차이를 덜 경험하게 되지만 과도한 지지로 인해 적지 않은 스트레스를 받게 된다. 그러나 이 유형은 자신에 대한 주변 사람들의 지나친 지지는 자신의 타고난 '복'이라고 생각하고 있고 적극적으로 스트레스를 해결하려고 노력하지 않는다. 따라서 이 유형의 연구 참여자들도 자기실현 욕구와 자신과 결혼에 대한 인식의 변화를 시도하지 않으려고 하는 편이다.

'긍정적 인내형' 조선족 여성들은 기존의 문화적응 관련 연구 혹은 이론에서 거의 언급되어 있지 않는 유형이라 본 연구에서는 독특한 의미를 가지고 있다고 생각된다. 즉, 새로운 문화적응과 스트레스 대처에 관한 기존연구에서 사회적 지지를 매우 중요한 요소로 규정하고 사회적 지지에 대한 추구를 강조해왔지만 본 연구를 통해 과도한 사회적 지지는 새로운 문화적응 스트레스를 초래한다는 점에서 매우 유의미하다고 생각된다.

4) '변화시도형'

본 연구에서 '변화시도형' 조선족 여성들은 한국에서 보다 더 나은 삶을 위해 부단히 노력하고 있다는 점에서 '지속노력형'과 비슷하다. '변화시도형' 조선족 여성들은 한국 생활을 새로운 도전이라고 생각하고 자신이 새로운 환경에 적응할 뿐만 아니라 환경을 자신의 삶에 맞게 변화시키려고 노력한다. 따라서 이 유형은 자신감이 크고 성공을 위해서는 자신의 노력이 무엇보다 중요하다고 생각한다.

'변화시도형' 조선족 여성들은 국제결혼을 새로운 삶의 도전이라고 생각하고 있기 때문에 국제결혼에 대해 상대적으로 긍정적인 태도를 가진다. 즉, 결혼생활에 대한 생각과 실제 결혼생활의 모습이 일치한다. 또한 '변화시도형' 조선족 여성들은 보다 나은 삶의 기본적인 조건은 경제적인 풍요로움에 있다고 생각하고 있기 때문에 한국의 경제에 대한 기대도 큰 편이다. 따라서 한국에서 생활하면서 경제적인 기대와 현실 간의 차이가 크다는 것을 느끼게 된다. '변화시도형' 조선족 여성들은 한국인과의 결혼과 한국 문화 적응을 하나의 도전이라고 생각하고 도전을 위한 노력을 하고 있기 때문에 문화적 차이와 정체성 혼란은 크게 느끼지 않는 편이다. 즉, '변화시도형' 조선족 여성들은 정체성 혼란보다 미리 정체성을 확립하는 경향이 있다. '변화시도형' 조선족 여성들은 자신과 새로운 환경의 변화에 도전하고 있기 때문에 자기실현에 대한 욕구와 자신과 결혼에 대한 인식의 변화가 강한 것으로 보인다. 전통저이거나 새로운 문화, 제도, 관습 등에 대한 도전이기도 하기 때문에 새로운 변화에 큰 거부감을 가지고 있는 한국 사회에서 지지를 받는다는 것은 쉽지 않다. 따라서 사회적 지지가 적고 아무도 예측할 수 없는 새로운 환경에 대한 도전에서 경제적인 기대와 현실 간의 차이가 너무 컸거나 자신과 주변 환경의 변화가 잘 이루어지지 않을 때 '변화시도형' 조선족 여성들은 많은 스트레스를 경험하게 된다. 그러나 '변화시도형' 조선족 여성들은 쉽게 낙심하거나 포기하지 않고 스트레스를 해결하려는 강한 의지를 보이고 스트레스를 적극적으로 해결한다.

본 연구에서 <사례 1>, <사례 4>, <사례 14>, <사례 15>, <사례 17>의 연구 참여자들은 '변화시도형'을 가진 연구 참여자들이다. '변화시도형' 조선족 여성들은 Berry(1984)의 문화적응 유형 중 통합형과 유사하다. 즉, 통합형은 자신의 민족정체성을 유지하면서 주류사회의 상호작용에 관심을 보이는 태도이다. '변화시도형'의 조선족 여성들은 자신의 민족정체성과 개인정체성을 유지하면서도 주류사회인 한국 사회와의 상호작용을 한다. '변화시도형' 조선족 여성들은 자신을 환경에 맞게 적응할 뿐만 아니라 자신의 삶에 맞게 환경을 변화시키기도 한다는 점에서 통합형 문화적응 유형과 유사하면서도 차이점을 보이고 있다. 변화하려고 하는 데 목적을 두고 있기 때문에 '변화시도형' 조선족 여성들은 '지속노력형' 조선족 여성들보다 훨씬 많은 어려움을 경험하면서도 훨씬 적은 사회적인 지지를 받게 된다.

또한 본 연구에서 '변화시도형' 조선족 여성들은 Lazarus와 Launier (1978)의 상호거래적 대처모델에서 유사점을 찾을 수 있다. 즉, Lazarus와 Launier의 상호거래적 대처모델에서는 인지－현상학적 입장에서 개인과 환경 간이 끊임없이 변화하는 역동적 과정을 양 방적이라고 보면서 이 과정은 개인의 상황에 대한 인지적 평가에 의해 매개된다고 주장하였다. 인지적 평가란 스트레스 상황에 대 한 개인의 지각과 그 상황에 대한 자신의 능력에 대한 평가과정으 로 일차적 평가와 이차적 평가로 나누어진다. 일차적 평가는 상황 의 스트레스성 여부에 대한 판단이고 이차적 평가는 스트레스 상 황에서 개인이 할 수 있는 것에 대한 평가이다. 즉, 일차적 평가 에서는 어떤 상황이 자신에게 긍정적인지, 부적절한지 혹은 자신 에게 스트레스적인지를 판단하는 과정이라면 이차적 평가에서는 자신이 가지고 있는 자원과 선택 안을 평가하고 구분하는 것이다. 본 연구에서 '변화시도형' 조선족 여성들은 자신이 가지고 있는 스트레스를 일차적 평가와 이차적 평가가 모두 포함된 인지적인 평가를 통해 스트레스를 해결하려는 노력을 하고 개인과 환경의 변화를 위해 과감하게 어떤 한 문화 혹은 두 문화에 대한 비판을 한다는 점에서 상호거래적 대처모델과 유사점을 찾아볼 수 있다. 또한 '변화시도형' 조선족 여성들은 Frederic(1980)의 지각된 스트 레스 원에 대해 직접적으로 취하는 행동유형과 유사점을 가지고 있다. 그러나 '변화시도형' 조선족 여성들은 전통적인 문화와 제도 에 대한 도전으로 받아들이면서 적지 않은 비판을 받게 된다고 생 각한다.

본 연구에서 '변화시도형' 조선족 여성들은 중심현상의 세 과정 인 스트레스 경험, 대처 및 해결과 미래 계획 단계를 최소 한 번씩은 경험한 사람들이다. ‘변화시도형’ 조선족 여성들은 자신들이 받은 스트레스를 해결하기 위해 노력한다. 또한 한국 문화 적응에 있어서 새로운 한국 문화를 배우고 습득하려고 노력할 뿐만 아니라 자신들이 가지고 있는 중국 문화와 조선족 문화도 최대한으로 유지하려고 노력한다. 한·중 양 문화 간 충돌이 생길 경우 ‘변화시도형’ 조선족 여성들은 심지어 중국 문화의 우수성을 내세우면서 한국 문화를 비판하기도 한다. 즉, ‘변화시도형’ 조선족 여성들은 Lazarus(1986)의 경험적 연구의 결과에서 밝혔던 새로운 환경의 적응에서 받은 스트레스를 해결하기 위해 대결적인 대처방법을 사용하기도 한다. 따라서 이 유형의 연구 참여자들은 주변 한국 사람들로부터 ‘기 센 여성’, ‘완전한 중국 여성’이라는 낙인을 받게 된다. 이런 ‘기 센’ 연구 참여자들은 가부장적인 한국 문화 속에서 가족을 위해 희생하고 남편에게 순종하면서 사는 한국 여성들로부터 불가피하게 냉대를 받게 되고 한국 남성으로부터 거부와 비판을 받게 된다. 따라서 ‘변화시도형’ 조선족 여성들은 상대적으로 사회적인 지지를 적게 가질 수밖에 없게 된다. 그러나 자신과 환경의 변화가 중요하다고 생각한 ‘변화시도형’ 유형의 조선족 여성들은 변화에 주목적을 두고 있기 때문에 자신의 노력과 강한 자기욕구의 실현을 통해 최종 주변 환경의 변화를 가져온다.

5) ‘유동형’

본 연구에서 ‘유동형’ 조선족 여성들은 결혼생활에 대한 생각과 한국에서의 결혼생활 자체가 상충되기 때문에 결혼생활 자체보다 자신의 욕구충족에 더 큰 목적을 두고 있다. ‘유동형’ 조선족 여성들은 국적취득을 결혼의 주목적으로 한국인과의 결혼을 선택하였기 때문에 자신의 목적이 달성되었을 경우에 결혼에 대해 다시 생각해볼 가능성이 있다고 말했다. 따라서 이런 ‘유동형’ 조선족 여성들은 정체성 혼란과 경제적 기대와 현실 간의 차이를 덜 가지게 되지만 한국 문화에 대한 이해가 적기 때문에 문화식인 차이를 크게 느끼는 편이다.

‘유동형’ 조선족 여성들은 결혼생활을 탐색하면서 산다. 즉, 결혼생활로 인해 자신의 욕구가 실현되지 못하거나 개인의 이익이 손해 받아서는 안 된다고 생각하고 있기 때문에 ‘지켜봄’ 유형의 조선족 여성들은 자신의 욕구나 이익과 충돌되는 한국 문화 혹은 결혼생활에 대해서는 용납하지 못한다고 말한다. 따라서 ‘유동형’ 조선족 여성들은 자신의 욕구실현과 관련 없는 한국 생활 적응상의 스트레스에 대해 소극적으로 해결하려는 경향이 있다. 즉, ‘유동형’ 조선족 여성들은 스트레스에 대처하기 위해 신체적 자원(건강, 에너지, 사기 등), 환경적 자원(사회적 지지), 물리적 자원(돈, 도구, 장비 등)과 심리적 자원(자존심, 문제해결능력 등) 등을 인지하여 스트레스가 발생하거나 발생하기 전에 활용하기도 하지만 ‘지속노력형’ 조선족 여성 혹은 ‘변화시도형’ 조선족 여성보다 스트레스에 소극적으로 대처한다. 그러나 ‘유동형’ 조선족 여성들은 한국 문화를 탐색하거나 배우려고 하는 태도를 보이기 때문에 주변 환경으로부터 많은 지지를 받고 있는 편이다. 따라서 ‘유동형’ 조선족 여성들로부터 자신의 적응에 필요한 정보를 쉽게 획득할 수 있다.

또한 ‘유동형’ 조선족 여성들은 도전 혹은 변화보다 탐색에만 관심을 두고 있기 때문에 자신과 결혼에 대한 인식의 변화에는 상대적으로 약한 편이다. 주변 환경을 탐색하면서 자신의 행동방식을 결정하거나 감정적, 충동적으로 일을 대처하는 가능성이 크기 때문에 미래에 대한 구체적인 확신을 가지고 있지 않다. 미래에 대한 꿈과 목표도 긍정적으로 보는 것보다 탐색하면서 결정하려고 하거나 자신의 이익에 맞추려고 하는 경향이 있다.

이러한 '유동형'은 기존의 Lin(1982), Khoa & VanDeusen(1981)와 Berry(1984)의 유형에서는 나타나지 않고 있다. 본 연구에서 <사례 10>과 <사례 16>의 연구 참여자들은 '유동형'의 특징을 가진 연구 참여자들이다. 새로운 환경에 접촉하게 되면서 두 사례의 연구 참여자들은 모두 자신의 이익과 욕구가 주변 환경과 충돌되어 있는지 여부를 탐색하였다. 두 사례의 연구 참여자들은 모두 결혼생활 자체보다 자신의 이익이 한국 사회에서 최대한으로 보장받을 수 있는 데 두고 있다. 뿐만 아니라 자신들의 한국인과의 결혼선택은 한국 국적 취득에 주요 목표를 두고 있다고 생각한다. 국적취득 후 결혼생활에 대해 불만족하거나 결혼생활이 자신의 이익과 큰 충돌이 생길 경우에는 현재의 한국인 남편과 이혼할 가능성도 크다고 말한다. 따라서 '유동형' 조선족 여성들은 무엇이든 탐색을 하려고 하고 자신을 최대한으로 보호하면서 한국 문화와 결혼생활에 적응한다.

그러나 한편 '유동형' 조선족 여성들은 무엇보다 자신의 이익에 큰 관심을 두고 있기 때문에 자신이 어떤 스트레스를 받을 것이라는 것에 대해 미리 예측하고 이에 대한 대처를 미리 내세우기도 한다는 점에서 Pearlin et al.(1978)이 분류한 긴장경험의 발생 시 그로 인한 스트레스가 생기기 이전에 미리 그 긴장경험의 의미를 통제하는 의미통제적 행동유형과 유사점을 가진다. '유동형' 조선족 여성들은 합리화시키거나 도피하는 행동을 취한다는 점에서 또한 Frederic(1980)이 분류한 스트레스 대처행동유형과 유사점을 가지기도 한다. 즉, '유동형' 조선족 여성들은 결혼생활에 있어서 자신에게 손해가 된다고 생각하는 상황에 대해 회피하는 행동을 취하거나 이런 상황을 최소화하기 위해 스트레스 상황을 합리화하려는 경향을 보이기도 한다. 따라서 '유동형' 조선족 여성들은 긴장상태를 통제하는 능력이 매우 강하고 다양한 상황에 맞게 다양한 행동을 취한다는 점에서도 다른 유형의 연구 참여자들보다 뛰어나다고 볼 수 있다.

특히 여성들의 권리가 사회적으로 보장받지 못하고 남녀 불평등한 한국 사회에서 본 연구에서 발견한 '유동형' 조선족 여성들은 스트레스를 덜 받으면서 한국 사회에 빨리 적응하게 되고 자신의 욕구를 최대한으로 충족시킬 수 있다. 따라서 똑같은 스트레스 상황에서 '유동형' 조선족 여성들은 '지속노력형' 조선족 여성, '참고 살아감'과 '변화시도형' 조선족 여성보다 더 빨리 안정을 취하고 새로운 대처전략을 세우기도 한다. '유동형' 조선족 여성들은 다른 유형의 연구 참여자들보다 변화가 많고 다양한 환경에서의 적응에 제일 빨리 평형상태를 가질 수 있겠지만 장기적인 평형상태의 유지는 어렵고, 개인과 환경 간의 관계에서 쌍방의 변화보다 환경변화에 맞춰 개인이 수동적으로 변화하게 된다는 점에서 개선과 발전의 필요가 있다고 생각된다.

기존의 연구에서 이주민들의 문화적응 유형을 새로운 문화와 자신의 민족정체성을 어느 정도 수용하고 유지하는지에 따라 크게 분리, 동화, 통합, 주변화(Khoa와 Van Deusen, 1981; Lin 등, 1982; Berry, 1984)[16]의 네 가지 유형으로 구분되어 있다고 했을 때 본 연구에서 분류된 네 가지 유형은 새로운 한국 문화와 민족정체성을 수용하고 유지하고 있는지 여부뿐만 아니라 개인의 자아정체성이 어느 정도의 혼란을 경험하고 있는지 심지어 국가관의 확립 여부 등의 요소들이 한국 생활 적응에 적지 않은 영향을 미치기 때문에 문화적응 유형은 기존연구의 유형과 차이점을 보이고 있다.

뿐만 아니라 독특한 가부장적 문화를 유지하고 있는 한국 생활 적응과정에서 연구 참여자들은 '같은 민족'이지만 같은 민족문화 에 대한 이해, 수용이 다르면서 완전한 중국 문화, 한국 문화도 아닌 조선족 문화를 고집하면서 스트레스를 대처하는 과정은 또한 기존의 이주민들의 문화적응 스트레스 대처유형과 큰 차이점을 보 이고 있다. 특히 모든 연구 참여자들이 최종 '삶의 주인이 되고자' 하는 욕구를 가지고 있다는 것은 단순히 기존의 문화적응 관련 이 론에서 적응은 최종 통합 혹은 동화를 기준으로 판단하는 것과 다 른 의미를 가지고 있다.

한국인과의 결혼을 선택한 조선족 여성들은 단순히 문화적인 충격, 문화적인 차이 때문에 한국 생활에서 적응상의 어려움을 가 지고 있는 것은 아니다. 본 연구에서 특히 조선족 여성들의 결혼 생활에 초점을 맞추어 분석을 해본 결과 조선족 여성들은 타인으 로부터 무시당하고, 차별과 편견을 받게 되고, 불공평한 대우를 받고 있다는 점에서 한 인간으로서 기본적인 권리가 타인으로부터 침해당하고 있다고 느끼며 따라서 적응상의 어려움을 가지게 된 다. 특히 조선족 여성들의 한국인과의 결혼에 대한 주변 사람들의

---

16 Khoa와 Van Deusen의 구세대유형과 Lin의 전통주의형은 Berry의 분리형과 내용상 유사하고, Khoa와 Van Deusen의 동화유형과 Lin의 과동화형은 Berry의 동화형과 유사하고, Khoa와 Van Deusen의 양 문화유형과 Lin의 이중문화형은 Berry의 통합형과 유사하고, Lin의 주변적 일탈형은 Berry의 주변화 유형과 유사하다.

부정적인 인식, 시댁식구들이 자신을 받아들이는 태도, 자신의 외로움을 해결할 수 있는 자원의 부재 등은 조선족 여성들로 하여금 결혼생활에 대한 희망을 잃게 하는 요인으로 작용하고 있다.

또한 조선족 여성들은 정체성의 혼란에서도 민족정체성보다 자아정체성의 혼란을 더 많이 겪게 되면서 국가관에노 넝핳을 미치게 된다. 즉, 조선족 여성들은 한국에서 정체성의 혼란을 경험하게 되면서 원래 '양부모'라고 생각했었던 중국을 더 이상 '양부모'가 아닌 '친부모'라고 생각을 바꾸면서 자신이 누구인지에 대한 자아정체성의 혼란을 가지게 된다. 따라서 한국인 남성과 결혼한 조선족들의 한국 문화 적응은 일반 이주민들의 새로운 문화의 적응보다 훨씬 복잡한 적응과정을 겪기 때문에 이들에 대한 적응 유형은 새로 구분하여 분류할 필요가 있다고 생각한다.

위에서 살펴본 다섯 가지 적응 유형을 표로 정리하면 아래의 <표 5-1>과 같다.

〈표 5-1〉 기존연구와의 적응유형 비교분석

유형	문화적응	스트레스 대처	사례	기타
지속 노력형	1. Khoa와 Van Deusen(1981)의 양 문화적응 유형과 유사하나 중국 문화와 한국 문화뿐만 아니라 조선족 문화노 포함된 세 문화 간의 비교를 통해 자신에게 맞는 문화를 유지하는 데에서 기존연구와 차이를 두고 있음 2. Berry(1984)의 통합유형과 유상함. 즉 주류사회와의 상호작용에 관심을 두고 있음. 그러나 민족의 정체성보다 자아정체성에 더 큰 관심을 둔다는 것에 차이를 두고 있음	1. Lazarus와 Launier(1978)의 상호거래적 대처모델에서 주장하는 개인과 환경 간의 관계유형과 유사함 2. Frederic(1980)의 적극적인 스트레스 대처유형과 유사함 3. 문제 지향적 대처행동유형에 더 근접함	사례 2 사례 11 사례 12	가부장적 한국 문화 속에서 한국인과의 결혼을 선택한 조선족 여성들이 '같은 민족의 문화를 다시 적응한다는 점에서 독특성을 가지고 있음
불가피 순응형	기존연구에서 찾아보기 어려움	1. Lazarus(1986)의 회피와 같은 스트레스 대처방법과 같음 2. Frederic(1980)의 스트레스 원을 변화시키지 않고 그대로 받아들이는 행동유형과 유사함 3. Karmela(1996)의 스트레스 대처 능력에 개인의 특성 관련 요소의 영향을 받는다는 점에서 유사함	사례 5 사례 6 사례 9 사례 13	
긍정적 인내형	기존연구에서 찾아보기 어려움	기존 스트레스 대처모델에서 다루지 못하고 있음	사례 3 사례 8	
변화 시도형	1. Berry(1984)의 통합형과 유사함. 즉 민족정체성을 유지하면서 주류사회의 상호작용에 관심을 보임. 하지만 상호작용을 통해 자신의 삶에 맞게 환경을 변화시킨다는 점에서 차이점을 보임	1. Lazarus와 Launier(1978)의 인지 – 현상학적 입장에서 개인과 환경 간의 끊임없이 변화하는 역동적 과정이 양방적이라는 점과 유사함 2. Frederic(1980)의 지각된 스트레스 원에 대해 직접적으로 취하는 행동유형과 유사함 3. Lazarus(1986)의 스트레스를 대결적인 방법을 사용한다는 점에서 유사성을 가짐	사례 1 사례 4 사례 14 사례 15 사례 17	
유동형	기존연구에서 찾아보기 어려움	1. Pearlin(1978) 등의 의미 통제적 행동유형과 유사함 2. Frederic(1980)의 스트레스 대처 행동유형과 유사함. 즉 회피하거나 스트레스 상황을 합리화하는 경향을 가짐	사례 10 사례 16	

 한민족문화인가, 다문화인가? – 한·중 국제결혼을 통해 본 한국의 다문화가정

제3절 연구의 함의, 적용 및 제언

본 연구에서는 한국인 남성과 결혼한 조선족들의 한국 생활 적응에 대해서 살펴보았다. 본 연구를 통해 이론적인 측면과 사회복지 분야에서의 실천적인 함의를 다음과 같이 하고자 한다.

1. 이론적 함의

본 연구에서는 한국인 남성과 결혼한 조선족 여성들이 한국 생활 적응에서 다양한 한국 사람들과의 관계를 형성하면서 스트레스를 경험하고 또 스트레스를 해결하면서 최종 삶의 주인이 되어서 살아가는 과정으로 파악되었다.

우선 본 연구에서 한국인과의 결혼을 선택한 조선족 여성들의 한국 생활 적응의 중심현상은 '스트레스 경험'으로 나타났다. 기존의 스트레스 이론에서 사회적 지지는 개인의 자존감을 증진시키는 동시에 스트레스에 대한 통제감을 높여주고, 스트레스에 대한 이해를 증진시켜 보다 효과적으로 스트레스에 대처하도록 도와주는 등 스트레스 완충효과를 지니고 있다고 밝혔다. 기존연구에서도 사회적 지지와 스트레스 대처 간의 관계에서 스트레스 대처에 있어서 사회적 지지의 긍정적인 영향을 많이 강조해왔다. 하지만 본 연구에서 특히 '긍정적 인내형' 조선족 여성들은 과도한 사회적 지지로 인해 한국 생활 적응에서 적지 않는 스트레스를 받고 있는 유형으로 발견되었다. 이런 유형은 또한 기존이론에서 언급되지 못했다는 점에서 본 연구의 의의를 찾을 수 있다.

그러나 조선족 여성들이 스트레스에 대처하는 방식에 있어서는 기존의 스트레스 대처모델에서 언급한 것과 유사성을 보여주고 있다. 특히 '참고 살아감' 유형의 조선족 여성들은 도피, 수용 혹은 합리화시키는 등 스트레스 대처방법을 사용하고 있었다. 또한 '유동형' 조선족 여성인 경우 스트레스가 발생하기 전에 미리 통제하거나 '지속노력형' 조선족 여성들은 개인과 환경 간의 상호작용관계를 강조하고 문제를 해결하기 위한 노력을 한다는 점에서 기존 스트레스 대처행동과 유사점을 가지고 있다. 따라서 본 연구를 통해 스트레스 발생원인 및 대처의 다양한 유형에 대한 검토 및 연구가 필요하다고 생각한다.

둘째, 조선족 여성들의 한국 생활 적응에 부정적인 영향을 미치고 있는 한국의 가부장적 문화에 대한 반성이다. 본 연구에서 조선족 여성들은 한국 생활을 하면서 불가피하게 한국인과의 관계를 맺게 된다. 시부모, 남편, 동서, 자녀 그리고 주변 한국인과의 관계를 맺으면서 조선족 여성들이 경험하고 있는 스트레스는 단순히 음식, 언어, 풍습 등 문화적인 차이뿐만 아니라 가부장적 문화와

제도에 따라 인간관계가 맺어지고 있다는 것을 알 수 있다. 이것
은 개인과 환경 간의 상호작용에서 이루어지는 관계가 아니라 일
방적인 강압과 의도에 따라 상대방이 순응할 수밖에 없다는 점에
서 한국의 가부장적 문화에 대한 비판과 반성이 필요하다고 생각
한다. 본 연구에서 한국의 전통적인 가부장적 문화에 노선하여 새
로운 삶을 추구하는 일부 조선족 여성들을 볼 수 있다. 한국에서
국제결혼 사례가 매년 증가하게 되고 다양한 국적을 가진 외국인
여성들이 한국에 입국하게 되면서 기존의 가부장적 문화는 다양한
외국문화와 갈등관계를 형성하게 되면서 어느 정도 변화를 가져오
고 있다. 예를 들면, 본 연구에서 결혼 초기 조선족 며느리를 인
정하지 않았던 시어머니는 후에 며느리에게 미안하다는 말을 했다
든가, 가족의 중요한 일에 대해 며느리의 의견을 물어본다든가,
남편은 조선족 아내에게 경제권을 맡기거나 가사 일을 도와주는 등
은 모두 기존의 가부장적 문화가 변화하고 있다는 것을 보여준다.

따라서 국제결혼을 통해 변화하고 있는 가부장적 문화에 대한
더 깊은 연구와 탐색을 위해서 무엇보다 새로운 국제결혼 가족의
문화를 이해하고 결혼가족 유형별 가부장적 문화의 영향을 살펴보
는 것이 중요하다. 이를 위해 기존의 가부장적 문화와 현대의 가
부장적 문화와의 지속적인 비교가 이루어져야 하고 특히 일반 한
국인 가정의 가부장적 문화와 국제결혼 가정의 가부장적 문화 간
의 비교를 통해 새로운 가부장적 문화의 특성을 찾아내고 새로운
이론을 형성하는 것이 중요하다.

셋째, 기존의 문화적응에서 주로 이주민들의 적응을 민족정체성
을 유지하는 정도에 따라 최종 이주민들의 이주문화에 동화하거나
통합하는 정도를 강조하였다면 본 연구에서는 한국인과의 결혼을

선택한 조선족 여성인 경우에는 민족정체성보다 개인의 자아정체
성을 유지하는 데 더 큰 관심을 가지고 있다는 점에서 어떤 새로
운 문화적응에 있어서 개인의 적응과 관련된 다양한 요소들을 파
악할 필요가 있디고 생각한다.

　본 연구에서 새로운 조선족의 문화를 형성하고 유지해온 조선
족 여성들은 한국에서 중국 문화, 한국 문화와 조선족 문화 간의
갈등을 경험하면서 자아정체성 심지어 국가관의 혼란을 경험하게
된다. 기존의 이주민의 문화적응에 관한 연구에서는 주로 이주민
들이 새로운 문화에서 특히 음식, 언어, 민족문화 등을 적용하면
서 자신이 가지고 있는 문화와 새로운 문화를 비교, 선택하면서
최종 새로운 문화에 동화하거나 분리 혹은 통합하면서 살아나가는
과정이라고 보았다. 그러나 본 연구에서는 단순히 음식, 언어, 의
사소통과 같은 고유문화의 적응에서 오는 갈등을 경험하는 것보다
'같은 민족'이라고 큰 기대를 가졌지만 '같은 민족'은 아니라는 데
에서 오는 정신적·심리적인 갈등을 경험하는 것과 민족정체성보
다 자아정체성의 혼란을 경험하면서 자아정체성의 확립 등을 추구
한다는 것을 발견하였다는 점에서 본 연구의 의의를 찾을 수 있
다. 이것은 한국인 남성과 결혼한 조선족 여성들에게만 나타나는
독특한 문화적응 현상이라고 생각하고 조선족 여성들의 문화적응
경험을 이론화하였다는 점에서 의의가 있다고 하겠다.

　그리고 마지막으로 본 연구에서는 근거이론 방법을 활용하여 국
제결혼을 선택한 조선족 여성들의 한국 생활 적응유형을 살펴보았
다. 이 방법은 한국인 남성과 결혼한 조선족 여성에 대해 기존연
구에서 거의 쓰이지 않았던 연구방법이다. 이는 기존의 연구에서
는 주로 계량적인 방법을 사용하여 조선족 여성들의 생활실태와

문화적응 어려움과 장애요인의 파악에만 한국인과의 결혼을 한 조선족 여성들의 한국 생활 전 적응과정을 살펴볼 수 있었기 때문에 조선족 여성들의 한국 생활 적응의 각 단계에서 나타나는 현상과 문제점에 대해 각 적응유형별로 사회복지 영역에서 사회복지 서비스를 적절하게 효과적으로 개입할 수 있다는 점에서 큰 의의를 가지고 있다. 뿐만 아니라 질적 연구방법을 통해서 새로운 문화의 적응을 연구자의 기준 혹은 기존의 척도를 통해 평가하는 것보다 한국인과의 결혼을 선택한 조선족 여성들의 입장에서 주관적인 의미를 파악하였다는 점에서 의미를 가지고 있다고 생각한다. 그러나 본 연구에서 연구 참여자들과의 인터뷰를 통해 나타난 개념들을 모두 발견하거나 적응에서 나타나고 있는 중요현상을 모두 보여주지 못했다는 점에서 이 연구방법의 한계점을 가지고 있다.

따라서 이후의 연구에서는 한국인 남성과 결혼한 조선족 여성들의 적응의 의미를 잘 파악하여 각 적응유형에 따라 자조집단을 비롯한 가족, 지역 및 정부에서의 사회복지 서비스 개입의 효과성이 어떻게 달라지는지, 맥락적 조건, 중재적 조건 및 작용/상호작용 전략 등과 한국 생활 적응과의 관계에서 영향을 미칠 수 있는 요인들은 어떻게 영향을 주고 있는지 등과 같이 보다 구체적인 양상을 더 깊게 연구하여 국제결혼 여성에 대한 구체적인 사회복지 서비스를 제공하고 서비스의 효과성을 평가할 수 있도록 노력해야 한다.

2. 실천적 적용

본 연구에서는 한국인과의 결혼을 선택한 조선족 여성들의 한국 생활 적응 및 적응유형에 대해서 살펴보았다. 조선족 여성들의 적응은 '삶의 주인이 되고자 함'으로 발견되었고 적응유형은 '지속노력형', '불가피 순응형', '긍정적 인내형', '변화시도형', '유동형' 등 다섯 가지 유형으로 나타났다. 본 연구에서 조선족 여성들의 한국 생활 적응에서 '스트레스 경험'은 중심현상으로 나타났다. 조선족 여성들은 한국에서 생활하면서 단순히 언어, 음식, 풍습 등 문화적인 차이에서 오는 문제보다 한국인과의 관계를 형성하면서 조선족 여성의 한국인과의 결혼에 대한 한국인들의 편견, 차별로 인해 조선족 여성들이 정체성 혼란뿐만 아니라 민족관과 국가관의 혼란을 가져오게 되면서 정신적·정서적으로 스트레스를 받게 된다. 따라서 한국 여성의 일원으로 편입된 조선족 여성들에 대해 사회복지 실천 차원에서 상담을 통해 이들이 가지고 있는 문제와 어려움을 해결해줄 필요가 있다고 생각한다. 특히 한국인과의 결혼을 선택한 조선족 여성들에 대해서는 한국에서 거주하고 있는 외국인 여성들에 대한 상담과 달리 체계적으로 이루어져야 한다고 생각한다. 예를 들면, 상담에서 조선족 혹은 중국인이라는 단어보다 '우리'라는 단어를 사용할 것을 권장하고 싶다. 조선족 여성들은 한국 사람들이 자신을 '같은 민족'이 아닌 '외국인'으로 대하는 데에는 차별을 받고 있다고 생각하고 있기 때문이다.

또한 단순한 개인상담보다 부부상담, 가족상담 등 다양한 상담을 통해 조선족 여성들이 가지고 있는 문제를 해결하는 것이 중요하다. 본 연구에서도 알 수 있듯이, 조선족 여성들은 가족들과의 관계에서 많은 갈등을 가지고 있다. 조선족 여성들은 무조건 시부모님에게 '말대꾸'해서는 안 되는 한국 문화 속에서 고립되고 열등한 존재로 인시되면서 가족에 대한 불만을 가지게 된다. 따라서 이런 가족문제를 해결하기 위해 두 문화를 잘 이해하고 두 가지 언어능력을 갖춘 가족관계 상담서비스의 제공이 필요하다. 이를 위해 한국에서 사회복지를 전공하고 있는 중국 유학생을 활용하는 방안도 생각해볼 필요도 있다.

본 연구에서 대부분 조선족 여성들은 결혼 초기 한국 문화 적응에 적지 않은 어려움을 가지고 있다. 음식, 음주, 언어적인 차이 때문에 조선족 여성들은 시댁식구들과 갈등관계를 가지기도 한다. 또한 대부분 조선족 여성들은 취업을 원하고 있지만 취업 관련 정보를 제공받지 못하고 있는 것에서 좌절하고 방황하기도 한다. 따라서 이들을 위해 한국 생활 적응에 필요한 프로그램을 개발할 필요가 있다고 생각한다. 특히 기존의 외국인 거주자에 대한 문화적응 프로그램도 대부분 단순하고, 일회성이고 형식적이어서 실제 외국인 거주자들이 도움을 많이 받지 못한다는 점에서 한국인과의 결혼을 선택한 조선족 여성들의 체류기간과 이들이 가지고 있는 욕구에 따라 다양하게 개발할 필요가 있다고 생각한다.

본 연구에서 조선족 여성들의 한국 생활 적응에 자조집단의 영향은 매우 중요하다는 것을 알 수 있었다. 자조집단은 가족과 주변 한국인들이 제공하지 못하는 차원의 도움을 제공할 수 있고 이를 통해 한국 생활에 대한 자신감과 용기와 권리를 찾을 수 있기 때문에 한국인과의 결혼을 선택한 조선족 여성들의 자조집단의 중요성에 대해 관심을 가지고 이에 대한 적극적인 개입, 활용 및 지원이 필요하다고 생각한다.

본 연구에서도 알 수 있듯이 일부 조선족 여성들은 자조집단에 참여하게 되면서 외로움을 해결하였고, 삶에 대한 용기와 자신감을 얻었을 뿐만 아니라 문제를 대저하는 방법과 취업 관련 정보를 획득할 수 있었다고 하였다. 그러나 자조집단은 경제적인 어려움 때문에 활성화되지 않고 있는 문제를 안고 있다. 따라서 자조집단에 대해 여성부와 같은 기관에서 적극적인 지원을 통해 조선족 여성들이 문제를 해결할 수 있도록 도움을 제공하는 것이 필요하다. 뿐만 아니라 자조집단을 잘 활용하여 국제결혼을 한 조선족 여성들의 생활적응 실태를 파악하여 이들이 가지고 있는 진정한 욕구와 문제점은 무엇인지를 찾아내어 이들에게 효과적인 서비스를 개입하여 한국의 여성 및 가족구조가 안정적이고 체계적으로 변화할 수 있는 데 큰 도움이 될 수 있다고 생각한다.

한국에서 매년 증가하고 있는 조선족 여성들의 한국인과의 결혼은 한국의 여성구조와 가족구조에 큰 변화를 가져온다. 따라서 한국인과의 결혼을 선택한 조선족 여성들의 한국 생활 적응의 의미 및 적응유형을 탐색하고 한국 생활의 적응에서 발생가능한 문제점을 파악하여 이들에게 효과적인 사회복지 서비스를 제공하는 것은 민족통일 문제가 큰 사회적인 이슈로 대두되어 있는 한국 사회에서는 매우 중요하다고 생각한다. 따라서 본 연구에서는 적응유형별로 아래와 같은 사회복지 분야에서의 실천적인 함의와 제언을 제시하고자 한다.

사회복지 실천에서는 조선족 여성들의 적응유형 및 적응상에서 나타나는 중요한 현상을 파악하여 이들에게 적절하고 효과적인 복지 서비스를 제공하는 것이 중요하다.

1) '지속노력형'

'지속노력형' 조선족 여성들은 한국 남편과 결혼하기 전에 같은 직장에서 함께 일을 하거나, 같은 학교에서 공부를 하게 되면서 좋은 관계를 계속 유지해온 사람들이다. 따라서 '지속노력형' 조선족 여성들은 한국인과의 결혼에 대해 긍정적인 인식을 가지고 있다. 본 연구에서 '지속노력형' 조선족 여성들은 한국에서의 체류기간이 최소 3년에서 최대 9년까지이고, 한국 남편이 모두 서울 혹은 인천지역에서 안정적인 직업을 가지고 있는 상태이다. 뿐만 아니라 '지속노력형' 조선족 여성들도 직업을 가지고 있거나 공부를 통해 자기개발을 할 필요가 있다는 인식을 가지고 있다. '지속노력형' 조선족 여성들은 또한 학력이 상대적으로 높은 편이다. 본 연구에서 이 유형을 가진 연구 참여자 세 명 중 한 명은 고등학교 졸업자이고 나머지 두 명은 각각 전문대와 대학원 졸업자였다. 또한 '지속노력형' 조선족 여성들은 대부분 시댁식구들과 좋은 관계를 가지고 있고 이런 관계를 유지하는 데 있어서 타인보다 자신의 노력이 더 중요하다고 생각하고 있다. 특히 본 연구에서 취업과 진학을 원하고 있는 것이 '지속노력형' 조선족 여성들이 가지고 있는 공통적인 특성이다.

따라서 사회복지 실천에서 '지속노력형' 조선족 여성들에게 취업과 진학에 관한 좋은 정보를 제공해주는 것이 중요하다. 앞에서도 살펴보았지만 '지속노력형' 조선족 여성들은 대부분 높은 학력을 가지고 있고 시댁식구들과 좋은 관계를 유지하고 있다. 따라서 '지속노력형' 조선족 여성들에게 중국에서 가지고 있는 학력과 원하는 전공에 맞게 학교를 소개해주거나 학교와의 직접적인 연계를 통해 조선족 여성들에게 진학 관련 정보를 제공해줄 필요가 있다. '중국에서 6~7년 정도 간호사' 하고 한국에 온 사람들이라도 적절한 프로그램 혹은 주변 여성 관련 기관에서의 지원과 관심이 부족하였기 때문에 '고급인력'들이 식당에서 힘들게 일을 할 수밖에 없다고 연구 참여자는 말하고 있다. 김숙자 외(1999)에서 한국인과의 결혼을 선택한 조선족 여성들이 원하는 적응 프로그램에서 27.8%는 '기술교육'을 원하고 있다고 밝혔다. 따라서 중국에서 전문직업을 가지고 있었던 조선족 여성들에게는 상담을 통해 취업 관련 자활교육을 실시하여 이들에게 알맞은 직업을 소개시켜줄 필요가 있다. 또한 일하거나 공부하는 동안에는 도우미를 파견하거나, 지역사회복지관의 자원 활용 등 관련 정보를 제공하여 '지속 노력형' 조선족 여성들이 자녀양육과 가사 일 때문에 받게 된 스트레스를 해결해주어야 한다.

2) '불가피 순응형'

'불가피 순응형'의 조선족 여성들은 한국에 대해 무지하거나, 자신의 선택보다 타인의 의견에 순종하거나 자신의 욕구를 실현하기 위해 한국인과의 결혼을 선택하는 경우가 대부분이다. 본 연구에서 이 유형의 조선족 여성들은 중매를 통해 한국인과의 결혼을 선택하게 되었고 한국에서의 체류기간도 3년, 4년으로 상대적으로 짧은 편이다. 또한 본 연구에서 한국에서 11년 동안을 생활하고 있었지만 현재에도 여전히 '불가피 순응형'을 가진 연구 참여자가 한 명 있는데 이 연구 참여자 같은 경우에는 이미 노력, 탐색, 도전 등의 과정을 한 번씩은 모두 거친 경험이 있었고 모두 실패한 끝에 현재는 현실을 있는 그대로 수용하고 살아가는 사례이다. 또한 경제적인 측면을 보았을 때 '불가피 순응형' 조선족 여성들은 남편이 무직이거나 불안정적인 직업을 가지고 있다. '불가피 순응형'의 조선족 여성들은 대부분 고등학교 이하의 학력을 가지고 있기 때문에 결혼 초기 일을 하지 않는 경우에는 가정의 경제적인 통제를 받은 경우가 많다. 또한 '불가피 순응형' 조선족 여성들 모두 시댁식구들의 통제와 간섭을 받고 있는 것으로 나타났다. 이 유형을 가진 조선족 여성들은 참고 살 수밖에 없는 현실을 '운명'이라는 잘못된 인식을 가지고 있거나, 자신의 무지와 무능 때문이라고 생각한다.

따라서 이 유형의 조선족 여성들에게 인지 프로그램을 통해 잘못된 인식을 인지하고 결혼생활과 현실에 대해 긍정적으로 인식할 수 있도록 도움을 제공해줄 필요가 있다고 생각한다. 본 연구에서도 볼 수 있듯이 이 유형의 조선족 여성들은 한국 생활을 하면서 다양한 어려움을 가지게 된다. 일부는 한국의 경제적인 기대가 커서 한국인과의 결혼을 선택하였지만 꿈과 현실 간의 차이를 경험하게 되면서 환상은 곧바로 실망으로 변화하게 되는 조선족 여성들이 있는가 하면 부부갈등, 고부갈등, 동서들 간의 갈등 때문에 결혼생활에 대해 후회하는 조선족 여성들도 있다. 또한 어려움을 가지고 있더라도 들어주고 해결해주는 사람이 없어서 조선족 여성들은 고립되고, 실망하고 방황하기도 한다. 따라서 이들에게 자기 권리 주장 훈련프로그램을 통해 자신은 삶의 주체이고 자신의 삶을 자신이 통제하고 변화할 수 있는 권리가 있다는 것을 교육시킬 필요가 있다.

또한 '불가피 순응형'을 가진 조선족 여성들은 자신은 무지하고 무능하다고 생각하는 데에서 결혼생활에 대한 자신감을 잃게 되고 스트레스를 가지게 된다. 따라서 사회복지 실천에서는 강점관점을 가지고 '불가피 순응형'을 가진 조선족 여성들에게 자신들의 장점을 발견할 수 있도록 도와주고 억량 강화 프로그램을 통해 이들의 역량을 강화시키는 데 도움을 제공해야 한다. Gutierrez(1998) 등은 사회적 차별이나 억압을 받으며 무기력을 경험하는 사회적 약자나 소수집단의 성원들은 역량이 강화될수록 자기를 수용하고 자기에 대한 인식이 확대되면서 자기정체성이 확립된다고 하였다. 본 연구에서 특히 이 유형의 조선족 여성들에게 지역사회복지관 혹은 여성단체에서 외국인을 대상으로 실시하는 한국 문화 체험 등 활동을 통해 한국 문화를 더 많이 접할 수 있는 기회를 제공하고 자신들의 장점을 발휘할 수 있는 직업을 소개해줌으로써 한국 사회에서 자신들의 가치를 인정받고 자신들의 욕구를 충족시키고 진정한 삶의 주인이 될 수 있도록 도움을 제공하는 것이 중요하다. 김숙자 외(1999)는 국제결혼을 선택한 조선족 여성들이 원하는 프로그램 중에서 38.1%는 '한국의 풍습에 관한 교육'을 원하고 있는 것으로 밝혔다. 또한 지역사회복지관에서는 '중국어 - 한국어 교환학습'이라는 프로그램을 개발하여 '불가피 순응형'을 가진 조선족 여성들을 중국어 강사로 적극적으로 참여시켜 이들로 하여금 자신은 가치 있는 사람이라는 것을 인식시켜주고 사회활동을 통해 한국 생활에 대한 자신감을 가지도록 도와주는 것이 필요하다.

3) '긍정적 인내형'

본 연구에서 '긍정적 인내형'을 가진 조선족 여성들은 '불가피
순응형' 여성는과 같이 한국에 대해 무지하거나, 자신의 선택보다
타인의 의견에 순종하거나 자신의 욕구를 실현하기 위해 한국인과
의 결혼을 선택하는 특성을 보여주고 있다. 이 유형의 조선족 여
성들도 중매를 통해 한국인과의 결혼을 선택하게 되었고 한국에서
의 체류기간도 3~4년으로 상대적으로 짧은 편이다. 그리고 이 유
형을 가진 조선족 여성들은 남편이 직업을 가지거나 불안정하지만
개인사업을 하고 있다. '긍정적 인내형'을 가진 조선족 여성들은
낮은 학력을 가지고 시댁식구들의 간섭과 통제를 받고 있다는 점
도 '불가피 순응형'과 유사점을 가지고 있다. 따라서 '긍정적 인내
형'을 가진 조선족 여성들에게 '불가피 순응형'을 가진 조선족 여
성들과 같은 '인지 프로그램', '문화적응 프로그램' 등을 실시하는
것도 중요하다.

또한 본 연구에서 지나친 사회적 지지로 인해 스트레스를 받고
있는 '긍정적 인내형' 조선족 여성들에게 가족 특히 부부 상담을
실시할 필요가 있고 부부에게 자신들의 의무, 책임과 권리를 구분
하여 실시하도록 규정을 정하는 방법을 가르쳐주는 것이 필요하
다. 또한 이들에게 자신이 실현하고자 하는 욕구를 명확히 하고
이런 욕구를 실현하기 위해 가족들의 도움을 받도록 도와주는 것
이 중요하다. 본 연구를 통해 기존의 사회적 지지가 안고 있는 부
정적인 측면에 대한 서비스 대책을 개선해볼 필요가 있다고 생각
하고 사회복지 영역에서는 과도한 사회적 지지 때문에 스트레스를
받고 있는 클라이언트에 대해 이들의 실제 상황에 맞춰 서비스 대

책을 개선할 필요가 있다고 생각된다.

4) '변화시도형'

'변화시도형' 조선족 여성들은 비록 대부분 중매를 통해 한국인과의 결혼을 선택하였지만 남편에 대한 사랑, 믿음과 존중이 더 컸기 때문에 한국인과의 결혼을 선택하게 된 경우가 많다. 본 연구에서 '변화시도형' 연구 참여자들의 한국에서의 체류기간은 최소 5년이었다. 또한 대부분 부부가 함께 일을 가진 경우가 많다. 본 연구에서 '변화시도형' 조선족 여성들은 대부분 전문대 이상의 학위를 가지고 있었고 또 경제적으로도 상대적으로 풍요롭다는 점에서는 '지속노력형' 조선족 여성들과 유사점을 가지고 있지만, 시댁식구들과의 관계에서는 적지 않은 갈등을 가지고 있다는 점에서 '지속노력형'과 차이점을 보이고 있다. 또한 갈등의 해결에 있어서 적극적인 해결뿐만 아니라 대결적인 행동도 취하고 있으면서 자신들의 주장을 세운다는 점에서 그 특징을 가지고 있다. 뿐만 아니라 타인과의 갈등관계에 있어서 자신의 수용 혹은 변화보다 타인의 수용과 변화를 강하게 주장하고 있다는 점에서 '변화시도형'의 특징을 찾을 수 있다.

따라서 사회복지 실천에서 '변화시도형' 조선족 여성들에 대해서는 도전도 중요하지만 도전을 하면서 오는 스트레스에 대처할 수 있는 방법을 가르쳐주거나 도움이 필요할 때에는 언제든지 상담을 받을 수 있도록 도움을 제공하는 것이 중요하다. '변화시도형' 조선족 여성들은 전통적인 문화와 제도에 대한 도전을 통해 주변 환경의 변화를 가져오려고 하기 때문에 전통적인 문화와 제도를 유지하고 있는 주변 환경에서 생활하고 있는 경우에는 적지 않은 비판을 받게 되고 사회적 지지를 받지 못하게 되는 경우가 많다. 사회적 지지의 부재로 '변화시도형' 조선족 여성들은 한국 생활에서 고립되면서 적지 않은 스트레스를 받을 수 있다. 따라서 '변화시도형' 조선족 여성들에 대해서 성공적인 노선을 위한 사진 준비를 충분히 할 수 있는 교육을 받도록 도와주는 것이 필요하다.

특히 '변화시도형' 유형의 조선족 여성들에게 타인과의 좋은 관계 형성에 관한 상담 혹은 교육을 가르쳐줄 필요가 있다고 생각한다. 한국 생활 적응에 있어서 무엇보다 타인과의 관계 형성, 관계 유지가 중요하다. 그러나 '변화시도형' 조선족 여성들은 타인과의 갈등관계를 대결적으로 해결하거나 자신보다 타인의 변화를 기대하는 경향이 있기 때문에 갈등관계는 해결하지 못하고 타인과의 관계 유지도 중단되는 경우가 많다. 따라서 이들을 타인과의 관계 형성 관련 프로그램에 참여시켜 이들에게 좋은 관계 형성 방법을 가르쳐주는 것이 중요하다. 특히 '변화시도형' 조선족 여성들에게 분노조절, 스트레스 관리 등과 같은 기법을 통해 원만한 대인관계 형성에 도움을 제공할 필요가 있다.

5) '유동형'

본 연구에서 '유동형' 조선족 여성들은 자신들의 욕구를 충족하거나 중국에서의 이혼상처를 잊기 위해 한국인과의 결혼을 선택한 사람들이다. 본 연구에서 '유동형' 조선족 여성들은 한국에서의 체류기간이 모두 2년으로 제일 짧았고, 학력도 모두 중학교 이하로 제일 낮은 학력을 가진 유형이다. 경제적인 측면에서 '유동형' 조

선족 여성들은 모두 가족의 경제권을 가지고 있지만 남편의 직업
이 안정적이지 않고, '유동형' 조선족 여성 본인들도 일을 하지
않고 있기 때문에 가정의 경제상황은 크게 좋은 편은 아니다. '유
동형' 조선족 여성들은 언어 때문에 시댁식구들과의 의사소통에
어려움을 가지고 있었다. 하지만 '유동형' 유형의 조선족 여성들은
시댁식구를 포함한 주변 환경의 변화를 지켜보면서 조심스럽게 행
동을 하고 있기 때문에 타인과의 관계에서는 갈등을 일으키지 않
고 있는 편이라는 점에서 그 특징을 가지고 있다.

　따라서 사회복지 실천에서 '유동형' 조선족 여성들에게는 문화
적응 프로그램을 적용할 필요가 있다고 생각한다. 새로운 문화의
적응에서 언어, 음식과 같은 차이로 인해 어려움을 가지는 '유동
형' 조선족 여성들에게 지역사회복지관과의 연계를 통해 이들에게
한국 문화를 학습할 수 있는 기회를 제공한다. 예를 들면, 복지관
에서 한국어교실, 영어교실 등의 프로그램에 '유동형' 조선족 여성
들을 의무적으로 참여시켜 일정기간의 학습을 통해 언어 관련 자
격증을 부여하는 방식으로 이들의 적극적인 참여를 동원하거나 지
속적인 교육을 받을 수 있도록 기회를 제공한다.

　그밖에 '유동형' 조선족 여성들에게 한국 문화 체험기회를 확대
하여 한국 문화를 빨리 배울 수 있는 기회를 제공한다. 혹은 자조
집단과의 연계를 취하거나 '유동형' 조선족 여성들에게 자조집단
관련 정보를 제공하여 '유동형' 조선족 여성들이 같은 배경을 가
진 다른 조선족 여성들의 생활경험을 함께 공유하면서 자신의 결
혼생활에 도움이 되는 정보를 획득할 수 있도록 도움을 제공한다.
한국 남성과 결혼한 조선족 여성들이 스스로 조직한 지지집단이나
자조집단은 전문가들이 제공하지 못한 차원의 도움을 제공할 수

있기 때문이다. 뿐만 아니라 소극적으로 스트레스를 대처하는 '유동형' 조선족 여성들에게 자신감 회복과 관련된 프로그램에 참여하게 하여 결혼생활에 대한 긍정적인 태도를 가지도록 도와준다. 특히 '유동형' 조선족 여성들에게 한국인과의 결혼을 하는 목적은 단순히 한국 국적을 취득하거나 이혼상처를 잊기 위한 해결책이 아니라는 것을 인식시키고 결혼을 통해 부부가 함께 수행해야 할 역할과 임무에 대한 교육이 매우 필요하다고 생각한다.

본 연구에서 '유동형' 조선족 여성들은 시댁식구들과의 관계에서 큰 갈등은 없는 것으로 밝혀졌다. 따라서 이런 가족의 자원을 활용하여 가족들의 도움을 받아 '지켜봄' 유형의 조선족 여성들이 적극적으로 한국 생활에 적응하고 사회활동에 참여하며 자신의 장점을 발휘하여 행복한 결혼생활을 하도록 상담과 교육을 실시한다.

3. 정책적 제안

본 연구에서는 한국 남성과 결혼한 조선족 여성들의 한국 생활 적응의 의미와 적응유형에 대해서 살펴보았다. 조선족 여성들은 한국인과의 결혼을 통해 한국에서 생활하면서 다양한 경험을 가지게 되겠지만, 본 연구에서 조선족 여성들의 적응과정에서 뚜렷하게 나타나고 있는 현상은 바로 스트레스를 경험하고 있다는 것으로 밝혀졌다. 이런 스트레스를 경험하는 과정에서 단순히 조선족 여성들의 개인과 가족뿐만 아니라 우리 사회의 법, 제도가 완비되어 있지 않는 부분과 관련 기관에서 한국인과의 결혼을 한 외국여성들에게 적절한 개입을 하지 못한 부분에서 그 원인을 찾아볼 수 있다고 생각한다. 따라서 본 연구에서는 아래와 같은 정책적인 함의를 제시하고자 한다.

첫째, 새로운 가속법과 국적법의 개선이 필요하다. 기존의 가족법은 한국 국민의 관습과 전통의 논리가 지배하는 한국 고유의 법체계를 형성하고 있다. 그러나 새로운 시대를 맞이하여 보편성과 객관성을 갖춘 논리가 가족법에 스며들어야 한다고 생각한다. 현재의 가족법과 국적법을 악용하는 사례가 많은 것은 사실이다. 그러나 결혼 후 2년이 지나야 한국인으로 귀화할 수 있는 자격을 주기 때문에 많은 수의 조선족 여성들이 한국인 남편의 폭언과 폭행에 대하여 사실상 아무런 저항을 할 수 없다. 사실상 선의의 피해자가 더 많다. 이것은 오히려 건전하고 건강한 가정을 만드는 데 장애가 될 수 있다. 따라서 국제결혼에 있어서 이러한 변화를 담아낼 수 있는 가족법과 국적법의 체계가 필요하다. 예를 들면, 가정폭력이나 이민법을 의도적으로 악용하여 2년 이내 결혼이 종결되거나 한국인 배우자가 외국인 배우자의 국적취득에 협조하지 않는 경우에 이들을 위한 예외조항을 만들어서 외국인 배우자들의 법적 권리를 보장해야 한다.

조선족 여성들의 사기결혼, 위장결혼을 방지하기 위해 개정된 국적법은 또 다른 한편으로 조선족 여성들을 더욱 억압되고 통제받는 상황으로 만들었다. 1998년 이전에는 한국 남성이 국제결혼을 할 경우 외국인 신부는 혼인신고를 통해 자동으로 국적을 취득하게 되었지만 국적법이 개정되면서 한국인과 결혼하는 외국인 남녀는 2년 이상 한국에 거주하여 혼인을 유지한 후에 귀화를 통해 국적을 취득할 수 있게 되었다. 기존의 국적법에서 '한국 남성'이

피해가 크다는 의견이 있었기 때문에 이를 개정하였다. 그러나 일부 한국 남성은 현재의 국적법을 악용하여 조선족 여성들에게 정신적·언어적·신체적 학대를 행사하고 있다. 이런 불공평한 대우를 받으면시도 조선족 여성들은 국적을 취득하기 위해 참으면서 살 수밖에 없게 된다. 이러한 점 때문에 국적법은 오히려 일부 안정적이고 행복한 삶을 추구하기 위해 한국인과의 결혼을 선택한 조선족 여성들에게 악영향을 미치고 있다고 말해도 과언이 아니다. 국제결혼을 한 여성들은 최소 2년 동안 한국인이 아닌 외국인으로 살아가야 되고 남편과의 관계를 통해서만 합법적 신분이 보장되기 때문에 가족과 사회로부터 더 많은 차별과 무시를 받게 된다. 따라서 국제결혼한 여성들의 기본적인 권리를 보장받을 수 있는 국적법의 개정도 필요하다.

둘째, 여성부 혹은 소수 취약계층의 욕구와 문제해결에 적극적인 개입을 하고 있는 기관에서 여성정책의 개선에 국제결혼 외국여성들의 욕구를 반영시킬 필요가 있다. 지금까지 여성부 등 여성 관련 기관에서는 국제결혼을 통해 한국에서 거주하고 있는 외국여성들에 대한 욕구와 문제만 파악하였을 뿐 이런 문제와 욕구를 해결하기 위한 적극적인 개입은 많이 이루어지지 못하고 있었다. 특히 조선족 여성들은 언어의 장벽이 다른 외국인 여성들보다 크지 않다는 이유 때문에 오히려 주변 한국인들로부터 더 많은 정서적, 언어적인 학대를 받게 되기도 했다. 따라서 여성부와 관련 기관에서는 한국인과의 결혼을 선택한 조선족 여성들의 욕구와 문제점을 지속적으로 파악하여 이들이 가지고 있는 문제를 해결하기 위해 반드시 여성정책 개선에 반영시켜야 한다. 예를 들면, 본 연구에서 대부분 연구 참여자들은 자녀의 교육문제 때문에 많은 고민을

하고 있다. 특히 가정의 경제적인 어려움 때문에 일을 하고 싶어
도 '어린 자녀를 맡길 수 있는 마땅한 곳이 없어서' 일을 포기할
수밖에 없다고 말한 연구 참여자가 있는가 하면, 주변 사람들의
두움을 전혀 받지 못해서 신제적인 고통뿐만 아니라 정신적, 정서
적으로 많이 힘들었다고 말한 연구 참여자들도 있었다. 따라서 여
성부에서는 이런 출산, 가사, 자녀교육과 관련해서 국제결혼 여성
들의 어려움을 파악하고 이를 정책에 반영하여 조선족 여성들에게
산모 도우미나 산후 조리사를 파견하여 출산전후를 지원할 수 있
는 정책과 제도를 마련할 필요가 있다.

　셋째, 국민기초생활보장법의 개정이 필요하다. 한국인과의 결혼
을 선택한 조선족 여성들은 노동력이 아닌 한국 사회에 정착하기
위해 한국에 입국한다. 하지만 대부분 국제결혼을 한 외국인 여성
들은 한국에서 이중, 삼중의 차별을 받고 있을 뿐만 아니라 대부
분 농촌과 같은 경제적으로 열악한 지역에서 거주하고 있기 때문
에 빈곤상태에 처해 있는 경우가 많다. 미래인력연구원이 945쌍을
대상으로 표본 조사한 결과, 여성결혼이민자 전체가구의 52.9%가
최저생계비 이하 소득으로 생활하고 있다고 밝혔다.[17] 본 연구에
서도 볼 수 있듯이, 한국인과의 결혼을 선택한 대부분 조선족 여
성들도 일을 원하고 있다. 따라서 빈곤에 처해 있거나 경제적인
어려움은 없더라도 일을 원하는 여성결혼이민자들의 취업에 대한
욕구와 실태를 노동부와 같은 기관에서 파악하여 정부의 취업 관
련 정책개선에 반영시켜야 한다. 뿐만 아니라 정부에서는 여성결
혼이민자들에 대한 실태조사를 통해 국민기초생활보장법 등 관련
법률을 적극적으로 제정·개정하여 여성결혼이민자들의 기초생활

---

17 http://www.hotline21.or.kr/bbs/view.php(여성결혼이민자 영주요건 '2년 이
　　상 거주'로 완화).

을 보장하여야 한다. 또한 긴급복지지원법의 지원대상자에 국제결혼을 통해 입국한 외국인 여성들을 포함하여야 한다.

본 연구를 통해 한국인과 결혼한 조선족 여성들이 한국 사회에 적응하기 위해서는 본인들이 노력뿐만 아니라 한국인 가족과 한국 사회의 관심과 지원이 무엇보다 중요하다는 것을 알 수 있다. 국제결혼에 있어서 국가의 정책적이고 제도적인 개입과 개선이 필요하다.

제4절 후속연구에 대한 제언

본 연구를 통해 후속연구에 대한 의견을 제안하면 다음과 같다.

첫째, 본 연구의 연구 참여자들은 아직까지 모두 한국 남편과의 결혼생활을 유지하고 있는 사람들이다. 그러나 본 연구에서도 알 수 있듯이, 일부 연구 참여자들은 결혼생활에 대해 만족감을 느끼지 않고 있거나 결혼생활에 대해 새로운 계획을 세우는 사람들도 있다. 즉, 이혼을 생각하고 있는 사람들도 있다. 이혼을 하였거나 별거상태에 있는 조선족 여성들의 한국 생활 적응경험도 본 연구에 포함하였다면 더 폭넓은 논의가 가능하였을 것이다. 따라서 후속연구에서는 이혼하였거나 별거상태에 있는 조선족 여성들의 결혼생활 적응의 의미와 유형을 찾으면 더욱 흥미로운 연구가 될 것이라고 생각한다.

둘째, 본 연구에서는 한국인과의 결혼을 선택한 조선족 여성들을 연구대상으로 선정하여 이들의 한국 생활 적응에 대해서 살펴보았다. 하지만 결혼생활 적응이라는 것은 조선족 여성들만의 일방적인 적응만은 아니다. 조선족 여성이 편입된 한국 시댁식구들

과 자녀들의 적응도 함께 이루어져야 한다. 따라서 한국 남편, 자
녀, 시부모 등 다양한 사람들을 대상으로 연구하게 되면 적응의
의미와 유형에 대해 더 풍부하게 이해할 수 있을 것이다.

참고문헌

강유진(1999), "한국 남성과 결혼한 중국 조선족 여성의 결혼생활 실태에 관한 연구", 『한국가족관계학회지』 4(2), pp.62~80.

강은령(1989), "부부의 결혼적응에 관한 연구: 취업주부/비취업 주부를 중심으로", 이화여자대학교 석사학위논문.

강해순(1999), "중·한 섭외혼인 생활의 실태와 전망", 『명지대학교 가족생활연구』 제4권, pp.41~59.

국성하(1996), "중국 조선족의 한국 문화 적응에 관한 연구", 연세대학교 교육학과 석사학위논문.

김강일(1993), "연변조선족 문화의 보존과 전망", 『국제문화학회』, pp.13~26.

김관웅(2004), "사과배와 중국 조선족 - 중국 조선족의 아이덴티티에 대한 管見", 한국배재대학교 국제교류관 자료.

김기홍(1995), "재한화교의 Ethnicity에 관한 연구: 재한화교의 적응과정에 대한 사례를 중심으로", 고려대학교 사회학과 석사학위논문.

김미령(2004), "탈북자의 적응스트레스와 사회적 지지가 적응에 미치는 영향", 한국 사회복지학회 2004년 추계 학술대회자료.

김수지·신경림 역(1996), 『근거이론의 이해』, 서울: 한울 아카데미 출판부.

김숙자(1998), "한·중 국제혼인 실태와 그 가정복지", 제11회 한국가정복지 정책세미나 자료집.

김숙자·강유진(1999), "한·중 섭외혼인실태와 그 가족의 복지: 한국 남성과 중국 조선족 여성과의 섭외혼인실태와 그 가족의 복지를 중심으로", 『명지대학교 여성가족생활연구소』 4, pp.61~109.

김양희·박정윤·최유경(2003), "기혼남녀의 스트레스 지각, 스트레스 대처행동이 결혼적응에 미치는 영향", 『중앙대학교 생활과학논집』 18, pp.49~63.

김은희(1992), "한국 가부장제 결혼관계에서의 여성억압 형태", 요성여자대학교 여성학 석사학위논문.

김인숙·우국회(2002), "사회복지사가 인식하는 임파워먼트의 의미에 관한 질적 연구",『한국 사회복지학』통권 49호.

김정민(2002), "한·일 국제결혼 가정에서 사용되는 '호칭'에 관한 연구", 중앙대학교 교육대학원 석사학위논문.

김정희(1987), "지각된 스트레스, 인지세트 및 대처방식의 우울에 대한 작용", 서울대학교 심리학과 대학원 박사학위논문.

김진숙(2003), "만성질환자 자조집단 형성과정에서의 집단성원과 사회복지사의 관계", 서울대학교 사회복지학과 박사학위논문.

김효신(2004), "재혼가족 내 모의갈등과 적응에 관한 질적 연구", 한양대학교 대학원 석사학위논문.

권지성(2003), "공개입양가족의 적응과정에 관한 연구: 한국입양홍보회 참여가족 사례를 중심으로", 서울대학교 사회복지학과 박사학위논문.

노고운(2001), "기대와 현실 사이에서: 한국 내 조선족 노동자의 삶과 적응전략", 서울대학교 인류학과대학원 석사학위논문.

니이야 도시유키(2000), "한국으로 '시집온' 일본인 부인 - 생애사 연구를 중심으로-", 서울대학교 인류학과대학원 석사학위논문.

리승매(1994), "연변 조선족 여성들의 섭외혼인문제에 관하여",『여성연구 1』, 연변: 연변대학출판사.

림금숙(2003), "중한녀성취업구조비교", 연변대학녀성연구중심 편,『녀성연구』3, 연길: 연변대학출판사.

박경애·이호준·김택호(1995), "귀국청소년 적응력 향상 연구-프로그램 종합보고서-",『청소년상담연구 25』, 청소년대화의 광장, 1995.

박성석·오정아·이영주·최경화·최금해(2009),『가족복지론』, 서울: 양서원.

박혜경(1993), "여성의 경험을 통해 본 결혼과 사랑의 관계에 관한 연구", 이화여자대학교 여성학과 석사학위 논문.

박혜영(2002), "가정폭력의 실태분석과 사회 복지적 개입 방안에 관한 연구: 가정폭력 상담내용 분석을 통하여", 신라대학교 사회정책대학원 석사학위논문.

배은경·황정미 공역(2003),『현대사회의 성·사랑·에로티시즘』, 서울: 새물결출판사.

설동훈(1999),『외국인노동자와 한국 사회』, 서울: 서울대학교 출판부.

성숙진·유태균·이선우 공역(1998), 『사회복지조사방법론』, 서울: 나남 출판사.

성지혜(1996), "중국교포여성과 한국 남성 간의 결혼연구", 대구효성가톨릭대학교 석사학위논문.

신경림 역(1997), 『질적 간호연구방법』, 서울: 이화여자대학교 출판부.

신영화(2002), "한국인 남편과 조선족 아내의 부부문제", 『한국가족치료학회지』 제10권 제2호, pp.1~24.

신란희(2004), "국제결혼 여성의 가족, 일 그리고 정체성: 우즈베키스탄과 필리핀 여성의 생애사 연구", 서울대학교 인류학과 석사학위논문.

안현정(2003), "국제결혼부부의 결혼만족에 관한 연구: 한국 남성과 필리핀여성 부부를 중심으로", 초당대학교 산업대학원 사회복지학과 석사학위논문.

오상순(2000), "개혁개방과 중국 조선족 여성들의 의식변화", 『민족과 문화』 제9권, pp.81~117.

유도진(1983), "이질문화 적응현상에 대한 기초연구", 『가톨릭사회과학연구』 제2권 제1호, pp.93~123.

유명기(2002), "민족과 국민 사이에서: 한국 체류 조선족들의 정체성 인식에 관하여", 『한국 문화인류학회』 제35권 제1호, pp.73~100.

______(2003), "국경을 넘은 민족: '신화교', 중국 조선족의 생성", 한국 문화인류학회 공동심포지엄자료.

윤연숙(2003), "부부관계 향상프로그램이 부부의사소통과 결혼만족에 미치는 효과: 국제결혼 가정을 중심으로", 선문대학교 사회복지대학원 석사학위논문.

윤인진(2000b), "탈북자문제의 실태와 분석: 탈북과 사회적응의 통합모색", 제39회 통일문제 학술세미나.

윤형숙(2003), "국제결혼 배우자의 갈등과 적응", 2003년 한국 사회학회/한국 문화인류학회 공동심포지엄자료.

이광규(1994), 『재중한인 -인류학적 접근-』, 서울: 일조각.

이규삼(2000), "국제결혼 가정의 부부갈등 요인에 관한 연구", 순천향대학교 산업정보대학원 교육학과 석사학위논문.

이기연(2006), "성인여성의 학습체험에 관한 질적 연구 -방송대 주부학생의 사례-", 서울대학교 교육학 박사학위논문.

이기영(2000), "국내탈북자 적응 및 정착의 지원방안", 제39회 통일문제 학술세미나.

이복순(1999), "가정 내에서의 조선족 여성생활의 현황과 전망", 『중국·조선·한국의 동포여성들의 삶』 학술회의자료집.

이소래(1997), "사회적 지지가 남한이주 북한이탈주민의 문화적응 스트레스에 미치는 효과", 『청소년상담연구』 제5권 제1호, pp.209~247.

이영진(2000), "비자발적 이주민의 적응전략에 관한 연구: 댐수몰지구 이주민을 대상으로", 대구대학교 지역개발대학원 박사학위논문.

이현옥(2004), "한국인 남성과 결혼한 일본인 여성의 social support: 부여, 청양, 공주 지역을 중심으로", 건양대학교 교육대학원 석사학위논문.

이현정(2000), "한국취업과 중국 조선족의 사회 문화적 변화: 민족지적연구", 서울대학교 인류학과대학원 석사학위논문.

______(2001), "조선족의 종족 정체성 형성과정에 관한 연구", 서울대학교 비교문화연구소, 『비교문화연구』 제7집 2호, pp.63~105.

인봉숙(2002), "한일 국제결혼 가정 2세의 한국 생활 적응실태 조사연구: 천안시 거주 통일교인가정 중심으로", 동국대학교 교육대학원 석사학위논문.

임경혜(2004), "국제결혼 사례별로 나타난 가족문제에 따른 사회복지적 대책에 관한 연구", 대구대학교 사회복지대학원 석사학위논문.

임춘희(1997), "재혼가족 내 계모의 스트레스와 적응에 관한 질적 연구", 고려대학교 대학원 가정학과 박사학위논문.

장춘미(2001), "스트레스가 결혼만족에 미치는 영향: 부부의 지지 및 갈등해결 행동을 중심으로", 서울여자대학교 교육심리학 대학원 박사학위논문.

전우택(2000), 『사람의 통일을 위하여』, 서울: 오름출판사.

전우택·민성길(1996), "탈북자들의 심리와 적응상의 문제".

이영선·전우택 편(1996), "탈북자의 삶 - 문제와 대책", 『연세대학교 통일연구원 연구총서 2』, 서울: 도서출판 오름, pp.16~60.

정영덕(2004), "국제 결혼한 외국인 여성들의 삶의 만족도 연구", 한일장신대학교 기독교사회사업학과 석사학위논문.

정숙경(1989), "자본주의하에서 성 억압에 대한 이론적 고찰", 고려대학교 석사학위논문.

조용환(1999), 『질적 연구 방법과 사례』, 서울: 교육과학사.

조흥식 외 역(2005), 『질적 연구방법론』, 서울: 학지사.

채미화(1994), "중국 조선족 여성들의 미의식과 그 발전전망", 『여성연구 2』, 흑룡강조선민족출판사.

최금해(2005), "한국 남성과 결혼한 중국 조선족 여성들의 한국에서의 적응기 생활체험과 사회복지서비스에 관한 연구", 『한국가족사회복지학회』 제 15호, pp.219~244.

______(2005), "한국 남성과 결혼한 중국 조선족 여성들의 한국에서의 적응 기 생활체험에 관한 연구 여성주의적 고찰", 『아시아여성연구』 제44 집 1호, pp.329~364.

최양숙(2005), 『조기유학, 가족 그리고 기러기 아빠』, 서울: 한국학술정보(주).

최종옥 · 최유진 · 이윤진(1995), "스트레스에 대한 소고", 『심리연구』 33권, pp.56~65.

허승원(2004), "외국인 노동자 정책변화 과정 분석 – 정책 행위자의 선호형성 및 논쟁과정을 중심으로 – ", 서울대학교 행정학과 석사학위논문.

홍기혜(2000), "중국 조선족 여성과 한국 남성 간의 결혼을 통해 본 이주의 성 별정치학", 이화여자대학교 여성학과 석사학위논문.

조선일보, 1999년 1월 9일.

행정안전부(2008), "2008년 거주외국인현황".

통계청(2009), "2008년 혼인통계".

Adams, B. N.(1980), *The Family: A Sociological Interpretation(3rd ed)*, Chicago: Tand Mc. Nally College Publishing Co.

Alderete, E. Vega, W. A. Kolody, B. & Aguilar-Gaxiola, S.(1999), Depressive Symptomaltology: Prevalence and Psychosocial Risk Factors among Mexican Migrant Farmworkers in California, *Journal of Community Psychology, 27(4)*.

Barker, R.(1999), *The Social Work Dictionary*, 4th Edition, Washington DC: NASW Press.

Ben-David, A. & Lavee, Y.(1994), Migration and marital distress: The case of Soviet immigrants, *Journal of Divorce & Remarriage*, 21(3/4), pp.133~146.

Bennett, J. W.(1969), *Northern Plainsmen: Adaptive Strategy and Agrarian Life*, Chicago: Aldine.

Berry, J. W.(1984), Cultural relations in plural societies: Alternatives to segregation and their socio-psychological implications, In N. Meller & M. Brewer(Eds.), Groups in Contact: The Psychology of Desegregation(pp.11~29), Orlando, FL: Academic Press.

__________., Kim, U., Minde, T. & Mok, D.(1988), Comparative studies of acculturative stress, *International Migration Review, 21(3)*, pp.491~509.

Bowman, H. A.(1960), *Marriage for Moderns*, 4th Ed., New York: McGraw-Hill Book company Inc.

Brown, S. D. & Health L.(1984), Coping with critical life events: An integrative cognitive-behavioral model for research and practice, In S. D. Brown & R. W. Lent(Eds.), *Handbook of Counseling Psychology*(pp.545~576), New York: John Wiley & Sons.

Buriel, R.(1993), Child-rearing orientation in Mexican American families: The influence of generation and sociocultural factors, *Journal of Marriage and the Family, 55*, pp.987~1000.

Creswell. J. W.(1998), *Qualitative Inquiry and Research Design: Choosing Among Five Traditions,* Sage publications.

Dubow, E. F. & Tisak, J.(1989), The relation between stressful life events and adjustment in elementary school children: the role of social support and social problem-solving skills, *Child Development, 60*, pp.1412~1423.

Ellen, Roy.(1982), *Environment, Subsistence and System: The Ecology of Small-Scale Social Formation*, Cambridge University Press, Cambridge.

Falbo, T., Doh, H., Lee, R. & Park, S.(2000), *The adaptation of Korean immigrants to China and the U. S.* 2000 Annual Conference of Population Association of American in Los Angeles, CA.

Fisher, S.(1986), Stress and strategy, New Jersey: Lawrence Erlbaum Associates.

Frederie(1980), *Psychosocial Assets of Parents of Handicapped and Nonhandicapped Children,* Gutmann, D. L.(1964), *An exploration of ego configurations in middle and later life,* New York: Athrton.

Furnham, A. & Bochner, S.(1986), *Culture Shock: Psychological reactions to unfamiliar environment,* London: Methuen.

Gil, A., Vega, W. A. & Dimas, J.(1994), Acculturative stress and personal adjustment among Hispanic adolescent boys, *Journal of Community Psychology, 22.*

Goode, W. J.(1960), A theory of role strains, *American Sociological Review, 25(1)*, pp.483~496.

Gordon, M. M.(1964), *Assimilation in American Life: The Role of Race, Religion, and national Origins,* New York, Oxford University press.

Graves, T.(1967), Psychological acculturation in a tri-ethnic community, *Southwestern Journal of Anthropology*, 23, pp.337~350.

Gutierrez, L. M., Parsons, R. J. & Cox E.(1998), *Empowerment in Social Work Practice: A Sourcebook,* Pacific Grove: Books/Cole Publishing Company.

Guttman, D, L.(1964), An exploration of ego configurations in middle and later life, In B. L. Neugarten(Ed.), *Personality in middle and later life,* New York: Atheton.

Hovey, J. D. & King, C. A.(1996), Acculturative Stress, depression, and suicidal ideation among immigrant and second generation Latino adolescents, *Journal of the American Academy of Child and Adolescent Psychiatry, 35.*

____________. & King, C. A.(1997), Suicidality among acculturating Mexican Americans: Current Knowledge and directions for research, *Suicide and life-Threatening Behavior, 30.*

____________. & Magana, C. G.(2000), Acculturative stress, anxiety, and depression among Mexican immigrant farmworkers in the Midwest United States, *Journal of Immigrant Health, 2(3).*

Hirayama, K., Hirayama, H., Cetingok, M.(1993), Mental health promotion for Southeast Asian Refugees in the U. S. A. *International Social Work, 36,* pp.119~129.

Hyman, I., Vu. N. & Beiser, M.(2000), Post-migration stress among southeast Asian refugee youth in Canada: A research note, *Journal of Comparative Family Studies, 31(2),* pp.281~293.

Karen Sacks(1974), *Engels Revisited,* Women Culture and Society, ed, M. Rosaldo and L. Lamphere, Stanford: Stanford University Press.

Khoa, L. X. & Van Duesen, J. M.(1981), Social and Cultural customs: Their contribution to resettlement, *Journal of Refugee Resettlement,* 1, pp.48~51.

Klineberg, O. & Hull, W. F.(1979), *At a foreign university: An international study of adaptation and coping,* New York: praeger.

Kuo, W. H. & Tsai, Y-M.(1986), Social networking, hardiness and immigrant's mental health, *Journal of Health and Social Behavior,* 27.

Lazarus, R. S.(1981), The stress and coping paradigm, In C. E. Eisdorfer, D. Cohen, A. Kleinman & P. Maxim(Eds.), *Models for clinical psychopathology*(pp.177~214), New York: S. P. Medical & Scientific Book.

Lazarus, R. S & Folkman, S.(1984a), Stress, appraisal and coping, New York: Springer Publishing Company.

___________ & Launier, R.(1978), Stress-related transactions between person and environment, In L. A. Pervin & M. Lewis(Eds.), *Perspectives in interactional psychology*(pp.237~328), New York: Plenum.

Lin, K. M., Masuda, M. & Tazuma, L.(1982), Adaptational problems of Vietnamese refugees, Part III, Case studies in clinic and field: Adaptive and maladaptive, *The Psychiatric Journal of University of Ottawa*, 7, pp.173~183.

Lincoln, Y. S. & Guba, E. G.(1985), Naturalistic Inquiry, Sage Publication, Inc.

Milton, M. Gordon.(1968), *Assimilation in American life-The Role of Race, Religion, and National Origins,* New York: Oxford University Press.

Moos, R. H. & Billings, A. G.(1984), Coping, stress & social resource among adult with unipolar depression, *Journal of Personality & Social, 11.*

Naidoo, J.(1985), A cultural perspective on the adjustment of South Asian women in Canada, In I. R. Langunes and Y. H. Poortinga(Eds), *From a different perspective: Studies of behavior across culture,* Lisse, The Netheerlands: Swets & Zeitlinger.

Patel, N., Power, G. & Bhavnagri, P.(1996), Socialization values and practices of Indian immigrant parents: Correlates of modernity and acculturation, *Child Development,* 67, pp.302~313.

Rabkin, J. G. & Struening, E. L.(1979), Life events, stress, and illness, *Science,* 194, pp.1013~1020.

Rappaport, Roy A.(1979), *Ecology, Meaning, and Religion.* California: North Atlantic Book Richmond.

Pearlin, Leonard. I. & Johnson J. S.(1977), Marital status, life-strains and depression, *American Sociological Review, 42,* pp.704~715.

______, L. I. & Schooler, C.(1978), The structure of coping, *Journal of Health and Social Behavior*, 19, pp.2~21.

______, L. I.(1983), Role strains and personal stress, In Howard B. Kaplan(Ed.), Psychosocial stress: Trends in theory and research(pp.3~32), New York: Academic Press, Inc.

Redfield, R., Linton, R. & Herskovits, M. J.(1936), Memorandum on the study of Acculturation, *American Anthropologist, 38,* pp.149~152.

Robertson, J. W.(1903), The prevailance of insanity in California, *American Journal of Insanity*, 60, pp.81~82.

Rosow, I.(1985), Status and role change through the life cycle, In R. H. Binstock and E. Shanas(Eds.), Handbook of aging and the social science(pp.62~93), New York: Ban Nostrand Reinhold Co.

Searle, W. & Ward, C.(1990), The prediction of psychological and sociocultural adjustment during cross-cultural transitions, *International Journal of Intercultural Relations*, 14.

Silver, R. L. & Wortman, C. B.(1980), Coping with undesirable life events, In J. Garber & M. E. P. Seligman(Ed.), Human helplessness: Theory and applications, New York: Academic Press.

Smart, J. F. & Smart, D. W.(1995), Acculturative stress of Hispanics: Loss and Challenge, *Journal of Counseling and Development*, 73, pp.390~396.

Spanier, G. B.(1976), *Measuring dyadic adjustment: New scales for accessing the quality of marriage and similar dyads,* Journal of Marriage and the Family, 38, pp.15~38.

Strauss, A. & Corbin.(1990), Basics of Qualitative Research, SAGE Publishers.

__________. & Corbin, J.(1998), *Basics of Qualitative Research: techniques and procedures for developing grounded theory,* 2nd ed, London: Sage Publications.

Vaux, A.(1988), *Social support: Theory, research, and intervention*, New York: Praega Publishers.

Yoo Do-jin, Die Situation koreanischer Krankenpflegekrfäte(1975), a. a. O. S.369f, Yoo Do-jin, Sozio-Kultulle Probleme ausländischen Arbeitsnehmer(1978) a. a. O. S.79.

http://www.hotline21.or.kr/bbs/view.php
http://kcw21.com/bbs/zboard.php?id=madang_history&no=925
http://www.chosun.com/national/news/200503/200503210341.html
http://www.koreaimi.com/data/main.cgi?board=content_10_04

부록

# 부록 1: 연구참여 동의서

연구참여 동의서

연구주제: 한민족문화인가, 다문화인가? - 韓中國際結婚을 통해 본 韓國의 多文化家庭
연 구 자: 최금해
연 락 처: cuijinhai@hanmail.net

아래 정도들은 귀하가 본 연구에 대한 참여의사를 결정하는데 도움을 주기 위해 제공되는 것입니다. 귀하는 연구에 대한 참여 여부를 자유롭게 결정할 수 있으며 연구자와의 관계에 영향을 주지 않고 언제든 참여를 중단할 수 있습니다.

이 연구는 한국남성과 결혼한 중국 조선족 여성들의 한국생활 적응을 이해하는 데 목적을 두고 있습니다. 연구자는 한·중 국제

결혼을 선택한 조선족 여성들의 국제결혼을 선택한 동기, 한국생
활 적응에서의 어려움, 미래에 대한 계획 등 국제결혼과 관련된
일련의 과정에 대해 질문할 것입니다. 이 연구를 통해 연구자는
한·중 국제결혼을 통해 한국에서 거주하고 있는 조선족 여성들
의 삶의 질 향상을 위한 사회복지서비스의 실천이론을 도출할 것
입니다. 연구자는 참여자와 1회 이상의 면담을 할 예정이고, 각
면담은 약 2시간 정도 걸릴 것입니다. 면담 내용은 녹음될 것이며,
녹음된 내용은 반드시 연구를 위해서만 사용할 것입니다. 녹음된
내용은 익명으로만 인용될 것입니다.

　이 연구와 관련된 위험요인이나 불편사항은 아직 알려진바 없
습니다. 절차의 특성과 목적을 이해하시고 동의하시면 사인해 주
십시오.

　　　　　　　　참여자 ______________

　　　　　　　　연구자 ______________

　　　　　　　　면담일 ______________

 부록 2: 개념, 하위범주 및 범주

개방코딩에서 발견된 74개의 범주는 '정(情)/사랑', '결혼적령기 지남', '농촌생활에서 벗어남', '이혼경험', '부모님의 고향에 가고 싶어 함', '경제적인 기대/동경심', '무지한 결정', '꿈을 이룰 수 있는 좋은 기회', '같은 직업', '중매', '이웃/친지/교수 소개', '타인의 반대', '부모의 의견에 순종', '운명/인연', '모험', '남녀불평등관계의 시작을 인식함', '무시', '신뢰의 부재', '차별/편견', '간섭/통제', '인식의 차이', '성격/나이 차이', '폭력', '언어에 대한 재학습', '음주문화 차이', '음식문화 차이', '가족문화 차이', '부부간의 의사소통', '제사문화', '여성문화', '높은 물가에 놀람', '기대에 대한 실망/당혹/혼동', '정체성 확립', '정체성의 갈등/의문', '가족식구들의 인정을 받음', '이웃/친지들의 인정을 받음', '가정의 경제권을 소유함', '지속적인 발전에 자신감을 가짐', '부부관계에 신념/믿음을 가짐', '한국인과의 결혼을 잘 했다고 생각함', '지속적 자기발전에 노력함', '경제적 목표 세움', '자녀를 통해 자기실현을 성취하고자 함', '이타심을 발현함', '학력부재', '가족/사회 지지자원 부재', '자조집단

자원 부재’, ‘가부장적 직장 및 사회문화’, ‘한국 국적 취득하지 못
함’, ‘자신의 장점을 인식함’, ‘자신의 역량을 발견함’, ‘경제적으
로 자립함’, ‘배우자 지지’, ‘원가족 지지’, ‘시댁/동서 지지’, ‘자원 활
용’, ‘동네 아줌마들은 정부를 제공함’, ‘자신감을 획득함’, ‘매스컴
에서 유익한 정보를 획득함’, ‘소외감을 해결함’, ‘정서적 지지를
받음’, ‘정보를 획득함’, ‘문제 대처기술을 획득함’, ‘자기권리 찾
음’, ‘문제해결을 위해 노력함’, ‘한국 사람들에게 도움을 청함’, ‘권
위에 도전함’, ‘가족관계를 재정의함’, ‘사회활동에 참여함’, ‘문제
를 회피함’, ‘문제를 최소화함’, ‘스트레스를 부정적으로 수용함’,
‘극단적인 행동 취해서 스트레스를 대처함’, ‘삶의 주인이 되고자
함’ 등으로 나타났다.

21개의 하위범주는 ‘결혼동기’, ‘만난 경위’, ‘국제결혼에 대한
태도’, ‘문화적 차이’, ‘경제적 기대와 현실 간의 차이’, ‘스트레스
경험’, ‘정체성 혼란’, ‘긍정적인 스트레스 대처’, ‘부정적인 스트
레스 대처’, ‘부정적 여건’, ‘긍정적 여건’, ‘가족의 지지’, ‘지역사
회의 지지’, ‘매체의 영향’, ‘자조집단의 지지’, ‘타인의 인정’, ‘자
신감의 발견’, ‘긍정적 수용’, ‘자기개발 인식’, ‘새로운 목표설정/
도약’, ‘삶의 주인이 되고자 함’ 등이었다.

그리고 11개의 범주는 ‘국제결혼 선택함’, ‘문화적 차이’, ‘경제
적 기대와 현실 간의 차이’, ‘스트레스 경험’, ‘정체성 혼란’, ‘스트
레스 대처’, ‘자기개발에 영향을 미치는 여건’, ‘사회적 지지’, ‘자
신과 결혼에 대한 인식의 변화’, ‘자기실현 욕구’, ‘삶의 주인이
되고자 함’ 등이다.

최금해(崔金海) ────────────────────────────

2002년 숭실대학교 사회사업대학원 석사
2006년 서울대학교 사회복지대학원 박사
2007~2010년 백석문화대학교 사회복지학부 조교수
2010년~현재 중국 천진사범대학교 정치 및 행정대학 사회학과(中國 天津師范大學 政治与 行政學院 應用社會學系)

『중국 청소년들의 한류인식 실태에 관한 연구』(2002)
『농어촌청소년 복지정책 평가 및 프로그램 개발: 농어촌청소년육성재단사업을 중심으로』(공저, 2005)
『외국의 청소년 복지정책』(2005)
『중국의 사회보장』(2008)
『가족복지론』(2009)
『사회복지실천론』(공저, 2010)
『사회복지개론』(공저, 2012)
「한국 남성과 결혼한 중국 조선족 여성들의 한국에서의 적응기 생활체험에 관한 연구: 여성주의적 고찰」(2005)
「한국 남성과 결혼한 중국 조선족 여성들의 한국에서의 적응기 생활체험과 사회복지 서비스에 관한 연구」(2005)
「조선족 여성들의 한국결혼생활 적응유형에 관한 질적 연구」(2007)
「재한 중국 유학생의 학교생활과 사회생활 적응에 관한 연구」(2008)
「고학력 조선족 국제결혼 여성들의 한국 생활에 관한 질적 연구」(2010, 최우수논문상 수상)
「여가동기, 여가태도가 청소년 자기조절능력에 미치는 효과」(공저, 2011)
「The Phenomenological Study on the Employment Experiences of Unemployed Korean-Chinese Women」
「Problem of Multi-cultural Families regarding to International Marriage Women in East Asia」 외 다수

한·중 국제결혼을
통해 본 한국의 다문화가정
한민족문화인가,
다문화인가?

초 판 인 쇄 | 2012년 6월 12일
초 판 발 행 | 2012년 6월 12일

지 은 이 | 최금해(崔金海)
펴 낸 이 | 채종준
펴 낸 곳 | 한국학술정보㈜
주 소 | 경기도 파주시 문발동 파주출판문화정보산업단지 513-5
전 화 | 031) 908-3181(대표)
팩 스 | 031) 908-3189
홈 페 이 지 | http://ebook.kstudy.com
E - m a i l | 출판사업부 publish@kstudy.com
등 록 | 제일산-115호(2000. 6. 19)

ISBN   978-89-268-3454-1 93330 (Paper Book)
            978-89-268-3455-8 98330 (e-Book)

이담 Books 는 한국학술정보(주)의 지식실용서 브랜드입니다.